한낮의 어둠

한낮의 어둠

극단주의는 어떻게 사람들을 사로잡는가

한겨레출판

부모님께

차례

들어가는 말

일곱 살 때 나는 토네이도를 연구하고 싶었다. 1학년짜리에게 굳이 커서 뭐가 되고 싶으냐고 묻는 어른들에게 나는 늘 "폭풍 추적가요!"라고 대답했다. 영화 《트위스터》를 보고는 폭풍의 속도와 힘, 예측 불가능성에 마음을 온통 빼앗겼다. 《트위스터》 속 나의 영웅들은 토네이도를 온전히 이해하고 경고 시스템을 구축하려면 폭풍의 한가운데로 들어가야 한다는 결론을 내렸다.

결국 나는 폭풍을 추적하는 대신 극단주의자를 추적하는 일을 업으로 삼게 되었다. 여러 면에서 두 일은 그리 다르지 않다. 극단주의 운동도 폭풍처럼 속도가 빠르고 매우 파괴적인 힘을 지녔으며 언제든 방향을 바꿀 수 있다. 나는 낮에는 런던에 위치한 전략대화연구소Institute for Strategic Dialogue에서 영국과 유럽, 미국의 극단주의 운동을 감시한다. 우리 팀은 첨단기술 파트너사와 매사추세츠공과대학교 같은 대학과 협업해 극단주의의 선전과 허위 정보를 비롯한 온라인상의 유해 콘텐츠를 추적하고 분석한다. 이러한 연구를 토대로 나는 정부와 보안군, 기술 기업, 활동가들에게 극단주의의 활동에 대응할 방법을 조언한다. 정해진 방법 같은 것은 없다. 순식간에 바뀌는 극단주의자들의 전술에 맞게 하루 단위로 전략을 수정해야 할 때도 있다. 게다가 문제가 너무 복잡하기 때문에 한 당사자에게만 집중할 수도 없다. 어떤 날에는 국가 정보 부처에서 네오나치의 암호화폐 거래에 대해 브리핑할 수도 있고, 어떤 날에는 페이스북 측에 백인민족주의자의 콘텐츠를 내리는 방법을 조언할 수도 있다. 아침에는 유럽 정책입안자들과 회의를 하며 온라인 공간의 규제 방안에 대해 논의하고, 저녁에는 색스니에 있는 고등학교에서 급진화 예방을 위한 워크숍을 열 수도 있다.

그러나 이렇게 다양한 차원에서 관여한다 해도 낮에는 현재의 상태를 공격하는 쪽이 아닌 현재의 상태를 보호할 책임이 있는 사람들의 보호막 안에 안전하게 머무른다. 결국 극단주의에 맞서는 사람들의 공간에서는 민주주의를 방해하고 와해하려는 사람들과 민주주의를 지키려는 사람들 사이에서 펼쳐지는 고양이와 쥐 게임에서 고양이 쪽의 입장만 알 수 있다. 무엇이 우리에게 피해를 주는지 이해하려면 내부로 들어가 극단주의 운동의 엔진을 관찰하고 연구해야 한다는 사실을 깨달았다. 극단주의 집단은 어떻게 지지자를 동원하고 어떻게 취약한 개인을 본인들의 네트워크로 유인할까? 그들의 비전은 무엇이고 그런 미래에 도달하기 위해 어떤 계획을 세울까? 그들을 집단 내에 붙잡아두는 사회적 역동은 무엇이며 그 역동은 어떻게 진화하고 있을까?

답을 구하기 위해 나는 2년간 서로 다른 다섯 개의 정체성을 택해서 최신 기술에 능한 10여 개의 극단주의 집단에 합류했다. 그들의 이념 스펙트럼은 지하디스트, 기독교 근본주의자, 백인민족주의자, 음모론자, 과격한 여성혐오주의자까지 다양했다. 나는 근무시간에는 고양이였지만 여가 시간에는 쥐가되었다.

이 개인적 연구는 나를 기괴하고 때로는 위험한 온·오프라인 공간으로 이끌었다. 나는 극단주의 운동이 테러 공격을 조직하고 허위 정보를 퍼뜨릴 작전을 짜고 협박 캠페인을 모의하는 것을 지켜보았다. 대안우파가 사망자가 발생한 샬러츠빌 집회를 계획하고 이슬람국가ISIS가 미국의 사회기반시설에 대한 사이버 공격을 획책하고 독일의 트롤troll(온라인에서 고의적으로 불쾌하거나 논쟁적인 내용을 퍼뜨려 부정적 반응을 부추기는 사람들 ─ 옮긴이)들이 정치인을 향한 온라인 공격을 조직하고 이탈리아의 네오파시스트들이 2018년 대선에 영향을 미치려는 목적으로 정보 작전을 벌일 때, 그 채널에 나 또한 속해 있었다. 사우스런던의 에어비앤비 숙소에서 열린 백인민족주의자들의 비밀 전략 회의에 참여하고, 독일과 폴란드의 국경에서 개최된 폭력적인 네오나치의 록 페스티벌에 참가하고, 이슬람국가 지하디스트들에게 해킹 교육을 받는 등 극단주의 운동 내부에서 시간을 보내면서 나는 극단주의자들의 전략과 전술뿐만 아니라 그들의 인간적 면모와 나의 취약성에 대해서도 알게 되었다.

이 프로젝트를 진행하면서 목격한 혐오 콘텐츠의 규모는 정신이 번쩍 들 만큼 거대했고 극단주의 운동에 참여한 젊은 사람들의 수는 낙담스러울 정도로 많았다. 바깥에서 볼 때 내가 합류한 운동들은 별로 공통점이 없었다. 하지만 내부에서 나는 모든 운동이 비슷하게 작동한다는 것을 알게 되었다. 모든 집단의 리더는 안전한 사회적 보호막을 만들어 더 넓은 세계에서의 반사회적 행동을 장려한다. 집단 구성원들은 반反세계화 이념을 세계화하고 현대의 기술을 이용해 반反현대적 비전을 실행에 옮긴다.

《한낮의 어둠》은 극단주의 운동이 가진 생명력의 숨은 근원을 드러낸다. 각 부는 급진화 과정의 각 단계를 다룬다. 1부 '모집'에서는 미국의 네오나치 집단과 유럽의 백인민족주의자 집단인 세대정체성Generation Identity의 심사 절차에 뛰어든다. 2부 '사회화'에서는 '전통적인 아내들'과 지하디 신부들을 키워내는 세뇌의 온상을 탐험한다. 3부 '커뮤니케이션'에서는 온라인 공격과 더불어 트롤 부대의 내부에서 극우 미디어의 전투 전략을 폭로한다. 4부 '네트워킹'에서는 극단주의자들이 어떻게 소셜 네트워크를 이용해 국제적인 중심지를 만드는지를 보여준다. 이들은 심지어 데이팅 앱을 활용하기도 하는데, 이러한 소셜 네트워크는 점점 성장 중인 국제 네트워크의 토대가 된다. 5부

'동원'은 샬러츠빌 집회 주최자들의 채팅방에서 시작해 오스트리츠에서 열린 유럽 최대의 네오나치 록 페스티벌에서 끝나는 여정을 다룬다. 6부 '공격'에서는 이슬람국가와 네오나치의 일류 해커들에게 해킹 교육을 받고 2019년 3월 뉴질랜드에서 발생한 테러의 주범을 급진화한 하위문화를 파고든다. 마지막 7부 '미래는 어두운가'에서는 우리 모두가 직면한 극단주의의 규모와 특징을 살펴보고 향후 수십 년간 이 운동이 어떻게 진화할 것인지 예측한 뒤 전 세계에서 변화를 일으킬 새로운 세대에게 영감을 줄 수 있는 열 가지 대담한 계획을 소개한다.

기술과 사회의 상호작용은 오래전부터 급진적 변화의 핵심 열쇠였다. 1936년 독일의 유대인 철학자 발터 베냐민은 스크린프린트와 초기 복사 기술의 발명이 파시즘의 발흥에 일조했으며 이런 기술이 미디어와 예술, 정치에 대한 대중의 인식을 바꾸었다고 주장했다. 20세기 유럽에서 힘의 역동은 이처럼 기술적으로는 진보적이나 사회적으로는 퇴행적인 운동의 탄생을 통해 형성되었다.

우리는 21세기 정치의 이동 방향을 결정할지도 모를, 이념적 향수와 기술적 미래주의의 치명적 결합을 또다시 목격하고 있다. 현재 극단주의자들이 형성하고 있는 급진화의 엔진은 고도로 발전되어 있다. 인공지능적이고 사람들의 감정을 조종하며 사회적 영향력도 강력하다. 이들은 첨단 기술과 초사회적 요소를 결합해 젊고 분노해 있고 기술에 능숙한 사람들에게 호소하는 반反문화를 발전시킨다. 이 전략이 효과를 발휘한다면 위험한 변화의 동력이 될 수도 있다. 극단주의와 테러리즘의 특징을 근본적으로 바꿀 수 있을 뿐만 아니라 우리의 정보 생태계와 민주적 절차를 재정의해 인권 운동이 이룬 가장 큰 성취를 위협할 수도 있다.

이 책의 목표는 디지털 극단주의 운동의 사회적 차원을 드러내는 것이다. 극단주의자들은 매일같이 새로운 구성원을 길들이고 새로운 적을 위협한다. 그 결과가 우리의 일상에 때로는 예상치 못한 방식으로 영향을 미칠 수 있다. 2016년 3월 미국의 여러 대학 캠퍼스에 설치된 프린터에서 갑자기 네오나치 전단이 인쇄되기 시작했다. 2018년 7월 하마스가 수백 명의 이스라엘 방위군을 타깃으로 가짜 데이팅 앱을 만들었다. 이들이 훔쳐다 사용한 젊은 여성들의 프로필 뒤에는 악성 소프트웨어가 숨어 있었다. 영국과 유럽연합의 완전한 결별을 주장한 브렉시트 캠페인은 2018년 내내 큐어넌QAnon이라는 국제적 음모론 네트워크의 지지를 받으며 힘을 키웠다. 2019년 1월 극우 해커들이 독일 정치인 수백 명의 개인 정보를 유출했다. 2019년 3월 뉴질랜드에서 발생한 가장 끔찍한 테러 공격의 생중계 영상이 온라인에 퍼졌다.

최근 극단주의에 대한 대응 정책은 극단주의자들의 느슨한 온라인 네트워크에서 작동하는 집단 역학을 전혀 고려하지 않는 경향이 있다. 이들은 더는 전통적인 방식으로 조직되는 집단이 아니지만 이들의 문화적·인류학적·심리학적 양상은 여전히 이들이 가진 매력과 영향력의 핵심 요소다. 나는 현재 등장하고 있는 사회·기술적 문제를 드러냄으로써 정책입안자들이 기술과 법에만 치우친 현재의 대응을 재고하게 만들고자 한다. 결국 언제까지나 정치인과 보안군 그리고 민간 부문이 우리 대신 문제를 해결해주길 바랄 수는 없다. 오늘날의 극단주의 운동을 이토록 성공적으로 이끄는 집단 역학에는 총도 검열도 영향을 미치지 못할 것이다. 새로운 법과 규제는 퍼즐의 극히 일부를 해결해주겠지만 그 효과는 일시적일 것이며 역효과가 발생하지 않는다는 보장도 없다.

더 인간 중심적인 접근법이란 인간을 혐오하는 반민주적 이념의 확산을 막는 데 모든 독자가 일조할 수 있다는 의미일 것이다. 극단주의 집단이 자신들의 전략을 실행하고 완벽하게 다듬는 모습을 수년간 지켜보면서 온·오프라인에서 극단주의자들이 어떤 방식으로 우리의 약점을 쥐고 흔드는지를 널리 알리는 것만큼 강력한 무기는 없다고 확신하게 되었다. 나 또한 극단주의자들의 수법을 알고 있었던 덕분에 취재 중에 급진화의 엔진에 말려 들어가지 않을 수 있었다. 독자들이 극단주의자에게 급진화되거나 이용당하거나 협박당하지 않도록 스스로를 보호하는 일에 이 책이 도움이 되기를 바란다.

용어 설명

가속주의 Accelerationism 불안정을 증가시켜서 혁명적 변화를 일으키기 위해 기술적·사회적 진보를 가속화해야 한다고 주장하는 이론.

갭 Gab 트위터와 비슷한 기능을 하는 소셜미디어 플랫폼. 언론의 자유를 증진하려는 목적에서 출발했으며 이용약관이 더욱 느슨하다. 최근 전 세계 극우 사이에서 매우 많이 사용되고 있다.

극우 Extreme Right 민족주의, 인종차별주의, 외국인 혐오, 반민주주의, 강력한 국가 옹호라는 다섯 가지 특징 중 최소 세 개를 드러내는 집단과 개인.

뉴라이트 New Right 1960년대 말 프랑스에서 신우파라는 이름으로 등장한 학파이며 다양한 극단주의 집단, 특히 세대정체성 운동에 영감을 주었다.

다크소셜Dark Social 마케팅에서 사용하는 용어로, 이메일이나 단문메시지서비스SMS 시스템, 암호화된 채팅처럼 추적하기 어려운 방식으로 공유된 자료를 의미한다.

대안우파Alt-right 미국에서 등장한 극우와 백인 민족주의 집단의 느슨한 집합체. 온라인 동원과 인터넷 문화를 이용한 의사소통으로 유명하다.

데일리스토머Daily Stormer 널리 알려진 네오나치 사이트이자 대안우파의 핵심 활동 공간이다. 사이트 설립자인 앤드루 앵글린이 행동에 나서라고 촉구하면서 데일리스토머는 활동가들이 정보 작전을 개시하는 플랫폼이 되었다.

독싱Doxing 주소와 휴대전화 번호, 사진 등 개인 정보를 알아내서 유포하는 것을 의미한다. 극단주의자와 정치화된 인터넷 트롤이 개인을 괴롭히고 협박하는 전략으로 사용한다.

라이브액션롤플레이Live Action Role Play 참가자들이 허구의 캐릭터를 현실에서 직접 연기하는 즉흥적인 롤플레이 게임.

레딧Reddit 대중적인 콘텐츠 공유 및 토론 사이트. 관심 주제에 따라 '서브레딧subreddit'이라 불리는 여러 게시판으로 나뉘어 있다.

밈Meme 리처드 도킨스가 1976년 처음 만든 용어로, 문화적 아이디어의 전달 단위를 의미한다. 오늘날 이 단어는 사용자가 직접 만든 콘텐츠(주로 소셜미디어 채널을 통해 순식간에 퍼져 나가는 유머러스한 시각 자료)를 지칭한다.

백인 말살White genocide 백인우월주의자인 데이비드 레인David Lane이 대중화한 음모론으로, 백인 인구가 이민과 인종 통합, 낙태, 백인을 향한 폭력 때문에 다른 인종으로 대체되고 있다는 주장이다.

블랙햇Black hat 금전적 이익이나 이념을 이유로 불법 해킹 활동에 참여하는 해커.

빨간 약 개인이 극우 이념의 '진실'을 자각하고 급진화하게 만드는 정보. 영화 《매트릭스》에서 쓰인 본래의 의미를 살짝 바꾼 것으로 주로 극우가 사용하는 용어다. 영어로는 레드 필red pill이다.

에코체임버Echo chamber 비슷한 성향을 지닌 사람들끼리 소통함으로써 기존 신념을 강화하는 정보 환경.

유라비아Eurabia 2000년대 초반에 밧 예올Bat Ye'or(본명은 지젤

리트만Gisèle Littman)이 만든 음모론으로, 서구 국가가 서서히 이슬람의 통치하에 들어가고 있다는 주장이다.

정체성주의Identitarianism 범유럽 인종-민족주의 운동으로, 유럽의 민족문화적 정체성 보존에 집중한다. 프랑스의 지적 우익 운동인 뉴라이트에서 영감을 받았다.

재이주Remigration 이민자를 강제 추방하라는 요구. 인종적으로 또는 문화적으로 균일한 사회를 만들려는 목적이 있으며 본질적으로 비폭력적인 형태의 인종 청소와 같다.

제트오지ZOG 주로 네오나치가 사용하는 약어로 시오니스트 점령 정부Zionist Occupation Government를 의미한다. 유대인이 미국과 유럽의 정부를 통제한다는 반유대주의적 음모론이다.

화이트햇White hat 블랙햇과 달리 윤리적 이유에서(예를 들면 정보 보안 시스템의 점검) 해킹을 하는 해커를 뜻한다.

일러두기

- extreme right와 far right를 전부 '극우'로 번역했다.
- 원서에서 강조된 부분을 밑줄로 표시했다.

1부 모집

오로지 백인만

1장

네오나치의 일원이 되다

"여기 도대체 뭐 하는 데야?" 브라이언이 묻는다.

"급진 우파 토론 그룹이야. 주로 인종, 전통주의, 영성, 철학, 미학, 문학 이야기를 하지." 관리자가 대답한다. 그의 이름은 올드리치다. 정확히 말하면 올드리치 ᚺ다.

"회원만 입장 가능한 채널에 들어오려면 MAtR과 네 닉네임 그리고 현재 시간을 적은 종이와 함께 네 손이나 손목 사진을 찍어서 올려." 올드리치가 새로 들어온 사람들에게 말한다.

"그러고 나서 다음 질문에 대답해."

질문 1. 너의 혈통에 대해 아는 대로 말해.

질문 2. 몇 살이야?

질문 3. 네 정치적 관점을 설명해.

질문 4. 네 종교적·영적 관점은 뭐야?

질문 5. 동성애자나 다른 종류의 성도착자야?

노트북 화면 때문에 손이 파랗게 보인다는 사과와 함께 곧 브라이언의 손 사진이 채팅방에 올라온다.

"괜찮아." 올드리치가 쓴다. 브라이언의 손은 그룹에 받아들여질 만큼 충분히 하얗다. 브라이언은 자신이 핀란드 혈통이며 유럽과 미국의 인디언 피가 조금 섞여 있다고 말한다.

브라이언은 열일곱 살이며 자신을 민족 아나키스트이자 수오메누스코Suomenusko라는 핀란드 토속 신앙을 믿는 비기독교인이라고 설명한다. "그런데 나 동성애자였어. 이런 말 하긴 좀 그렇지만 성적으로 타락했었거든." 브라이언이 쓴다. "지금도 가끔 생각나. 아직 머릿속에서 그런 생각을 몰아내려고 노력 중이야."

며칠 뒤 브라이언은 사라진다. 그 대신 제이슨이 백인민족주의 채널의 회원 모집 중심지에 등장한다.

"나 이미 '열라' 많은 감시 목록에 올라 있어." 제이슨이 쓴다. "그리고 나 겨우 열네 살이야."

"어쨌든 백인이지?;)" 올드리치가 묻는다. 올드리치 본인은 앵글로 불가리아인이며 모계 쪽으로 독일과 스코틀랜드, 크로아티아 피가 섞여 있다. 그룹의 그 누구도 제이슨이 미성년자라는 사실을 신경 쓰지 않는 듯하다.

"2퍼센트 깜둥이야. 23앤드미23andMe 검사지는 쓰레기통에 던져버렸지." 제이슨이 즉시 대답한다. 그러고 나서 자신의 백인성을 증명하기 위해 유전자 검사 결과를 채팅방에 올린다.

"농담이고, 4분의 3은 독일인이고 4분의 1은 에스토니아인이야."

채팅방에 들어온 두 번째 관리자 데우스 불트가 제이슨에게 씨익 웃는 이모티콘을 보낸다. "히틀러가 수감됐을 때 국가사회주의 독일노동자당을 이끈 알프레트 로젠베르크Alfred Rosenberg가 4분의 1은 에스토니아인이었던 거 알아?"

이 대화에 등골이 오싹해진 나는 와인 한 잔을 마시며 마음을 가라앉힌다.

"안녕, 너 여자야?" 마치 화면 너머로 내 고통스러운 얼굴을 본 것처럼 데우스 불트가 내게 다이렉트 메시지를 보낸다.

나는 주저한다. 지난 며칠간 네오나치 채팅방의 입구에 조용히 숨어 있던 참이다.

내 닉네임 젠 말로는 의심스러울 정도로 무해하다. 채팅방을 살펴보니 국가사회주의나 대안우파의 상징을 사용하지 않은 닉네임을 찾기가 힘들다. '하느님이 원하신다'라는 뜻의 십자군 전쟁 슬로건인 데우스 불트는 그중 상냥한 편이다. 많은 닉네임에 WP(백인의 힘White Power)나 W.O.T.A.N.(아리아 국가의 의지Will of the Aryan Nation)이 들어 있다. 어떤 닉네임에는 히틀러의 생일을 의미하는 4/20이나 열네 단어('우리는 동족의 생존과 백인 아이들의 미래를 지켜야 한다'라는 의미의 열네 단어로 된 백인민족주의자들의 슬로건 - 옮긴이)를 나타내는 14, HH(하일 히틀러)를 뜻하는 88 같은 숫자가 들어 있다. 명백한 예외인 올드리치는 나치 친위대의 룬 문자 휘장인 SS와 냉전 당시 이중 첩자였던 올드리치 에임스Aldrich Ames에 대한 다소 특이한 존경의 표현을 합친 것이다.

"응, 나 여자야." 결국 나는 대답한다. 너무 오래 기다리게 했나?

"걱정 마. 우린 여자도 받아." 데우스 불트가 쓴다. "몇 분만 직접 얘기할까?"

곧 이런 상황이 올 것을 알았기에 더 미룰 이유가 없다.

"준비됐어?"

이 목소리 뒤에 있는 얼굴을 상상해보려 노력한다. 데우스 불트는 어릴까, 나이가 많을까? 추측하긴 힘들다. 요즘 네오나치에게는 뚜렷한 특성이랄 것이 없으니까. "물론." 나치와 대화를 나눌 준비는 할 만큼 했다.

키보드 위의 손이 덜덜 떨리지만 차분한 목소리를 유지하려고 노력한다. 손목에 MAtR을 쓴다. MAtR은 이탈리아 철학자 율리우스 에볼라Julius Evola의 가장 영향력 있는 저서 《폐허 속의 인간》Men Among the Ruins의 약자다. 전통주의와 영적 인종주의를 이끈 초기 인물이었던 에볼라는 베니토 무솔리니의 파시스트 정권에 영감을 주었으며 그가 존경한 하인리히 힘러가 수장으로 있었던 나치 친위대 밑에서 일했다. 에볼라 본인은 자신이 파시스트임을 부인하고 대신 '슈퍼파시스트'라는 이름을 선호했다.[1] 계급, 계층, 인종, 신화, 종교, 의례에 기반한 사회·정치 질서라는 그의 비전은 제2차 세계대전 이후 이탈리아의 극우 테러리스트[2]와 네오파시스트[3]에게 영감의 원천이 되었다. 오늘날에도 에볼라의 저서들은 대안우파에게 인기 있다. 심지어 도널드 트럼프 대통령의 전前 정치 고문인 스티븐 배넌도 에볼라의 저서를 언급한다.[4] 로마에 거주하는 에볼라의 전기 작가이자 에볼라 재단의 이사장 잔프랑코 데투리스Gianfranco de Turris는 이렇게 말한다. "미국 대통령의 고문이 에볼라를 아는 것은, 어쩌면 전통주의자의 정체성을 가진 것은 처음 있는 일이다."[5]

"심사는 끝났어." 짧은 대화가 끝나고 데우스 불트가 말한다. 대화 중에 나는 그가 듣고 싶어 할 말만 했다. "나는 오스트리아 국적에 유럽인 혈통의 백인이야. 나는 내 유전적·문화적 유산이 외국인의 침략으로 위협받고 있다고 생각해. 다문화 유럽에서 자랄 우리 아이들의 미래가 걱정되고"라는 식으로 말이다. 왜 이 집단의 일원이 되고 싶으냐고? "솔직히 말하면 내가 여기서 뭘 기대하는지 모르겠어. 하지만 나와 비슷한 사람들과 만나고 싶어. 미국과 유럽의 애국 혁명을 위해 어떤 활동을 계획하고 있는지 알고 싶고."

"MAtR에 온 걸 환영해."

메인 채팅방에 들어서자 제이슨이 있다. 제이슨은 닉네임을 제이슨 장군으로 바꾸었다. 이 채널이 군대의 엄격한 위계질서를 따른다는 점을 보면 꽤 적절한 닉네임이다. 서버를 보니, 전 세계에서 10여 명의 회원이 접속해 있다. 미국인, 캐나다인, 남아공인, 유럽인, 오스트레일리아인이 보인다. 기독교인으로 자랐지만 '비의적 히틀러주의'에 관심이 있다는 20대 초반의 캐나다인. 리투아니아의 토착 종교인 로무바의 전통을 따르며 스스로를 국가사회주의자로 일컫는 열여섯 살의 리투아니아인. '전혀 종교적이지 않은 불가지론자'이며 현재 미국에 거주하는 열일곱 살의 뉴질랜드 여성. 대화의 내용은 예수가 유대인인지 아닌지에서부터 트럼프와 김정은이 잘 지낼 것인지에 이르기까지 대화 참여자만큼이나 다양하다. 그중에서도 유전학과 생물학은 가장 인기 있는 주제다.

"그래서 유전자 검사에 대해서는 좀 알아?" 미스터 화이트라는 남자가 제이슨에게 묻는다.

미스터 화이트는 서른두 살이고 열다섯 살 때부터 '운동'에 참여해왔다. 네오나치가 말하는 '운동'이란 보통 국가사회주의 네트워크를 뜻하지만 오늘날에는 특정 집단의 회원 자격뿐만 아니라 지금껏 그리고 아마 앞으로도 현실에서는 절대 만날 일이 없는 개인들의 느슨한 온라인 연합을 의미하기도 한다.

"솔직히 말하면 잘 몰라. 하지만 진심으로 더 자세히 알고 싶어."

"이해해." 미스터 화이트가 대답한다. "내가 유전자 검사를 받은 건 내 혈통이 지저분하면 인종에 대한 믿음을 지키기 힘들 것 같아서였어. 유전학은 나도 조금밖에 몰라." 그가 시인한다.

미스터 화이트만 자기 혈통을 퍼센트 단위로 알고 싶어 하는 백인우월주의자인 것은 아니다. 많은 우익 극단주의자가 갈수록 유전학에 집착한다. 내가 2017~18년에 감시한 10여 개의 비공개 채팅방 참여자 중 최소 절반이 다른 참여자에게 유전자 검사 결과를 자세히 물어봤다. 심지어 일부는 유전자 검사 결과를 가입 조건으로 요구하기도 했다.

23앤드미와 앤세스트리Ancestry, 마이헤리티지MyHeritage 같은 유전자 검사 기업은 2016년 여름 이후 유전자 계보 검사를 의뢰하는 고객이 전례 없이 증가했다. 2017년 한 해 동안 유전자 검사를 받은 사람이 그 이전에 검사를 받은 사람을 전부 합친 것보다 많다.[6] 하지만 백인우월주의자의 유전자 검사 결과가 언제나 자신이 원하는 대로 나오는 것은 아니고 그렇게 만족스럽지 않은 결과가 나올 경우 심각한 정체성 위기가 찾아올 수도 있다. 주로 유대인과 무슬림을 희생양으로 삼고 흑인과 아랍인이 생물학적으로 열등하다고 생각하는 사람이라면 자신이 4분의 1은 유대인이고 8분의 1은 모로코인이라는 사실에 다소 당황스러울 수 있다.

신기술은 급진화를 더욱 강화하는 경향이 있지만 유전자 검사는 오히려 반대의 효과를 낼 수도 있다. 단일민족이라는 미래의 이상이 다민족이라는 과거의 현실과 만나면 인지부조화가 발생하여 태도와 행동을 크게 변화시킬 수 있다.

캘리포니아대학교 로스앤젤레스캠퍼스 사회유전학연구소

의 애런 파노프스키와 데이터와 사회조사 연구소의 조앤 도노반은 백인우월주의자들의 인터넷 웹사이트인 스톰프런트Storm-front 게시판에 올라온 유전자 검사 관련 글을 분석했다. 사람들은 자신의 기대와 다른 검사 결과를 받았을 경우 자신의 신념과 다민족 혈통을 조화시키기 위해 삐뚤어진 논리를 들이댔다.[7] 파노프스키는 이렇게 말한다. "사이트 회원들이 '꺼져! 이제 너는 필요 없어'라고 말할 것 같죠? 그렇지 않아요. 그들을 지지하고 그들을 집단에 계속 품어줄 방법을 찾아냅니다."[8]

이러한 억압 기제는 신념을 강화하는 데서 더 나아가 검사 결과의 타당성 자체를 부정하는 음모론을 낳기도 한다.[9] 미스터 화이트에 따르면 유전자 검사는 백인 말살 계획의 일환으로서 이른바 '제트오지', 즉 '정부를 장악한 시오니스트'에 의해 왜곡되고 있다. 미스터 화이트는 말한다. "23앤드미의 검사가 조작되어서 아시케나지 유대인 혈통과 사하라 이남 아프리카계 혈통이 많이 나온다는 글을 봤어. 이제는 뭐든 믿을 수가 없어." 유전자 검사 기업들이 검사 결과를 조작한다는 믿을 만한 증거는 없다. 하지만 유대인과 '글로벌 엘리트' 또는 '문화적 마르크스주의자'들이 삶의 모든 측면을 통제한다는 백인우월주의자들의 믿음이 너무나도 굳건하기에 그들의 머릿속에서 조작되지 않은 것을 찾기란 쉽지 않다. 23앤드미와 앤세스트리 역시 그들의 불신을 피할 수 없다.

불신은 개인을 극우 채널로 이끄는 핵심 요소 중 하나이지만 사람들을 채널에 머물게 하는 것은 재미와 친밀감, 성취감이다. 미스터 화이트는 말한다. "너무 재미있어. 똑똑한 사람이 이렇게나 많다는 게 정말 충격이야. 예전에는 베이비부머들하고 좋았던 옛날 얘기나 했거든." 다른 사람들도 동의한다. "ㅋㅋㅋ 맞아. 나도 여기 있는 게 너무 좋아."

'재미'와 '즐거움'은 "유대인을 가스실로. 지금부터는 인종 전쟁"이라는 문구와 함께 시작된 채팅방과는 어울리지 않는 단어다. 그러나 비인간적인 행동과 인간적인 행동이 얽힌 재미와 사악함의 동맹은 새로운 것도 놀라운 것도 아니다. 나치 친위대 장교였던 카를프리드리히 호커Karl-Friedrich Höcker가 모은 116장의 사진은 유대인 학살이 한창일 때 강제수용소의 소장들이 즐거운 시간을 보내는 모습을 보여준다. 수십만 명의 헝가리계 유대인이 고문과 죽임을 당하던 1944년 여름 강제수용소의 관리자들은 아우슈비츠에서 남쪽으로 겨우 30킬로미터 떨어진 조라휘테 리조트에서 술을 마시고 노래를 하며 즐거운 휴가를 보냈다.[10] 이 사진들은 상상할 수 없을 만큼 잔혹한 행위를 저지르는 사람도 다른 차원에서는 인간적일 수 있음을 상기시킨다. 그런 사람들도 가족과 식사를 즐기고 친구들과 밤새 술을 마시며 때때로 마음에 드는 동료에게 추파를 던진다. 미국의 정신의학자 로버트 리프턴Robert Lifton은 이처럼 평범한 자아와 사악한 자아가 동시에 발달하는 현상에 '이중화doubling'라는 이름을 붙였다. 이런 식의 자기 분열은 조현병이나 양극성 성격 같은 심리장애라기보다는 가정과 학교에서 이루어지는 초기 사회화 과정에 뒤이은 강력한 3차 사회화의 결과다.[11]

지금도 재미는 극우 이념과 음모론의 주류화에 중요한 역할을 한다. 미국 대선 당시 극우 활동가들은 내부자만 아는 농담과 반사회적 유머, 아이러니 덕분에 청년들에게 더욱 다가갈 수 있었다.[12] 나는 MAtR 채널에서 매일 밤 벌어지는 토론을 지켜보고 음성 채팅을 들으면서 몇 주를 보냈다. 그리고는 금기를 깨뜨리는 즐거움이 지루함을 달래준다는 것, 소속감이 외로움의 해독제가 될 수 있다는 것을 깨달았다. 회원들은 자신의 가장 은밀한 경험과 두려움, 비전을 공유하며 공동의 언어와 상징, 농담을 개발한다. 채팅방 안의 이름도 얼굴도 모르는 낯선 사람들은 점차 각자의 가족과 친구들을 대체하기 시작한다.

이쯤 되면 MAtR 회원들이 이 작은 에코체임버에서 일주일에 며칠씩 보내는 것도 이해가 간다. 하지만 애초에 이런 채널은 어떻게 시작되는 걸까? 누가 "야, 게임하는 사람들을 위한 네오나치 채팅방을 만들자"라고 말하나? 로고로 스와스티카 swastika를 쓸지 볼프스앙겔Wolfsangel(나치가 도용한 고대 룬 문자의 상징)을 쓸지 토론하고, 새로운 회원을 룬 문자 알파벳으로 환영할지 암호화된 이모티콘으로 환영할지를 두고 논쟁을 벌이나?

거의 그렇다. 2017년 여름 닉네임이 콤래드 로즈인 남자가 MAtR 서버를 만들었다. 친구들이 바깥에서 바비큐를 굽고 수

영을 하는 동안 그는 어떻게 하면 국가사회주의 이념을 사회 중심에 밀어 넣을 수 있을지 고민하며 컴퓨터 앞에 앉아 있었다. "좋아, 우리의 첫 번째 목표는 회원 300명을 모으는 거야." MAtR의 첫날 올드리치 ⁴가 선언했다.

"사람들을 어디서 모으지?" 콤래드 로즈가 물었다.

"내가 컴퓨터로 회원 가입 심사를 할 채널과 절차를 만들게. 그리고 오늘 밤 2시쯤에 초대장을 뿌릴 거야."

처음 몇 주는 어렵지 않았다. 아무도 그들을 지켜보지 않았기 때문이다. 보안군도 기술 기업도 이들이 온·오프라인에서 하는 일에 관심을 보이지 않았다. MAtR은 암호화된 게임 메신저 디스코드에 있는 수많은 채널 중 하나이자 인터넷에 존재하는 수백만 개의 채널 중 하나일 뿐이었다. 그러나 2017년 8월 12일 이 채널들이 운영되는 환경이 바뀌었다. 샬러츠빌에서 열린 백인민족주의자 집회가 결국 인권 운동가 헤더 하이어Heather Heyer의 사망으로 이어지자 다수의 극우 채널이 폐쇄되기 시작했다. MAtR 관리자들은 집회에 관여하지 않았다. 오히려 집회 주최 측의 무딘 미디어 전략과 성급한 '극우 통합' 시도를 비난했다. 이들이 보기에 샬러츠빌 집회는 철저한 이념적·전략적 기반 없이 미디어의 관심만 끌고자 했던 미숙하고 유치한 시도였다. 이렇게 집회의 주최 측과 거리를 두었음에도 MAtR 관리자들은 점차 추적당할지도 모른다는 두려움에 휩싸였다. 다른 그룹처럼 이들도 가입을 어렵게 하고 더 엄격하게 신원 조사를 하며 암호를 만들기 시작했다.

많은 백인민족주의자 그룹이 정치적 성향과 관계없이 모든 회원을 환영한다고 주장하면서 자신들의 채팅방을, 표현의 자유가 있는 안전한 공간으로 포장했다. 이곳에서 무슬림이 점점 유럽을 장악하고 있다는 음모론은 사실에 근거한 논의로 여겨진다. 또한 홀로코스트는 사실상 일어난 적이 없다는 주장은 표현의 자유에 대한 시험으로 간주된다. 그러나 이들의 생각에 동의하지 않으면 침묵당하고 조롱당하며 '검열'이라는 비난을 받는다. 나도 온라인상에서 극단주의자들의 주장과 논의에 의문을 제기한 적이 있고 다른 사람이 의문을 제기하는 모습을 지켜본 적도 있다. 매번 침입자 소리를 듣거나 반역자 딱지가 붙거나 아니면 채팅방에서 쫓겨났다.

다른 그룹은 유머와 풍자를 섞어 자신들의 극단적 관점을 감춘다. 세계 금융위기의 배후에 유대인이 있다는 농담? 풍자다. 동성애 커플에 대한 무례한 그림? 도덕성을 과시하는 좌파를 '도발'하기 위한 위반 행위다. 그리고 이들은 이렇게 말할 것이다. "이해가 안 되면 네 머리가 나쁘거나 네가 너무 깨어 있거나 아니면 둘 다야."

MAtR 관리자들의 목표는 백인민족국가, 즉 아리아 국가를 건설하는 것이다. "새로운 생각은 아니야." 미스터 화이트가 강조한다. "이미 계획이 있고 90년대부터 실행 중이야." 미스터 화이트가 백인민족국가의 헌법 링크를 보내준다.

4조. 북서부 미국 공화국의 영주권과 시민권은 다음 사람에게만 주어진다. 유럽 국가의 유서 깊은 가문에서 순수한 백인 혈통을 물려받은 후손으로 식별 가능한 비백인 조상이 없고 유전자 구성에 눈에 띄는 비백인 요소가 없는 사람.

5조. 주로 유대인이라는 이름으로 알려진 인종은 문화적으로나 역사적으로나 아시아인의 전통을 따른다. 따라서 백인으로 여겨지거나 법적으로 백인의 지위를 부여받아서는 안 된다. 그 어떤 상황에서도 유대인은 북서부 미국 공화국에 들어오거나 거주할 수 없다.[13]

이 헌법의 초안을 작성한 해럴드 커빙턴Harold Covington은 그동안 많은 극우 활동가에게 영감을 주었다. 커빙턴은 북서부전선Northwest Front의 창립자다.[14] 북서부전선은 "아리아인 남녀로 구성된 정치 조직으로서 태평양 북서부에 위치한 독립적이고 자주적인 백인 국가만이 이 대륙에서 백인이 살아남을 유일한 방법임을 인정"한다. 커빙턴은 공상과학소설과 에이케이AK47 소총이 인쇄된 티셔츠 판매로 돈을 벌었다.[15] 그러나 커빙턴은 독자들에게 북서부 백인 국가를 그린 이 공상과학소설이 "그저 재미만을 위한 것이 아니다"라고 확언했다. "이 소설들은 자기 충족적 예언이 되어야 한다"는 것이다.

실제로 소설은 현실에 영향을 미친 자기 충족적 예언이 되었다. 백인우월주의자 딜런 루프Dylann Roof는 2015년 6월 찰스턴 교회에서 총을 난사해 아프리카계 미국인 아홉 명을 살해했다. 그런데 그가 사건을 저지르기 직전에 작성한 선언문에는 북서부전선이 언급되어 있다. 루프는 태평양 북서부에서 백인이 아닌 사람들을 추방하는 것만으로는 충분하지 않다고 생각했다. 그에게는 북서부로 이사하고 싶은 마음이 없었기 때문이다. 루프는 이렇게 썼다. "왜 내가 우리 주의 아름다움과 역사를 포기하고 북서부로 가야 하지?"[16]

미스터 화이트는 루프에게 공감한다. "지난 70년 동안 이른바 지도자라는 사람들은 문제가 뭔지만 얘기하고 해결책은 전혀 제시하지 않았어. 이런 방법론이 딜런 루프 같은 애들을 만든 거야. 해결책 없이 문제만 떠들어대는 소리를 들었으니 자기만의 해결책을 찾은 거지." 루프처럼 미스터 화이트도 북서부전선의 아이디어가 충분하지 않다고 생각한다. 그러나 이러한 이념 불일치는 표면적인 것이며 결론적으로는 인종주의가 '가장 순수한 형태의 애국주의'라는 점에 모두가 동의한다.[17] "사람들이 그걸 깨달아야 해." 닉네임이 프헤탕시유인 MAtR 회원이 말한다. 그러나 그는 루프처럼 총을 사용하지는 않을 것이다. "이 생각을 퍼뜨리는 게, 그러니까 사람들한테 '빨간약'을 먹이는 게 더 중요하다고 생각해. 힘도 많이 들고 요령도 필요한 일이지."

빨간 약은 2000년대를 살았던 모든 10대가 기억하는 공상과학 영화 《매트릭스》(라나 워쇼스키와 릴리 워쇼스키 감독)에 나오는 말이다. 모피어스는 주인공 네오에게 이렇게 말한다. "파란 약을 먹으면 이야기는 여기서 끝이야. 너는 네 침대에서 깨어나고 네가 믿고 싶은 걸 믿게 되지. 빨간 약을 먹으면 너는 이상한 나라에 남게 되고 내가 토끼굴이 얼마나 깊은지를 보여줄 거야." 네오는 빨간 약을 선택한다. 그리고 인공지능 로봇이 인간을 노예로 삼고 인간의 몸에서 에너지를 얻기 위해 컴퓨터 시뮬레이션을 만들었다는 것을 알게 된다. 자신이 지금껏 그 시뮬레이션 속에서 살고 있었음도 알게 된다. 이 컬트적 장면은 전 세계 대안우파에게 영감과 희망, 자기 부정의 원천이 되었다. 극우는 이 영화 속의 비유를 사용해 지금 당신은 '국제적 기득권층'이 만들어낸 환상의 세계에 사로잡혀 있다고 사람들을 설득한다. 어떤 사람은 '진실을 드러내야 한다'는 집착에 빠져서 퇴근 후에 늦은 밤까지 '빨간 약'을 모아 거대 데이터베이스에 저장한다.[18] 예를 들면 빨간 약은 이민자 범죄에 관한 (허위) 정보일 수도 있고 자신들의 세계관에 신빙성을 부여하는 인구통계학적 변화에 관한 (왜곡된) 통계일 수도 있다. 빨간 약을 먹는다는 말이 급진화를 뜻한다면 대부분의 인터넷 공간은 빨간 약 공장이 되었다. 백인민족주의자들이 내놓는 최악의 빨간 약은 홀로코스트가 일어난 적이 없다는 확신이다. 《매트릭스》는 대안우파가 자기 목적에 맞게 무기화한 인터넷 문화의 레퍼런스 중 하나다. 그들의 무기고에는 일본 애니메이션에서 팝스타 테일러 스위프트까지 매우 다양한 레퍼런스가 들어 있다.

현재 서른한 살인 프헤탕시유는 2000년대에 10대 시절을 보낸 밀레니얼 세대다. 그는 조카가 태어난 5년 전까지만 해도 '빨간 약'에 아무 관심이 없었다. "여동생이 지금 감옥에 있어서 내가 부모님을 도와 조카를 키우고 있어. 그때부터 이 아이가 어른이 됐을 때 어떤 대우를 받을지, 어떤 일들을 겪어야 할지 생각해보게 된 거야."

"상상이 안 되네." 미스터 화이트가 말한다. "지금 그 어느 때보다도 사태가 심각해." 다른 많은 회원들처럼 그도 인종 전쟁이 곧 발발할 것이며 민주주의 체제의 붕괴가 임박했다고 믿는다. "[…] 4년 전만 해도 40대 미만 가운데는 인종에 눈뜬 사람이 거의 없었어." 그는 이번에 처음으로 디스코드에 접속했다.

프헤탕시유는 자신이 "디스코드에 중독"되었음을 인정한다. 그리고 디스코드가 "제정신이고 솔직한 사람들을 찾아서 그들과 소통할 수 있는" 가장 쉬운 방법이라고 설명한다. 그는 잠시 침묵한 뒤 이렇게 말한다. "음, 내가 제정신인지는 잘 모르겠지만 그래도 난 솔직해. 꽤 직설적이고."

프헤탕시유가 미스터 화이트에게 말한다. "좀 돌아다니다 보면 여러 디스코드 서버에 너랑 생각이 비슷한 사람이 많아. 각자 스타일은 다르지만."

인터넷이 대규모로 상업화되기 시작할 때 사이버 안보 분석가 케빈 톰슨이 경고한 것이 바로 이것이다. 톰슨은 2001년 백인우월주의자들의 플랫폼인 스톰프런트에서의 대화를 분석했다. 그리고 낙인찍히고 권리를 빼앗긴 개인이 컴퓨터를 매개로 의사소통하면서 전통적인 지역 공동체와 친족 공동체를 대체할 대안 공간을 형성한다고 판단했다.[19] 이러한 사이버공간은 극단주의자들이 다른 사람들을 급진화하고 정치 캠페인을 조직하는 데 이용되었다. 또한 인터넷의 석기시대인 1990년대 초반에 이미 사이버상의 폭력 행위가 분명하게 드러났다. 1998년 프랑스 월드컵 때 독일의 네오나치와 훌리건은 인종과 이념을 이유로 사람들을 공격했고 사전에 휴대전화로 공격을 계획했다. 프랑스의 북부 도시 랑스에서 벌어진 독일과 유고슬라비아의 경기에서 96명이 체포되었으며 그중 일부는 히틀러식 경례를 했다. 결국 이들은 경찰관 한 명을 심하게 폭행했고 경찰관은 혼수상태에 빠졌다.[20]

인터넷과 신기술을 활용하는 가장 좋은 방법에 관해서는 백인민족주의자들 사이에서도 의견이 분분하다. 프헤탕시유는 젊은 사람들의 마음을 얻기 위해 인터넷을 사용하는 것에 찬성한다. 자유로운 (허위) 정보 게시와 배포가 그 과정에서 매우 중요하게 여겨진다. 북서부전선은 "주문이 들어올 때마다 인쇄하는 출판 방식"을 "예술과 오락 분야에 대한 유대인의 독점을 힘들게 막아낸" 사례로 언급한다.[21] 한편 라이프오브왓LifeOfWat 같은 단체의 회원들은 전통적인 미디어에서 빠져나가는 것만으로는 충분치 않다고 믿는다. "유일한 방법은 전쟁이야. 검을 통한 자유."

이렇게 여러 이념 스펙트럼을 가로지르는 극우를 하나로 엮어주는 요인이 있다. 새로운 기술이 자신들의 정치적 영향력을 확장하고 강화해주리라는 확신이다. MAtR의 한 회원은 이렇게 말한다. "온라인 전쟁터가 가장 중요해." 극우의 온라인 전쟁 준비는 MAtR 채팅방처럼 보이지 않는 인터넷의 한구석에서 진행되며 보통 평범한 인터넷 사용자의 눈에는 보이지 않는다. 인종주의자들이 토론을 벌이고 유전자 검사 결과를 공유하는 세계로 들어가는 것이 내게는 너무 비현실적으로 느껴졌다. 그러나 극우의 영향을 받아 50명을 살해한 2019년 3월의 뉴질랜드 테러 공격은 백인민족국가를 꿈꾸는 가상의 하위문화가 언제든 현실 속의 폭력으로 이어질 수 있음을 보여주었다.

다음 장에서 나는 범유럽 운동에 합류한다. MAtR처럼 대놓고 폭력을 지지하지는 않는 단체다. 미국의 극단주의자들과는 달리 이들은 총을 소지할 수도 없다. 그러나 이들은 새로운 의사소통 기술을 능수능란하게 사용해 사회적 공간을 창출함으로써 국가 안보 기관의 최우선 표적이 되었다. 그동안 이들은 유럽과 영국에서 최신 기술에 능숙한 다수 젊은이의 관심을 끄는 데 성공했으며 더 미묘하고 혁신적인 집단 브랜딩과 확장 방식을 개척했다.

신입에게 빨간 약을

세대정체성에 잠입하다

빈의 역사 중심지에 있는 오래된 카페 프뤼켈. "반가워요, 제니!" 네모난 안경을 쓰고 짧은 머리에 젤을 바른 키 큰 남자가 나를 기다리고 있다. 백인민족주의자라기엔 너무 평범하게 생겼다. 눈에 띄는 문신도 없고 대안우파의 대표적 헤어스타일인 파시스트 언더커트(옆머리는 짧게 깎고 윗머리는 포마드나 왁스를 발라 한쪽으로 넘긴 머리 스타일 – 옮긴이)도 하지 않았다.

"아, 안녕하세요! 그쪽이 에드윈?" 이건 순전히 형식적인 질문이다. 나는 이미 여러 미디어에 모습을 드러낸 '세대정체성' 지역 리더의 얼굴을 안다. 어쨌거나 그는 유럽에서 벌어지는 정체성운동의 거물이다. 몇 달간 세대정체성의 여러 온라인 네트워크에 그럴듯한 설명을 뿌려놓고 몇 주간 오스트리아와 영국의 세대정체성 회원들과 메시지를 주고받은 후에야 에드윈과 약속을 잡을 수 있었다.

어색한 악수를 나누고 수줍은 듯 옆 테이블을 둘러본 뒤 에드윈 힌트슈타이너Edwin Hintsteiner 옆에 앉는다. 내가 쓴 금발 가

2장 신입에게 빨간 약을

발은 내 아바타의 트위터 프로필 사진 속 포니테일과 똑같다. 속으로 되뇐다. 네 이름은 제니퍼 마이어고 교환학생으로 런던에서 공부 중인 오스트리아의 철학 전공자야. 가짜 정체성을 사용하는 것은 소설 속 등장인물을 그려내는 것과 그리 다르지 않다. 본인이 그 인물의 과거와 현재, 미래를 알지 못하면 누구도 그 이야기를 믿지 않는다.

오늘은 오스트리아 총선이 있는 날이라 주위 사람 대부분이 커피를 마시며 지인들과 선거 결과를 점치고 있다. 우리를 쳐다보는 사람은 중도좌파 일간지인 《슈탄다르트》Standard 너머로 시선을 보내는, 우아하게 차려입은 나이 든 여성뿐이다. 우리의 얼굴을 알아보는 것 같진 않다.

그때만 해도 얼마 지나지 않아 에드윈이 오스트리아의 연금 수령자들 사이에서 악명을 떨치게 될 줄은 몰랐다. 몇 달 후인 2018년 1월의 국제 홀로코스트 추모일에 에드윈은 트윗 하나를 올린다. 그의 트윗은 미디어의 열광적인 관심을 불러일으키는 동시에 오스트리아의 기성세대를 충격에 빠뜨린다. "너무 오래 살아서 아무 쓸모가 없으면서 온몸은 페미니즘으로 가득차서 뜨개질하는 방법도 배우지 않았을 때."[1] 그의 트윗은 초당파 운동인 '우파에 저항하는 할머니들Omas gegen Rechts'을 공격한 것이었다. '우파에 저항하는 할머니들'은 오스트리아 극우자유당의 연례 무도회인 아카데미커볼Akademikerball에 항의한 참이었고 이것이 그가 트윗을 쓴 동기가 되었다. 그의 트윗이 큰 논란이 된 것은 할머니 단체를 공격했다는 무례함 때문만은 아니었다. 의도했건 아니건 간에 "살 가치가 없는 생명Lebensunwertes Leben"은 히틀러가 1939년 10월에 발표한 정책에 사용한 표현이었다. 히틀러는 이 정책을 통해 너무 약하거나 장애가 있거나 열등하기 때문에 살아 있을 자격이 없다고 간주된 사람들을 체계적으로 말살할 것을 지시했다. 나치는 유대인 600만 명과 집시 20만 명, 동성애자 7만 명을 학살했을 뿐만 아니라 장애인과 노인 30만 명도 안락사시켰다. 오스트리아 은퇴자협회도 비난 대열에 합류해 힌트슈타이너의 "역겨운 단어 선택"을 비판했다.

"자기소개 좀 해봐요. 어쩌다 세대정체성에 관심을 갖게 된 거예요? 그동안 적극적으로 정치 활동을 했어요?" 에드윈은 잡담을 나누지 않는 편인 것 같다.

"아뇨. 혼자서 오스트리아 자유당 포스터를 붙이고 다닌 것 말곤 없어요." 나는 이렇게 말한 뒤 메시지를 확인하는 척하며 휴대전화를 꺼낸다. "하지만 아시다시피 그동안 마르틴하고 연락을 주고받긴 했어요." 사실 나는 세대정체성이 영국 지부를 열 계획이라는 것을 알고 나서 영국 팀에 지원한 것이었다. 정체성운동의 오스트리아 리더인 마르틴 젤너가 빈에서 만나자고 바로 연락을 해왔다.

그러나 마르틴은 오늘 바쁘다. 프랑크푸르트 도서전에서 정체성운동에 대한 새 저서를 소개하고 있기 때문이다. 수백 개국에서 온 7000곳의 출판사 중에서 미디어의 관심을 독차지한 것은 바로 마르틴의 작은 극우 출판사 안타이오스Antaios다. 그래서 나는 마르틴 대신 에드윈을 만나기로 했고, 우리가 커피를 마시는 동안 도서전에서 정체성주의자와 반대 시위자 사이에 싸움이 일어나 몇 명이 체포되고 누군가가 '지크 하일Sieg Heil'('승리 만세'라는 뜻의 나치 구호)을 외쳤다는 소문이 퍼졌다는 사실은 나중에야 알게 되었다.[2]

나는 두유를 넣은 카푸치노를 주문하고 즉시 후회한다. 에드윈이 깜짝 놀란 표정으로 나를 바라본다. 하지만 그보다 더 놀란 것은 웨이터다. "죄송합니다만 저희는 빈의 전통 카페입니다. 두유는 사용하지 않아요."

에드윈이 웃음을 터뜨린다. "런던에서 얼마나 살았다고요?" 그는 내 겸연쩍은 미소를 못 본 척한다. 그리고 스푼을 구부리며 다시 말을 시작한다. "놀라운 게 뭔지 알아요? 정치에 별로 관심이 없는데 우리를 찾아오는 사람이 점점 늘고 있다는 거예요." 그의 얼굴에 자부심이 스친다. "우리는 젊은 사람들의 중심이에요. 이제 뭔가를 바꾸고 싶어 하는 청년들은 오스트리아 자유당에 안 가고 바로 우리를 찾아와요." 에드윈이 세대정체성에 합류한 것도 과거에 자유당 청년 조직에서 적극적으로 활동했기 때문이었다. "우리에 대해 알아야 할 게 몇 가지 있어요. 우리는 옛날의 나치가 아니라 민족 다원주의자예요."

건너편 테이블에 게이 커플이 앉아 있다. 두 사람이 갑자기

대화를 멈춘다. 노골적인 동성애 혐오 운동의 리더 중 한 명과 함께 있는 것이 창피해진 나는 목소리를 낮춘다. "민족 다원주의자……." 내가 에드윈의 말을 반복한다.

"맞아요." 에드윈은 전혀 목소리를 낮추려 하지 않는다. "우리에게 정체성이란 문화에 관한 것인 동시에 민족에 관한 거예요. 유럽 문명이 민족적으로 또 문화적으로 대체되는 것을 막을 수 있는 유일한 방법은 이민자를 막는 거고요." 그가 설명한다. 강령에 따르면 세대정체성의 목표는 동족 사회, 즉 서로 다른 인종과 문화가 섞이지 않은 사회를 만드는 것이다. 이를 위한 첫 번째 단계는 모든 국경을 폐쇄하는 것이다. 하지만 이것만으로는 충분치 않다. 이들은 이미 자국에 거주 중인 이민자들도 위협적인 존재로 인식하기 때문이다. 그러므로 두 번째 단계는 어떤 구체적 조치가 필요하든 간에 이민 2세대와 3세대를 비롯한 모든 이주자를 본국으로 돌려보내는 것이다.

세대정체성은 반시온주의자와 국가 볼셰비키당[3] 지지자들이 2002년 니스에서 설립한 프랑스의 민족주의 운동 단체인 정체성연합Bloc Identitaire에서 파생되었다. 정체성연합이 설립되고 10여 년 후 이 단체의 청년 지부인 세대정체성이 만들어져 오스트리아와 독일, 이탈리아 등의 유럽 국가로 급속히 확산되기 시작했다.[4] 오늘날 세대정체성은 유럽에서 미국 대안우파의 역할을 하며 유럽과 미국의 극우를 연결하고 있다. 과거 네오나치였던 마르틴 젤너는 유럽과 미국에서 가장 영향력 있는 인물이 되었다. 자기 이미지를 다시 브랜딩하기 위해 그는 오스트리아에서 홀로코스트를 부정한 것으로 악명이 높은 과거의 멘토 고트프리트 쿠젤Gottfried Küssel과 거리를 두었다.[5] 그리고 '인종 분리'나 '아파르트헤이트' 대신 '민족 다원주의' 같은 용어를 사용하고 군화와 스와스티카 문신 대신 레이밴 선글라스와 티셔츠를 착용하며 유럽의 문화적·민족적 정체성을 보존하고 싶다고 말한다.

에드윈은 자기 말에 동의하는 기미를 찾는 것처럼 내 눈을 똑바로 쳐다본다. "알겠지만, 지금 우리는 대전환Great Replacement에 저항하는 얼마 되지 않는 운동 중 하나예요." 나를 꿰뚫어보는 듯한 시선을 피하려고 눈을 내리깔았다가 다시 고개를 드는 순간 건너편 테이블에 앉은 두 남자가 서로 눈길을 주고받는다. 세대정체성이 품은 대부분의 생각처럼 '대전환'이라는 개념도 프랑스 신우파에게서 지적 영감을 받은 것이다. 세대정체성에게 가장 존경받는 인물이자 이들의 가장 열정적 지지자 중 한 명은 프랑스의 작가이자 언론인인 기욤 페이에Guillaume Faye다.[6] 페이에는 백인우월주의 단체인 국가정책연구소National Policy Institute에서 2015년에 한 연설에서 서구 국가들은 '민족 마조히즘'(그가 만든 말이다)이라는 '정신병'에 시달리고 있다고 주장했다. 그는 백인이 점차 다른 인종으로 대체되는 이른바 '백인 말살'이 이민과 낙태, 동성애라는 세 가지 현상에 근거한다고 진단한다. 그들의 주장에 따르면 '백인 말살'은 본토 유럽인의 출산율을 떨어뜨린 친낙태 및 친성소수자 법률과 소수자들이 "전략적인 대규모 번식"에 나설 수 있게 만든 친이민 정책의 결과다.[7] 마르틴 젤너는 이를 "점진적인 장악"이라 칭한다.

하지만 인구통계학 연구는 이들의 주장을 뒷받침하지 않는다. 대안우파의 주장에서 나타나는 흔한 논리적 오류는 만약 에이 다음에 비가 나타나면 에이가 비를 야기했다고 보는 것이다(포스트 호크 에르고 프로프테르 호크post hoc, ergo propter hoc[이전에 일어났으므로 그것의 원인이라는 뜻의 라틴어 – 옮긴이] 오류). 1950년대부터 북미와 유럽에서 출생률이 급격히 낮아진 것은 사실이다. 20세기 후반에 많은 서구 국가가 동성애 처벌법을 폐지하고 반낙태법을 완화한 것도 사실이다. 그러나 지난 50년간 출산율이 낮아진 이유는 다른 데 있다. 연구에 따르면 생활수준이 높아진 것이 그 원인이며 특히 여성의 교육 수준 상승과 피임 도구의 전파, 어린이의 건강과 삶의 질 향상이 중요한 요소로 작용했다.[8]

이 대전환 개념은 '후튼 플랜Hooton Plan' 같은 오래된 개념에 근거한 여러 버전의 반좌파 음모론과 반유대주의 음모론에 반영되었다. 1943년, 미국의 교수 어니스트 앨버트 후튼Earnest Albert Hooton은 독일인을 비독일인과 결혼하게 하여 "독일인에게서 전쟁을 좋아하는 기질을 제거"할 것을 주장하는 에세이를 발표했다. 최근 몇 년간 독일의 많은 극우 단체가 후튼 플랜이 실행되고 있다는 증거로 정부의 이민 정책과 개방 정책을 언급하고 있다.

"친구 중에 이미 세대정체성에 합류한 사람이 있어요?" 나는 고개를 젓는다. "재밌네요!" 에드윈이 외친다. 그의 설명에 따르면 지인의 소개로 오지 않은 사람이 세대정체성에서 더 오래 활동한다. "최근 들어 자발적으로 우리를 찾아오는 사람이 점점 늘고 있어요. 대부분은 소셜미디어 덕분이죠."

에드윈의 휴대전화가 울린다. 그는 내게 사과하고 일간지 《르 수아르》Le Soir의 기자에게 답장을 보낸다. "최근에 미디어 인터뷰를 하는 게 좀 스트레스였어요." 에드윈이 말한다. 오스트리아의 우경화에 갈수록 국제적 관심이 쏠리고 있다. 에드윈은 이제 인터뷰를 너무 많이 해서 더는 긴장되지 않는다고 말한다. 그리고 어쨌거나 주류 미디어는 가짜뉴스라며 이렇게 덧붙인다. "하지만 필요하긴 해요. 우리에겐 공짜 광고나 마찬가지니까요."

그러나 이들에게 훨씬 더 중요한 것은 바로 소셜미디어다. "그래서 우리가 패트리어트피어Patriot Peer('애국 동지'라는 뜻 — 옮긴이)를 발매하려는 거예요!" 세대정체성은 이 새로운 앱을 통해 "조용한 다수"와 연결되고 "저항을 게임으로 바꿀 수 있다"고 약속한다. 모든 것이 게임이 된다. 심지어 다른 애국자와 접촉하면 점수가 쌓이고 점수가 쌓이면 등급이 올라간다.[9] 에드윈은 세대정체성이 학계 밖으로 나오려 한다고 말한다. "앞으로는 대학에서만 홍보하는 게 아니라 중고등학교와 공중목

욕탕, 젊은 사람이 많은 공공장소에서도 캠페인을 벌일 거예요."

같은 이유에서 세대정체성은 오프라인 활동과 함께 번드르르한 온라인 마케팅을 벌인다. 젊은이들에게 최대한 강렬한 인상을 남기고 가까이 다가가기 위해서다. 2017년 여름 이들은 비정부기구가 지중해에서 물에 빠진 난민을 구조하는 것을 막기 위해 '시C 스타'라는 40미터 길이의 배를 빌렸다. 이 일은 엄청난 소셜미디어 피드 덕분에 #DefendEurope(유럽을 방어하라)이라는 해시태그와 함께 널리 알려졌다. 이들은 시 스타에서의 활동을 매일 페이스북과 트위터에 생중계했고 세련된 수영복을 입은 자신들의 구릿빛 몸 사진을 인스타그램에 올렸다.

세대정체성은 소셜미디어에서 전 세계적 지지를 받으며, 특히 미국의 대안우파 블로거와 유명인사가 이들의 해시태그를 트렌드로 만드는 데 큰 역할을 한다. 이러한 현상은 이들이 받는 후원금에서도 잘 드러난다. "전 세계에서 패트리어트피어에 기부를 해줬어요." 에드윈이 말한다. "하지만 그중에서 가장 중요한 건 미국의 지원이었죠." 에드윈은 내가 지난 몇 주간 세대정체성의 후원금 흐름을 조사했다는 사실을 모른다. 전략대화연구소는 세대정체성이 #DefendEurope 캠페인을 통해 지원받은 20만 유로 대부분이 미국에서 왔음을 발견했다. 이 캠페인은 오로지 유럽의 국경과 관련된 것인데도 말이다.[10]

"그렇다면 왜 북미로 진출하지 않는 거예요?" 내가 묻는다.

에드윈이 미국에는 대안우파가 있다고 설명한다. "그래서 미국에서 어떤 전략을 취할지 매우 신중하게 고민해야 해요." 실제로 세대정체성은 캐나다 지부를 열려고 했으나 별 성과가 없었다. "실패했다고 봐야죠." 에드윈이 시인한다. 당연하지 않느냐고 말하고 싶다. 문화의 용광로 역할을 한다는 자부심이 있는 사람들에게 동족 사회라는 개념을 팔고, 대다수 국민이 스스로를 이민자라 여기는 국가에서 반이민을 주창하는 건 좀 터무니없어 보인다. "캐나다에선 브랜딩을 다시 할 필요가 있어요." 에드윈의 결론이다. 하지만 이번 주말은 아니다. 지금은 오스트리아가 우선이다.

"오늘 밤에 뭐 해요? 다른 정체성주의자를 만나고 싶으면 우리랑 같이 자유당 선거 파티에 안 갈래요?" 내가 주저하자 에드윈이 덧붙인다. "이미 시원한 콜라랑 클럽마테도 준비해놨어요." 커피를 마시다 사레가 걸린다. 베를린 스타일의 에너지 드링크인 클럽마테는 백인민족주의자와 그리 어울리는 것이 아니었다. 두유를 넣어달라는 내 주문은 닙스터에게 그리 힙스터스럽지 않았던 게 분명하다. (닙스터nipster, 즉 나치-힙스터는 힙스터의 패션과 문화를 활용해 자기 이미지를 재브랜딩한 젊은 네오나치를 의미한다.)

"아쉽지만 오늘 밤엔 가족 모임이 있어요."

에드윈이 고개를 끄덕인다. "안타깝네요. 세대정체성 회원들과 즐거운 저녁을 보낼 기회를 놓쳤어요." 카페 프뤼켈에서 나오기 전 나는 연락을 계속 주고받으며 영국에서 활동하는 정체성운동 리더들과 전화 통화를 하기로 약속한다.

그날 밤 오스트리아 자유당은 총선거에서 26퍼센트의 득표율을 얻는다.[11] 네오나치 조직과 연관된 오스트리아 정당임을 감안하면 충격적인 성공이다.

스카이프에 로그인한다. 토마스가 나와의 통화를 기다리고 있다. 그는 지금 스코틀랜드에 있다. 세대정체성의 새로운 스코틀랜드 리더인 토마스는 소프트웨어를 판매하며 7년 동안 영국에 살고 있지만 여전히 오스트리아식으로 발음한다. 상냥한 웃음과 차분한 목소리를 가진 사람이다.

반년 전에 빈의 한 카페에서 열린 세대정체성의 정기 모임에 참여하기로 결정했을 때 토마스는 가족을 방문하기 위해 오스트리아에 와 있었다. 그는 이 모임에 대해 아는 바가 전혀 없었다. "솔직히 말하면 꽤 놀랐어요." 토마스가 말한다. "테이블 하나 정도만 예약했을 거라고 생각했는데 카페 전체가 정체성 운동 활동가들과 이 운동에 관심이 있는 사람들로 가득했거든요." 지난 몇 주간 그는 세대정체성의 영국 지부와 아일랜드 지부 신설을 추진하고 공식 출범을 준비했다.

"우와. 이렇게나 빨리 그렇게 큰 임무를 맡은 거예요?" 내가 외친다.

"음, 맞아요. 내가 영국 시청자들이 볼 수 있게 마르틴 젤너의 영상에 자막을 단 뒤로 그렇게 됐어요."

토마스는 내 철학 공부에 대해 묻고는 하이데거와 니체를 존경한다는 내 대답에 만족스러워한다. "마르틴하고도 얘기해 봐요. 그 두 사람은 마르틴이 가장 좋아하는 철학자거든요." 마르틴 젤너도 철학을 공부했다. 하이데거와 니체를 특히 높게 평가하는 것은 극우 사이에서 그리 드문 일이 아니다. 러시아의 네오파시스트 철학자 알렉산드르 두긴Alexander Dugin은 자기 저서에서 하이데거를 인용했고, 대안우파의 대표적 인물인 리처드 스펜서Richard Spencer는 자신에게 "니체가 빨간 약을 먹였다"라고 주장한다. 하이데거와 니체는 오늘날의 모더니즘과 리버럴리즘의 도덕적 쇠퇴를 비난할 지적 틀을 제공한다. 대안우파는 이 주장을 이용해 페미니즘과 다문화주의, 평등주의가 서구의 '진보적 타락'의 결과물이라고 맹렬히 폄하한다.

　　심지어 정치학자 로널드 베일러는 이 두 철학자의 '집단 학살 조장'이 오늘날 백인민족주의자와 그들의 '정신 나간 반진보적 광기'에 계속 영감을 불어넣고 있다고 주장한다.[12] 하이데거의 이념적 성향은 의심할 여지없이 분명하다. 그는 국가사회주의 독일노동자당의 당원이었고, 파시스트에 반대하는 유대인 학생이었던 자신의 연인 한나 아렌트가 독일에서 추방당한 후에도 히틀러를 지지한 것을 한 번도 후회하지 않았다. 그러나 니체의 경우에는 의견이 엇갈린다. 니체의 전기 작가 수프리도는 니체를 처음에는 자기 여동생에게, 그다음에는 나치에게, 오늘날에는 대안우파에게 철저히 잘못 해석되고 이용당한 인물로 묘사한다.[13] 아마도 답은 그 중간 어디쯤에 있을 것이다. 영국의 코미디언 리키 저베이스Ricky Gervais는 니체와 히틀러가 나눈 가상의 대화에서 둘의 관계를 훌륭하게 묘사한다. 히틀러가 니체에게 당신의 책을 좋아한다면서 "전부 마음에 쏙 들어요. 사람과 초인, 모두가 동등하지 않다는 것, 그러니까 유대인을 죽여야 한다는 것……"이라고 말하자 충격을 받은 니체가 "난 그렇게 쓰지 않았소"라고 버럭 소리를 지른다. 그러자 히틀러가 대답한다. "음, 전 행간의 의미를 읽은 겁니다."[14]

토마스는 더 실질적인 문제로 넘어간다. "그럼 이 단체에서 어떤 역할을 맡을 수 있을 것 같아요?" 왜인지 나는 이런 질문은 예상하지 못했다.

"잘 모르겠어요. 행사를 꾸리고 번역 작업을 돕고 네트워크를 구성하는 거?"

"훌륭해요." 토마스가 말한다. "여기 영국에선 모든 게 아직 초기 단계예요. 지금까지 이룬 게 뭐가 있느냐고 묻는다면 별로 할 말이 없지만 그동안 정말로 많은 일을 해왔어요. 오스트리아와 독일, 프랑스에서 큰 도움을 받고 있고요. 마르틴 젤너의 책이 가이드 역할을 해줘요. 한 친구가 이 책을 영어로 번역해주고 있죠. 그 책 읽어봤어요?"

"대립 대신 전복을"은 《정체성주의》Identitär를 읽은 뒤 내 머릿속에 각인된 문구다.[15] 이 책은 기존 권력 구조에 맞서는 대신 지배적 이념에 내재된 모순을 이용해 자신들의 개념과 신념

을 재구성할 때 운동이 더 효과적이라고 주장한다. '민족 다원
주의자'와 '본국 송환', '보수 혁명' 등은 신중하게 만들어낸 용
어로서 사회적으로 용인되는 발언의 경계를 지나치게 넘지 않
고, 그럼으로써 완벽하게 "주류로 편입 가능"하다. 어쩌면 마르
틴이 옳다는 것을 인정해야 할지도 모르겠다. 서서히 진행되는
전복은 전면적인 대립보다 더 효과적이다.

토마스는 내 대답을 기다리지 않고 말을 잇는다. "그 책의
의도는 뭔가를 만드는 방법에 대한 지침을 주는 거예요. 우리
는 모든 영어권 국가에서 그 책을 읽게 하고 싶어요."

"영국 지부를 미국으로 이어지는 다리로 삼고 싶은 거군
요?" 내가 묻는다.

"바로 그거예요." 토마스는 "전 세계 수많은 사람들의 관심"
이 쏟아지고 있다고 말한다. 보아 하니 미국인과 오스트레일리
아인, 심지어 아시아인도 주기적으로 이들과 접촉하는 듯하다.
자국에 정체성운동 지부를 설립하고 싶어서다. "하지만 회원은
까다롭게 선발해야 해요. 보통은 모든 신입 회원과 인터뷰를
하죠." 지금 이들에게는 신입 회원이 필요하며, 2개 국어를 하
는 회원이라면 더욱더 좋다.

"아, 그럼 이게 인터뷰였어요?"

"그건 아니에요. 제니퍼는 이미 마르틴 젤너하고 아는 사이
니까 인터뷰하지 않아도 돼요. 이번 주말에 마르틴이 런던에
와서 함께 전략을 논의할 거예요. 제니퍼도 올래요?" 몇 시간

후 토마스는 내게 약속 장소의 주소를 보내주며 덧붙인다. "마르틴한테 당신과 얘기할 시간을 꼭 빼두라고 할게요!☺"

이렇게 뉴라이트의 비밀 전략 회의에 초대받게 되었다.

토요일 밤 런던 메이페어 중심의 셰퍼드마켓에 있는 예그레이프스라는 펍으로 들어간다.

"안녕하세요, 그쪽이—." 20대 초반의 키 큰 금발 남자가 내 어깨를 두드린다.

"즈-에니퍼예요." 내가 말을 더듬는다. "그냥 제니라고 불러도 돼요."

"좋아요, 당신을 찾고 있었어요! 나는 조던이에요. 저한테 금발 여성을 찾으라고 하더라고요."

조던을 따라 안쪽 방으로 들어가자 40개의 눈이 나를 쳐다본다. 여기에 앤 마리 워터스Anne Marie Waters가 없어서 정말 다행이라고 생각한다. 2017년 영국독립당의 당대표 경선에서 아쉽게 패한 뒤 민족주의 반무슬림 정당인 '포브리튼For Britain'을 만든 자칭 활동가 앤 마리 워터스는 트위터에서 나와 여러 번 설전을 나누었기 때문에 급조한 가발과 안경에도 나를 바로 알아보았을 것이다.

"안녕하세요." 점점 더 어색해지는 침묵을 뚫고 내가 말한다.

"앉아요." 에너지 넘치는 짧은 머리 남자가 웃으며 내게 걸어온다. 북유럽식 발음과 쉰 듯한 목소리의 소유자다. "만나서 반가워요, 제니퍼. 우리와 합류할 거라 들었어요. 그거 알아요? 세대정체성 영국 지부가 이번 주말에 출범한다는 거!" 나는 곧 이 남자의 이름이 토르 라스무센Tore Rasmussen임을 알게 된다. 그는 노르웨이의 사업가이자 세대정체성의 유명 회원으로 영국 지부의 출범을 돕기 위해 런던에 와 있다. 그로부터 한참 후 《옵저버》가 그에 대한 조사 자료를 발표하고 나서야 나는 그가 노르웨이의 네오나치 단체인 비그리드Vigrid의 회원이었다는 사실을 알게 된다.[16] 메이페어에서의 이날 저녁 그는 자신의 과거보다는 미래에 집중한다.

"다음 휴가 얘기를 하고 있었어요." 토르가 라거가 든 맥주잔 위에 두 손을 얹은 채 내게 말한다. "요즘 내 휴가지는 늘 헝가리예요. 나는 자유국가에만 돈을 쓰거든요."

그가 맥주를 마시며 공상에 빠져 있는 동안 나는 계속해서 방을 훑어본다. 방에는 20명가량의 영국인 회원이 있고 그중 다수가 아일랜드 출신이다. 토마스도 유럽 대륙에서 건너온 기존 세대정체성 회원들과 함께 앉아 있다. 그중에는 극우 단체 트래디셔널브리튼Traditional Britain의 콘퍼런스에 참여하고 세대정체성의 영국 지부 출범을 돕기 위해 프랑스와 독일, 오스트리아, 노르웨이, 덴마크에서 날아온 사람들도 있다. 나머지는 영국독립당의 청년 조직원에서 마크 콜레트Mark Collett 같은 노골적인 네오나치에 이르기까지 다양하다.

"이제 오스트리아도 선택지에 넣을 수 있을지 몰라요." 토르가 갑자기 대화를 재개하며 내 쪽을 바라본다. "이번 선거에 대해 어떻게 생각해요?"

"아, 음, 솔직히 말하면 자유당이 표를 더 많이 얻을 줄 알았어요." 나는 평소보다 더 높은 목소리로 강한 오스트리아식 발음을 사용해 말한다. "온라인에서 봤을 때는 엄청난 지지를 받는 것 같았거든요." 토르가 웃으며 고개를 끄덕인다. "지금 되게 행복해 보여요. 그쪽이 자유당 얘기할 때 눈에서 막 빛이 나요." 터져 나오는 웃음을 참느라 배에 경련이 난다. 토르가 맥주를 한 모금 마시고 나를 바라본다. "영국 지부를 위한 얼굴이 필요하다는 거 알죠?" 그가 말한다. "나는 사실상 노르웨이 지부를 이끌고 있지만 단체의 얼굴이 되기엔 너무 늙었어요." 내가 놀란 표정을 짓는다. 토르는 겨우 30대 중반이다. 그가 덧붙인다. "어쨌거나 우리는 리더들한테 돈을 지급해요. 일 걱정을 안 할 수 있도록요."

내가 적절한 대답을 생각해내기도 전에 테이블 건너편에 앉은 양복 차림의 호리호리한 남자가 대화에 끼어든다. "제니, 진짜 좋은 콘퍼런스를 놓친 거예요. 마르틴 젤너가 세대정체성을 훌륭하게 소개했죠. 사람들은 이곳에서 어떤 운동이 벌어지고 있는지 몰라요."

"하지만," 토르가 입을 열고 환하게 웃는다. "일주일 내로 알게 되겠죠."

"왜죠?" 내가 묻는다.

"내일 워크숍에서 알게 될 거예요. 워크숍에 온다면요. 호프
낫헤이트Hope not Hate도 우리가 하려는 일을 막지 못할 거예요."

"아, 나 그 사람들 정말 싫어." 내 옆에 있는 중년 남성이 갑
자기 목소리를 높인다. "그 사람들이 내 인생을 망치려고 했어
요." 화려한 양복과 소매 단추, 계산된 듯한 얼굴 표정 때문에
은행가나 도시인처럼 보인다. "내 이름하고 직장 정보를 퍼뜨
리려고 했다니까요. 직장을 잃을 뻔했죠. 그게 지금 일어나는
일이에요. 나치면 해고되는 거."

"호프낫헤이트가 뭐예요?" 내가 바보처럼 되묻는다.

호프낫헤이트는 영국에서 가장 유명한 반인종차별 단체로
2017년 여름 세대정체성의 '유럽을 방어하라'를 막아냈다. 호
프낫헤이트의 연구원들은 시 스타 소유주의 범죄 이력을 폭로
하고 크라우드소싱 플랫폼인 패트리온Patreon에 요청해 백인민
족주의 활동가들의 결제 서비스 이용을 차단했다.[17]

"자, 이건 어때요? 지금 호프낫헤이트의 사무실로 갑시다.
걸어서 10분밖에 안 걸려요." 토마스가 말한다.

"안 돼요!" 숨이 턱 막힌다. 혀를 너무 세게 씹어서 피가 나
는 것이 느껴진다. "그러니까, 별로 좋은 생각 같지 않아요. 주
말이라 그냥 시간만 낭비하게 될 거예요." 내가 급히 말을 덧붙
인다.

"에이, 빼지 마요. 진짜 재밌을 거예요."

나는 살짝 패닉에 빠져 휴대전화를 쳐다본다. 호프낫헤이트

에서 일하는 친구에게 문자로 조심하라고 말해줘야 하나?

하지만 다행히도 배고픈 사람들이 있다. 나는 배가 고프니 호프낫헤이트 사무실 대신 바로 옆에 있는 펍에 가는 건 어떻겠냐고 제안한다. 배를 채우자는 생각이 문제를 일으키자는 생각을 이긴다.

펍에서 토르는 내게 장차 영국 지부의 리더가 될 사람을 소개해준다. "리엄, 이쪽은 제니퍼예요. 오스트리아 사람이지만 영국 지부 출범을 도와줄 거예요." 나는 리엄이 권투 선수라는 사실을 나중에 알게 된다. 짙은 머리색에 잘생긴 외모의 20대 남자다. 초록색 눈동자가 스타일리시한 노스페이스 재킷과 잘 어울린다.

"어떻게 세대정체성에 들어오게 됐어요?" 내가 묻는다.

"몇 년 전에 마르쿠스 빌링거의 책을 읽고 '와, 이거 진짜 멋진데'라고 생각했죠." 오스트리아의 정체성주의자인 마르쿠스 빌링거는 뉴라이트로 활동한 지 5년째 되던 해에 20세의 나이로 《세대정체성》Generation Identity을 출간했다.[18] 리엄이 말한다. "그래서 프랑스에서 열린 세대정체성 여름 캠프에 처음 참여했어요." 그는 현재 세대정체성 영국 지부에서 일할 사람들을 고르고 있다고 말한다. "먼저 스카이프로 인터뷰를 하고 소셜미디어 프로필을 조사한 다음에 직접 만나죠. 그냥 같이 맥주를 한잔하는 거예요."

리엄은 술잔 너머로 내게 축구사나이연합Football Lads Alliance

이 조직한 시위에 참가했었다고 말한다. 축구사나이연합은 모든 종류의 극단주의와 싸운다고 주장하지만 점점 극우 활동가들과 어울리고 있는 영국의 축구 팬 집단이다.[19] "걔네들은 계속 '모든 형태의 극단주의'라는 말을 해요." 리엄이 웃음을 터뜨리며 덧붙인다. "이슬람 극단주의 말고 다른 극단주의가 또 있는 것처럼 말이죠."

나와 함께 그린파크 역으로 걸어갈 때 리엄은 무슬림이 자신의 주요 관심사라고 말한다. 그는 무슬림이 본래부터 극단적이라고 생각한다. "그럼 친구들에게도 말하나요?" 헤어지기 직전에 내가 묻는다.

"아니요." 리엄이 주저한다. "천천히 빨간 약을 먹이려고 노력하고 있어요." 태연한 말투가 충격적이다.

"어떻게요?"

걸음은 느려지지만 대답이 바로 튀어나온다. 마치 매일 하는 일인 것처럼. "레블미디어Rebel Media를 보여줘요." 레블미디어는 자극적인 반이민·반무슬림 성향으로 유명한 캐나다의 극우 언론 매체다. 나는 충격을 감추기 위해 재빨리 인사를 나누고 리엄과 다른 방향으로 이동한 뒤 그가 시야에서 사라진 것을 확인하고 심호흡을 한다.

다음 날 나는 이들이 어떤 식으로 빨간 약을 먹이는지 알게 된다.

세대정체성은 매우 2010년대스럽다. 사우스런던에 있는 에

어비앤비 숙소를 빌려서 비밀 전략 회의를 연다. 더 정확히는 런던에서 가장 문화가 다양한 지역이자 1980년대에 경찰의 인종차별에 항의하며 폭동을 일으킨 곳으로 유명한 브릭스턴이다.

일요일 아침, 나는 가장 늦게 에어비앤비 숙소에 도착한다. 세대정체성의 오스트리아 리더 마르틴 젤너가 바깥에 서 있고 그 옆에는 그의 새 여자친구이자 미국의 유명한 대안우파 유튜버인 브리트니 페티본Brittany Pettibone이 있다.

다행히 마르틴은 안경을 택시에 두고 내렸다. 그렇지 않았다면 아무리 내가 금발 가발을 썼어도 나를 알아봤을지 모른다. 2016년 말에 비비시BBC의 뉴스 프로그램 〈뉴스나이트〉에서 우리를 함께 다뤘기 때문이다. "이렇게 만나게 돼서 반가워요, 제니퍼." 마르틴이 독일어로 말한다. 힘 있는 악수와 매력적인 미소를 나눈 뒤 우리는 함께 거실로 들어간다. "서로 소개하는 시간을 놓친 것 같은데, 짧게 자기소개 좀 해줄래요?"

주위를 둘러보니 어젯밤에 만난 익숙한 얼굴이 몇몇 보인다. 토르와 리엄이 레이밴 선글라스와 티셔츠 차림을 하고 있다. 잘 차려입은 백인민족주의자들에게 둘러싸여 알화이트 레모네이드를 마시며 별장에 앉아 있자니 약간 비현실적인 느낌이 든다.

내가 제니퍼의 이야기를 다시 한 번 마친 후(이제 나는 자잘한 정보와 일화를 더 편안하게 덧붙이기 시작한다) 나를 포함한 모든 신입 회원은 설문지를 작성해달라는 요청을 받는다. 마르틴은 이것이 "정체성운동의 브랜드 리스크를 관리"하기 위한 것이라고 설명한다. 설문지에는 가장 좋아하는 책과 영화에 관한 질문과 더불어 정치 성향과 이념에 관한 질문도 있다.

나는 너무 진부하지 않으면서도 그럴듯한 대답을 꾸며내려고 노력한다. 조지 오웰의 《1984》는 오늘날의 검열과 감시를 가리키는 극우의 단골 비유로 너무 유명하다. 영화 《파이트클럽》과 《매트릭스》도 대안우파가 선호하는 대표 영화다. 실제로 백인우월주의 잡지 《래딕스 저널》Radix Journal의 편집자인 해니벌 베이트먼은 "대안우파 세대"라는 제목의 글에서 "다수의 소외된 젊은 백인 남성의 신조는 불안이 가장 뚜렷하게 드러난 영화 《파이트클럽》에 요약되어 있다"면서 영화 대사를 인용한다.

> 우리는 역사의 중간에 꼈어. 목적도 갈 곳도 없지. 세계대전도 없고
> 대공황도 없어. 우리의 전쟁은 머릿속에서 일어나. …… 우리의
> 대공황은 삶 자체지. 우리는 텔레비전 앞에서 언젠가 백만장자나
> 영화계 거물, 록스타가 될 거라고 믿으며 자랐어. 그런데 아니야.
> 우리는 지금 그걸 천천히 깨닫고 있어. 그리고 아주, 아주 화가
> 났지.[20]

베이트먼은 그동안 백인이 세뇌를 당해 자신들이 "전 대륙에 문명을 가져온 정복자이자 정착민의 후손"이라는 사실을 잊었다고 믿는다. 그리고 이민 위기와 도널드 트럼프가 "우리의

기억이 닿는 가장 오랜 옛날부터 도대체 무엇이 잘못되었는지를 알아내는 끈질긴 수색"을, 《파이트클럽》에 나온 것과 같은 급작스러운 깨달음을 불러일으킬 수 있다고 본다.[21]

나는 결국 카프카의 《심판》과 《스타워즈》를 고른다. 적어도 이 두 개는 해석의 여지가 있다. 다음 질문에서는 좌익-우익, 지역주의-민족주의, 친이스라엘-친팔레스타인, 자유주의-사회주의 사이에서 나의 정치 성향을 표시해야 한다.

"왜 참전하려 합니까?", "가족들은 당신의 활동을 어떻게 생각합니까?", "형제자매 중 경찰이나 군인이 있습니까?"라는 질문에 이르자 나는 펜을 내려놓는다. 슬슬 겁이 난다. 참전은 너무 강한 단어다. 그리고 내 가족을 왜 신경 쓰는 거지? 세대정체성이 폭력에 반대한다는 주장을 반복하긴 하지만 이 질문을 보니 마치 내가 무장 단체에 가입하려는 것 같다.

"좀 어렵죠?" 토르가 속삭인다. "하지만 걱정 말아요. 맞고 틀린 건 없으니까. 그냥 당신이 '풀파시full-fash'인지 아닌지 알고 싶은 것뿐이에요." 토르가 씨익 웃으며 덧붙인다. 이건 내가 이해하지 못하는 이상한 유머일까. '풀리 파시스트fully fascist'에서 나온 '풀파시'라는 단어는 전통적인 네오나치를 의미한다. 페이스북에 네오나치 상징을 올렸다는 이유로 이들이 한 신입회원을 거절했다는 사실을 나는 나중에 알게 된다. "풀파시는 받아들일 수 없어요. 단체의 이미지를 해치고 싶지 않거든요." 토르가 내게 말한다. 아이러니하게도 얼마 지나지 않아 토르는 네오나치와의 관련성 때문에 세대정체성에서 쫓겨난다.

　"오늘 우리는 새로 출범하는 영국 지부의 전략을 논의할 겁니다." 마르틴 젤너가 운을 뗀다. "영국에는 파키스탄인과 본토 영국인이 있습니다. 그런데 이제는 본토 영국인이 자기 나라에서 소수자가 되고 있어요. 그 어느 때보다도 심각한 상황입니다." 마르틴 젤너는 "당신은 인종차별주의자입니까?"나 "당신은 반유대주의자입니까?" 같은 곤란한 질문에 어떻게 답해야 하는지를 짧게 설명한 뒤 세대정체성은 백인이 다른 인종보다 우월하다고 주장하지 않는다고 말한다. 그리고 서로 다른 인종이 각자를 위해 분리되어야 한다는 점을 강조하라고 권한다. 그다음 우리는 '통제된 도발'과 '전략적 양극화', '메타 정치'라는 개념을 논한다. 세대정체성의 사회동원 전략은 시행착오를 통해 무엇이 효과적이고 무엇이 그렇지 않은지를 알게 된 자신들의 경험과 사회학의 연구 결과를 합한 것이다.

　미국 대안우파처럼 세대정체성도 정치를 바꾸고 싶으면 문화부터 바꿔야 한다는 브라이트바트 독트린을 믿는다. 오늘날 극우가 가장 선호하는 정보와 해설의 원천이 된 웹사이트의 개설자 앤드루 브라이트바트는 "정치는 문화에서 나온다. 나는 문화적 서사를 바꾸고 싶다"라고 말했다.[22] 이 주장에 따르면 주류 정치인에게 더 큰 사회적 압박을 가하려면 도발적 반문화를 창조해 젊은이들을 끌어모아야 한다. 이게 바로 '메타 정치'다. "양극화를 일으켜야 합니다." 마르틴 젤너가 설명한다. "누구도 양극화를 좋아하지 않습니다. 억지로 어느 한쪽을 선택해야 하니까요. 하지만 변화를 일으키려면 필요한 일입니다." 젤너는 시간이 흐르면 이러한 양극화가 극우의 세계관을 정상으로 만들고 '오버턴 윈도Overton Window(대중 담론에서 수용 가능하다고 여겨지는 생각의 범위)'[23]를 우측으로 이동시킬 수 있을 거라고 믿는다.

세대정체성은 대안우파의 사회 위반적이고 분열적인 캠페인을 학습했다. 예를 들면 2016년 오스트리아의 정체성주의자들은 빈 중심에서 플래시몹으로 테러 공격을 흉내 냈고 몇 달 후에는 유명한 마리아 테레사 동상을 부르카로 덮어 미디어의 관심을 끌었다. 이들의 도발적 퍼포먼스를 담은 게시물과 트윗은 순식간에 퍼져 나가 핵심 소셜미디어의 유명인사들에게 공유되었다. 이게 바로 '통제된 도발'이다. 이렇게 되면 전통적인 미디어 매체는 이들의 활동을 보도하며 이들에게 플랫폼을 제공할 수밖에 없다. 일단 온라인 캠페인이 미국의 트롤링(트롤들이 고의로 부정적인 반응을 일으키는 행위 – 옮긴이)과 뉴미디어 전문가 휘트니 필립스가 말하는 '티핑포인트'에 도달하면 캠페인을 벌인 단체 바깥으로 이야기가 확산되고, '주류 미디어'는 그 이야기를 다루는 것 외에는 선택의 여지가 없다.[24] 이들의 목표는 분열을 초래하는 콘텐츠를 퍼뜨려 중립을 취하는 모든 사람이 어느 한쪽을 택하도록 만드는 것이다. 이것이 '전략적 양극화'다.

이러한 전략은 세대정체성의 빨간 약 매뉴얼과도 완벽하게 일맥상통한다. 이 매뉴얼은 다양한 이념적 배경을 가진 개인을 양극화하고 급진화하는 방법을 알려주는 단계별 가이드다. 세대정체성은 빨간 약을 삼키는 것은 "깊은 잠에서 깨어나 행복한 무지에서 벗어나는 과정"이라고 정의한다. 나는 이슬람 극단주의자들이 온건한 무슬림에게 자힐리야jahiliyya, 즉 무지 상태에서 벗어날 것을 촉구한다는 사실을 떠올린다.

브리트니는 마르틴 옆에 앉아 가끔씩 미국의 사정을 덧붙이고, 마르틴이 영어 단어를 잘못 발음하거나 더블유를 브이로 발음할 때마다 지적한다. "대안우파는 위험해요. 그들과 어울릴 때는 매우 신중해야 해요." 브리트니가 경고한다. 대안우파와 비교하면 세대정체성 지도부는 적어도 공식적으로는 노골적인 인종차별주의와 반유대주의, 물리적 폭력과 훌륭하게 거리를 둬왔다. 그러나 마르틴은 이렇게 말한다. "저는 미국의 대안우파나 유명 유튜버들과 연락을 주고받고 있습니다." 나는 그가 로런 서던Lauren Southern 같은 문화민족주의자, 더 극단적이고 명백한 인종차별주의자인 리처드 스펜서, 백인우월주의 단체인 유로파정체성Identity Evropa 등과 연락한다는 의미일 거라고 이해한다.

"신중해야 해요." 브리트니가 이번에는 더욱 단호하게 말한다. "전 아무도 믿지 않아요. 대안우파는 잠입자가 들끓거든요." 바로 그때 나는 내 바지 주머니에서 떨어진 카드를 발견한

1부 모집

다. 그동안 내 진짜 신원이 드러날 만한 소지품은 전부 집에 두고 나왔는데, 이 카드만은 예외였다. "이거 그쪽 거예요?" 브리트니가 카드를 집어 들면서 내게 묻는다. '율리아 에브너'라는 작은 글씨를 제발 보지 않게 해달라고 빈다. 다행히 브리트니는 아무 말 없이 카드를 내게 건네준다.

10월의 런던치고는 놀라울 만큼 따뜻한 날이라 우리는 에어비앤비 숙소에서 멀지 않은 이탈리안 레스토랑까지 걷는다. 회원들은 피자와 맥주를 앞에 두고 영국 지부의 후속 단계와 국제화 전략을 논의한다. 이번에도 대화는 영어권 국가의 청년들을 급진화할 계획이 아니라 마치 평범한 사업 확장에 관한 것처럼 느껴진다.

그들의 대화를 듣고 있자니 세대정체성이 이미 얼마나 국제적인지를 알 수 있다. 내 옆에는 덴마크에서 온 여자가 앉아 있고 테이블 건너편에서는 프랑스어로 대화를 나눈다. 마르틴 젤너도 영어와 독일어, 프랑스어를 번갈아 사용한다. 세대정체성의 금융 거래 중심지는 헝가리이고 연례 트레이닝 캠프는 프랑스의 시골 마을에서 열린다.[25] 영국 지부의 계획은 유럽 지부와 장차 설립할 미국 지부뿐만 아니라 오프라인 활동과 온라인 활동 사이에서 다리 역할을 하는 것이다.

이번 주말 이들은 현재 전 세계에서 가장 영향력 있는 극우 인사이자 영국수호연맹English Defence League의 설립자인 토미 로빈슨Tommy Robinson을 만날 예정이다. 본명이 스티븐 약슬리레넌

Stephen Yaxley-Lennon인 로빈슨은 자신만의 온·오프라인 홍보 전략을 완성했다. "어쩌면 로빈슨이 영국 지부의 리더가 될지 몰라요." 영국인 회원 중 한 명이 잔뜩 들떠서 말한다. 하지만 몇몇은 로빈슨이 단체의 얼굴이 되기엔 나이가 너무 많다고 염려를 표한다. "이건 청년 운동이에요." 토르가 말한다. 토르와 토마스는 세대정체성의 공식 대변인 역할에서 손을 뗐다. 나이가 너무 많다는 이유에서였다. 마르틴도 고개를 끄덕인다. 하지만 이들은 로빈슨의 준유명인사급 지위와 온라인에서의 엄청난 영향력을 활용해 소셜미디어 캠페인을 밀어붙이고 새 영국 지부를 홍보하고 싶어 한다.

세대정체성은 가장 깐깐한 극우 단체 중 하나일지 모른다. 세대정체성의 신입 회원은 비교적 젊고 트렌디해야 할 뿐 아니라 교육 수준도 꽤나 높아야 한다. "정말요?" 내가 묻는다.

"교육 수준이 낮은 사람을 거부하지는 않지만 그런 사람들이 다수가 되어선 안 돼요." 내 옆에 앉은 여자가 설명한다. 유럽의 모든 신입 회원은 트레이닝 과정을 거치면서 문학과 의사소통부터 무술을 비롯한 신체 운동에 이르기까지 다양한 수업을 받는다.

"그러면 향후 1년간 영국 지부는 어떤 일들을 하게 되죠?" 신입 영국인 회원 중 한 명이 묻는다.

"소셜미디어 캠페인을 벌이고 주기적으로 길에 광고물을 붙이고 캠퍼스에서 전단을 돌리고 6주에 한 번씩 돌파 행동에 나설 겁니다." 마르틴이 말한다.

"돌파 행동이 뭐죠?" 내가 묻는다.

토르가 마르틴과 눈빛을 주고받는다. 두 사람은 금기를 깨는 창의적인 행동은 뭐든 돌파 행동이 될 수 있다고 설명한다. 목표는 언제나 똑같다. 미디어의 관심을 끌고 언론인과 대중이 정체성운동에 흥미를 갖게 하는 것. 이 개념은 마케팅에서 빌려온 것으로, 주로 광고 예산이 제한적인 중소기업이 돌파 행동을 활용한다. 중소기업은 자사 상품의 입소문을 내기 위해 혁신적이고 때로는 도발적인 캠페인을 벌임으로써 실제보다 시장점유율이 높아 보이게 하고 더 큰 경쟁사에 맞서 입지를 강화한다. 빈에서 벌인 테러 플래시몹, 마리아 테레사 동상에 두른 부르카……. 이제 이해가 된다. "다음에는 런던에서 일어나는 염산 공격에 관해 뭔가를 해볼 수도 있어요." 토르가 말한다.

"아니면 요크에 새로 짓고 있는 이슬람 사원에 관한 것도 좋고요." 내 옆에 앉은 여자가 덧붙인다. "조금 이따가 우리의 첫 번째 돌파 행동을 벌이러 웨스트민스터 다리로 갈 거예요. 분명 내일 뉴스에 나올걸요."

이건 좀 너무하다. 세대정체성의 선전물에 등장하고 싶진 않아서 나는 핑계를 대고 자리를 빠져나온다. 몇 시간 후 마르틴이 내게 첫 번째 돌파 행동을 찍은 사진을 보낸다. 웨스트민스터 다리에 "런던을 방어하라. 이슬람화를 멈춰라"라고 쓰인

20미터 길이의 현수막이 걸려 있다. "우리 퍼포먼스는 언제나 성공적이에요. 우리 계획을 아무도 모르거든요." 마르틴이 전략 회의에서 내게 설명했었다. "우리는 경찰보다 먼저 움직여요. 아무도 우리를 막을 수 없어요. 호프낫헤이트도요."

이것이 영국 및 아일랜드 지부의 시작이자 세대정체성에서 내가 벌인 잠복 활동의 끝이었다. 영국 지부가 공식 출범하고 며칠이 지났을 때 회원들은 제니퍼 마이어가 사실 율리아 에브너라는 것을 알게 되었다. "어제부터 당신에 대해 조사를 좀 했어요;)" 마르틴이 내게 문자를 보냈다. "우리 얘기가 재미있었기를 바라요."《인디펜던트》에 세대정체성의 비밀 전략 회의와 영국 지부 설립 계획에 대해 말했으니 이 결과는 피할 수 없었다. 회원들은 뭔가 이상하다는 것을 눈치채고 내 아바타의 프로필과 내 진짜 프로필을 비교했다. 언제나처럼 내 잠복 활동에 기한이 있으리라는 것은 알고 있었다. 극우 단체인 영국수호연맹이 조직한 집회 때도 그랬고 이슬람주의 단체인 이슬람해방당Hizb ut-Tahrir이 주최한 콘퍼런스 때도 그랬다.

세대정체성 같은 단체의 정교한 온라인 동원 활동에 대해 경고할 적절한 방법을 찾기란 무척 어렵다. 세대정체성이 자신들의 네트워크에 젊은 사람들을 모집하겠다는 목표로 영국을 찾았을 때 나는 딜레마에 빠졌다. 어떻게 하면 본인들을 홍보할 플랫폼을 내주지 않으면서 현상을 왜곡하고 조작하는 그들의 전략을 폭로하고 경계심을 높일 수 있을까? 그들의 '돌파' 전략에 대해 알고 나니 영국 지부의 신입 회원이 조만간 영국 신문의 헤드라인에 등장할 것임을 확신할 수 있었다. 실제로 2017년 10월 이후 세대정체성은 6주에 한 번 영국 뉴스에 보도된다는 목표를 달성하고 있다. 심지어 2018년 5월 《선데이타임스》는 그들을 "중산층에 말투가 세련된" "힙스터 파시스트"라고 소개하는 헤드라인 밑에 새로 데뷔한 보이밴드처럼 보이는 사진을 넣은 기사를 내보냈다.[26]

첫 잠입 후 정확히 1년이 지난 2018년 10월 나는 암호화된 메신저 앱 텔레그램을 통해 다시 세대정체성의 영국 및 아일랜드 지부 채팅방에 들어간다. 바뀐 것은 별로 없다. 그들은 여전히 적극적으로 회원을 모집하고 캠페인을 벌이고 신입 회원을 훈련한다. 마지막 메시지에는 이렇게 쓰여 있다. "북서부 지역의 활동가들이 토요일에 #맨체스터에서 만나 스터디 세션을 가졌습니다. 신입 회원을 교육하고 영웅, 살아남으려는 의지, 규율 같은 주제에 대해 이야기를 나누었어요. 전단을 나눠주었고 긍정적인 반응을 많이 얻었습니다. #세대정체성 #유럽을 방어하라." 바뀐 점이 있다면 그동안 미디어 퍼포먼스를 벌인 덕분에 규모가 엄청나게 커졌다는 것이다. 텔레그램 채팅방 인원은 300명이 넘고, 제니퍼 마이어가 처음 팔로할 당시 10여 명이었던 트위터 팔로어 수는 1년 만에 7000명으로 폭증했다.

인터넷과 신기술은 회원 모집을 훨씬 쉽게 만들었다. 이제는 수많은 사람에게 접근하고 섬세하게 단체 이미지를 브랜딩하며 심사 절차를 게임처럼 만들 수 있다. 게다가 극단주의 네트워크로 유입되는 경로도 많다. 어떤 회원은 이념을 이유로 합류하고 어떤 회원은 정치에 아무 관심이 없는 상태로 합류한다. 때로는 배타적인 커뮤니티와 멋져 보이는 반문화의 일원이 되는 것이 회원들이 얻는 가장 큰 보상일 때도 있다. 하지만 모집 과정에서 반복적으로 등장하는 주제는 바로 정체성이다. 문제가 많은 자아 이미지, 무너진 자존감. 극단주의자들은 취약한 청년들을 자신들의 네트워크로 끌어들이기 위해 소셜미디어에서의 공격적인 모집 캠페인에서부터 실시간 보이스챗을 이용한 엄격한 심사 절차, 유전자 검사, 암호화된 채팅방에서의 밈 대회에 이르기까지 광범위한 기술을 활용한다. 현실에서 벌이는 극적인 퍼포먼스는 생중계된 뒤 페이스북과 트위터에서 실시간 트렌드가 되어 전통적인 미디어 수용자의 범위 너머에서 관심을 끌어모은다. 청년층의 문화 레퍼런스와 게임 용어를 이용해 여러 온라인 커뮤니티에 침투하는 한편 신입 회원은 유전자 검사 결과를 제출하고 음성 인터뷰에 응해야 한다. 극단주의 집단의 회원 모집은 더는 지루한 절차가 아니며, 그 자체가 타깃을 끌어들이고 신입 회원에게 배타성이라는 환상을 불어넣는 하나의 방법이다.

모집이 끝난 후에는 사회화가 진행된다.

2부 사회화

트래드와이브즈

3장

여성 반페미니스트 집단에 합류하다

"너는 에스엠브이SMV 척도에서 어디쯤 있다고 생각해?" 킴이 내게 묻는다.

"음." 구글에서 에스엠브이를 검색한다. 온라인 남성우월주의 커뮤니티인 '자기 길을 가는 남자들Men Going Their Own Way, MG-TOW'에 따르면 성적 시장가치Sexual Market Value는 "이성이 그 사람과 얼마나 섹스하고 싶어 하는지를 나타내는 척도"다.[1] 내가 고백한다. "잘 모르겠어. 그건 어떻게 알 수 있어?"

"자기가 판단하긴 어려워. 보통 사람들은 자기가 어떻게 보이는지 잘 모르거든. 자기 매력을 과장하거나 평가절하하는 경우가 많아. 하지만 여자는 살을 빼면 성적 시장가치가 올라간다고들 해." 그리고 킴이 덧붙인다. "결국 네 성적 시장가치는 남자가 너한테 말해주는 수밖에 없어. 물론 주관적이지. 어떤 남자한테는 8점이고 어떤 남자한테는 5점일 수 있어."

"그렇구나. 그럼 넌 네 성적 시장가치를 아는 거지?"

킴은 인터넷 토론 플랫폼인 레딧의 여성 반페미니스트 커뮤니티인 레드필위민Red Pill Women을 구독한 지 1년 만에 신체 사이즈를 20에서 14까지 줄였다고 말한다. "확실히 도움이 됐어. 대접이 달라졌거든. 하지만 지나가던 차를 멈춰 세울 정도는 아니야. 내 얼굴은 평균이거나 어쩌면 평균 이하야. 아무리 날씬해도 얼굴 때문에 내 성적 시장가치는 그리 높지 않을 거야."

나는 킴의 가차 없는 자기 평가를 멍하니 바라본다. 이런 글은 게시판에 흔히 올라온다. 킴은 레드필위민이나 트래드와이브스(전통적인 아내들Traditional Wives의 줄임말)라고 자칭하는 대략 3만 명의 여성 중 한 명이다. '자기 길을 가는 남자들'의 남성인권 운동 활동가들처럼 이 여성들도 젠더 역할이 '섹스 경제학'의 결과라고 본다.[2] 이들은 이성애자 커뮤니티를 하나의 시장으로 여겨야 한다고 믿는다. 이 시장에서 여성은 섹스를 판매하는 판매자이고 남성은 구매자다. 그러므로 이들의 주장에 따르면 여성의 가장 중요한 자원은 본인의 성적 시장가치다.

젠더 관계를 바라보는 이 극도로 단순한 관점은 여성 대상화를 정당화하는 데 이용되며 마치 시장의 상품처럼 여성을 평가하고 거래하고 교체하는 것을 수용 가능한 일, 심지어 반드시 필요한 일로 만든다. 오늘은 내가 트래드와이브스와 이야기를 나눈 지 3주째이며 이들이 노골적인 여성혐오 발언을 지지하는 데도 점점 익숙해지고 있다. "남성에게 여성의 가장 중요한 가치는 성적 가치이고, 여자는 성적으로 순결할 때 가장 가치가 높아." 나는 이 말을 반복해서 듣는다. 킴은 자신의 성적 가치를 파악하고 싶으면 익명으로 평가를 받을 수 있는 웹사이트를 이용해보라고 제안한다. 이런 웹사이트로는 고전적인 핫오어낫Hot or Not과 더 정교한 매력 평가 서비스를 제공하는 포토필러Photofeeler 등이 있다.

"알았어. […] 그런데 다른 요소는 안 봐? 재미있거나 똑똑하거나 독특한 취미가 있을 수도 있잖아." 나는 반쯤 답을 알면서 묻는다.

킴이 말한다. "왜 이래. 오로지 건강 상태와 나이, 여성성만이 남성에게 어필할 수 있는 중요한 자질이야. 교육 수준과 직업, 직장은 여자의 성적 시장가치에 아무 영향도 미치지 못해. 한번 생각해봐. 그런 것들이 남자의 성적 만족도를 높여주진 않잖아." 이 발언은 '자기 길을 가는 남자들'의 평가와 일맥상통한다. '자기 길을 가는 남자들'은 이렇게 주장한다. "여성의 성적 시장가치는 태어날 때 정해지며 여성이 살면서 이룬 성취는 성적 시장가치를 높이는 데 별 도움이 되지 않는다."[3]

"아, 그리고 네 성적 시장가치는 네 엔N카운트가 올라갈수록 내려가." 마리라는 이름의 여자가 덧붙인다.

"무슨 카운트?" 내가 묻는다. 슬슬 바보가 된 느낌이 들기 시작한다.

"엔카운트. 같이 잔 남자 숫자." 마리가 설명한다. "여자가 성경험이 많으면 남자의 신체적 쾌감이 커질 수도 있지만 실제로는 성경험이 없는 게 남자의 만족도를 더 높여주거든." 마리는 30대 초반이며 기혼이다. 마리는 '좋은 아내'가 되는 것 외에도 레딧의 레드필위민 게시판 동지들에게 데이트와 관계, 결혼에 관해 조언을 해주는 것이 자신의 임무라고 생각한다. 마리는 이 게시판에서 상담을 가장 많이 해주는 코치 중 한 명이다. 많은 여성이 마리에게 "임신과 출산 시기에는 여성의 의무가 어떻게 바뀌나요?"나 "혼전 순결을 반드시 지켜야 하나요?" 같은 질문을 쏟아낸다.

마리는 페미니즘이 남성과 여성을 세뇌시켜 엔카운트가 중요치 않다고 믿게 만들었다고 확신한다. 마리는 내게 말한다. "하지만 머지않아 인간 본성이 승리하게 될 거야. 그리고 여자의 엔카운트가 늘어날수록 여자를 점점 덜 욕망하게 되는 것이 남자의 본성이지. 이렇게 줄어든 욕망은 결국 노골적인 혐오로 변할 거야." 그리고 1000명의 남자와 섹스를 한 "10점 만점에 10점인 완전 섹시한 미녀"를 예로 든다. "그 여자랑 결혼하고 싶어 할 남자가 얼마나 있겠어? 거의 없을걸. 왜일까?" 다른 사람이 대답하기도 전에 마리가 말을 잇는다. "왜냐하면 여자는 섹스의 문지기거든. 섹스는 남자가 여자에게서 가장 필요로 하는 거야. 그러니까 섹스는 여자의 가장 중요한 가치지. 여자가 그 가치를 남자에게 나눠줄 때마다 그 여자의 가치도 낮아지는 거야."

트래드와이브즈 운동은 레드필의 여성 버전으로 성장한, 작지만 점점 규모가 커지고 있는 인터넷 현상이다. 레드필은 뉴햄프셔주의 공화당 하원의원인 로버트 피셔Robert Fisher가 2012년에 pk_atheist라는 닉네임을 이용해 익명으로 만든 레딧 커뮤니티다.[4] 레드필은 "남성을 위한 긍정적 정체성이 점점 사라져가는 문화에서의 성 전략을 논의"하겠다고 약속했으며, 내용이 유해하고 비인간적이며 위협적이라는 이유로 2017년에 레딧이 게시판을 막기 전까지 구독자가 약 30만 명에 달했다.

하지만 레드필은 이른바 '매노스피어Manosphere'라는 더 큰 온라인 여성혐오 커뮤니티의 일부일 뿐이다. 매노스피어는 대안우파의 형성에 핵심 역할을 했으며, 다양한 종류의 하위문화가 있다. 그러한 하위문화로는 여성의 마음을 조종해 침대로 끌어들이는 방법을 배우려는 남자들의 비밀 커뮤니티인 픽업아티스트Pick Up Artists와 남자들에게 이제 여성에게 관심을 끄라고 가르치는 결혼 반대 커뮤니티인 '자기 길을 가는 남자들', 남성우월주의자들인 남성인권 운동 활동가들Men's Rights Activists, 앙심에 차서 자신을 성적으로 좌절하게 만든 여성들을 처벌하고자 하는 비자발적 독신Involuntary Celibacy, Incel 운동 등이 있다.[5] 이들 집단이 남성의 권력과 자존심, 특권을 '재정복'하기 위해 추구하는 전략은 저마다 다르지만 페미니즘과 리버럴리즘, 현대적 젠더 역할에 노골적인 적개심을 드러낸다는 점은 동일하다. 이들은 #미투 운동을 조롱하고 여성인권 운동 활동가들을 '페미나치'라 비난한다.[6]

마이클 키멀Michael Kimmel의 《분노한 백인 남성》Angry White Men을 읽었을 때 나는 이것이 오로지 남성 사이에서만 일어나는 현상이라고 확신했다. 그러나 레드필위민에서 더 많은 시간을 보낼수록 남성만 반페미니즘 운동에 참여하는 것이 아님을 서서히 이해하게 되었다. 과거의 과장된 남성성 및 여성성 개념과 전통적인 권력 관계로 돌아가고 싶어 하는 여성 남성인권 운동 활동가들은 매노스피어의 수사법을 채택했다. 러시아계 미국인 대안우파 활동가인 라나 록테프Lana Lokteff는 백인우월주의 라디오 프로그램인 라디오 3포틴Radio 3Fourteen에서 "페미니즘이 백인 남성을 공격"하고 있다고 주장했다.

레드필위민 커뮤니티는 "스스로와 자신이 맺는 관계를 개선하고자 하는 모든 여성에게 열려" 있지만 다음과 같은 몇 가지 규칙이 있다.

규칙 5. 페미니즘 금지. 이곳은 반페미니즘 커뮤니티이므로 페미니즘을 통해 '구원'받는 데는 관심이 없다. 페미니즘의 관점을 들이미는 사람은 주제를 벗어났으므로 퇴출될 것이다.

그 대신 대화는 전통적인 진화심리학이나 반페미니즘적 전제를 따라야만 한다.

"나는 더 많이 배우고 성장하고 있고, 신의 은총을 통해 더 정숙해지고 있어. 요구와 주장을 하는 대신 남편을 따르고 남편에게 복종하는 법을 배우고 있어. …… 정말 아름다워. 내 가장 큰 변화는 이제 그냥 '알겠어요'라고만 대답한다는 거야. 나는 남편이 요구하거나 원하는 것에 그냥 알겠다고 말해." 한 여성이 몇 주 동안 트래드와이브즈의 사상을 주입받은 뒤 쓴 글이다.

나는 이곳이 무조건적인 자기 상실의 장이라는 것을 이해하기 시작한다. 이곳의 가장 중요한 목표는 남자를 기쁘게 하는 법을 배우는 것이다. "남자를 지키고 싶다면 페미니즘보다 여성성을 더 중요하게 여겨야 해." 코치들은 반복해서 말한다. "우리는 삶에서 여성스럽고 겸손하고 복종적인 위치를 받아들이는 것을 꺼리지 않아." 이곳에서 로라 도일Laura Doyle의 《굴복한 아내》The Surrendered Wife와 로라 슐레징어Laura C. Schlessinger의 《남편을 제대로 보살피고 먹이는 법》The Proper Care and Feeding of Husbands은 독서 목록의 상위에 올라 있다.

성적 시장가치 외에 레드필위민의 이념을 지탱하는 핵심 개념 중 하나는 '에스티에프유Shut The Fuck Up'(입을 닥친다는 뜻 — 옮긴이)다. 마리는 "남자들은 말이 많지 않은 여자를 선호해"라는 말로 그리 추측이 어렵지 않은 이 개념을 요약한다.

트래드와이브즈가 자신들의 일상생활에 에스티에프유를 성공적으로 적용한 사례를 들려주기 시작하자 내 속이 뒤집히는 것이 느껴진다. 말 그대로 침묵당한다는 개념에 여성들이 이렇게 들뜬 모습을 지켜보는 것이 거의 비현실적으로 느껴진다. 그중 한 명이 말한다. "얘들아 들어봐. 어젯밤에 남편이 내내 나한테 너무 쌀쌀맞은 거야. 그래서 점점 화가 났지. 그러다 문득 문제는 나라는 걸 깨달았어. 사실, 내가 에스티에프유를 사용했다면 우리 부부는 언제나처럼 멋진 밤을 보냈을 거야. 내가 이 방법을 진짜로 배우게 하려고 이런 일이 일어난 것 같아. 왜냐하면 눈앞에서 즉각적인 결과가 나타나는 걸 봤거든. 앞으로는 입을 더 조심할 거야."

에스티에프유는 '가정 훈육'이라는 더 큰 개념의 일부다. 마리는 아이들뿐만 아니라 아내와 여자친구에게도(모두 남성에게 복종해야 하는 존재다) 가정 훈육을 적용할 수 있다고 말한다. 마리는 남성에게 다음처럼 하라고 권한다. "여자를 자리에 앉히고 방금 어떤 규칙을 어긴 건지, 왜 그것이 규칙인지를 설명한 다음 차분하게 정해진 벌을 내리세요. 벌이 끝난 뒤에는 안아주세요." 트래드와이브즈가 폭력 사용을 장려하는 것은 아니지만 그중 다수가 "자기 여자를 때리는 남자는 자기 할 일을 잘하고 있는 것"이라고 믿는다.

놀랍게도 레드필 여성들에게는 뚜렷한 특징이랄 것이 없다. 내가 만난 여성 대다수는 열일곱 살에서 서른 살 사이인 것으로 보인다. 일부는 기혼이고 일부는 현재 데이트도 하고 있지 않다. 경제적 배경도 다양하다. 주방용품 비용을 절약할 방법을 물어보는 사람이 있는가 하면 백악관에서 도널드 트럼프와 멜라니아 트럼프를 만날 때 입을 가장 화려한 드레스를 어디서 구할 수 있는지를 물어보는 사람도 있다. 심지어 교육 수준도 다양하다. 한 여성은 이렇게 고백한다. "막 박사학위를 땄는데 남자 만나는 데는 학위가 아무 소용도 없다는 걸 깨달았어." 이들이 여태까지 어떤 삶을 살아왔든 간에 대부분의 여성은 사랑하는 사람을 잃고 충격받은 상태 또는 사랑하는 사람을 잃을까 봐 두려운 상태로 이곳을 찾는다. 일부는 아직 애인을 찾지 못했다는 이유로 이 게시판을 구독하며 애인이 없는 것을 자기 탓으로 여긴다. 매노스피어를 찾는 남자들과 마찬가지로 대부분의 트래드와이브즈를 급진화시키는 것은 바로 사랑이다.

"지금 너한테 정말로 필요한 건 알엠브이RMV, 즉 관계 시장가치Relationship Market Value야." 킴이 자신을 리즈라고 소개한 여자에게 설명한다. 리즈는 몇 주간 데이트를 하다 자신을 차버린 남자의 사랑을 되찾기 위해 자신의 성적 시장가치를 최대치로 높이는 데 집착하는 듯하다. 킴이 리즈의 두려움과 불안을 능수능란하게 레드필 공식에 끼워 넣어 트래드와이브즈 한 명을 만들어내는 모습을 실시간으로 지켜보자니 무척 고통스럽다.

나도 정신적으로 그리 안정된 상태가 아니다. 얼마 전 고통스러운 이별을 겪었기 때문에 나 또한 스스로에 대해, 관계에 임하는 나의 태도에 대해, 여자로서의 내 역할에 대해 의문을 품기 시작한다. 난 그냥 조사에만 집중하라고 스스로에게 계속 되뇐다. 하지만 이 게시판에서 몇 시간, 며칠, 몇 주를 보내기 시작하면서 이것이 단순한 잠복 이상이 되고 있음을 느낀다.

처음으로 나는 취약한 모습을 연기할 필요가 없다. 내가 게시판에 쓰는 불안은 현실이며 내가 드러내는 두려움은 진실이다.

"평범한 여자친구와 신붓감을 구분하는 게 뭔지 알아?" 마리가 묻는다.

"아니, 몰라." 리즈가 내 생각을 대신 말해준다.

"여성의 의무가 뭔지는 알지?" 마리가 말을 잇는다. 나는 마리가 삶의 여정에서 자신을 이끄는 사람이자 알파메일alpha male이라는 남편의 역할을 강조하려는 듯 자기 남편을 계속 '캡틴'이라 칭하는 것을 깨닫는다. "내가 가장 좋아하는 우리 캡틴의 장점 중 하나는 나한테 뭘 기대하고 뭘 원하는지를 정확히 말해준다는 거야. 나는 집안일을 하고 애들을 관리하고 그이의 성적 욕구를 돌보지."

다시 한 번 리즈는 내 머릿속에 있는 의문을 대신 말해준다. "나는 남자들이 독립적인 여자한테 매력을 느끼는 줄 알았는데."

"헬런 앤덜린의 《매혹적인 여인》 읽어봤어?" 마리가 묻는다. 헬런 앤덜린은 1960년대에 부부관계를 향상시키는 방법을 소개한 반페미니스트이며 트래드와이브즈 사이에서 자주 언급되는 인물이다. "널 선택한 남자가 어떤 생활을 하게 될까?" 마리가 계속 말한다. "넌 남자가 원하고 필요로 하는 대로 가족을 돌보고 아이들을 양육할 수 있어? 그럴 수 없다면 어떤 남자가 널 택하겠어?"

리즈는 대답이 없다.

"널 탓하진 마. 페미니즘을 탓하고 현대성을 탓해." 마리가 주장한다. "우린 그동안 세뇌된 거야. 자연 상태로 돌아가는 데 시간이 걸리는 게 당연해."

정말일까? 정말 우리가 세뇌당한 걸까? 만약 마리의 말이 옳다면? 만약 내가 동시에 너무 많은 역할을 해내려고 애쓰고 있다면? 만약 존경받고 존중받는 것과 사랑받고 욕망의 대상이 되는 것 사이에서 하나를 선택해야 한다면?

"건강한 관계에서 중요한 것에만 집중해." 마치 내가 입력하지 않은 말에 대답하듯 마리가 말한다. 키보드 위에 올려놓은 내 두 손이 덜덜 떨린다. "커리어는 잊어버려. 그리고 남자들이 여자에게 원하는 것에만 집중해. 언제나 외모를 아름답게 가꾸고 가족을 우선시하고 맛있는 음식을 만들고 복종과 존경을 드러내."

그래야 할까? 나는 그러고 싶은가? 만약 그동안 내가 전부 잘못해온 거라면? 만약 남자들이 여자에게서 원하는 것들에 관한 이 여자들의 말이 사실이라면?

내가 지금 빨간 약을 먹고 있는 건가? 만약에 대해서는 그만 생각하라고 스스로에게 말한다. 사람들이 얼마나 쉽게 이 커뮤니티에 말려들지 이제 알겠다. 빨간 약을 손에 쥔 이 여성들은 먼저 모든 것을 의심하게 만든 다음 세계관을 철저하게 비틀어버린다. 저 여자들이 네게 그렇게 하게 두지 마. 하지만.

<u>만약</u>. 여기서 나와야 한다. 지금 당장.

레딧에서 로그아웃하고 컴퓨터를 끈다. 전에 들어갔던 대부분의 온라인 극단주의 커뮤니티와 마찬가지로 이 기이한 곳에 휩쓸려 들어가기란 너무나도 쉬웠다. 하지만 완전히 다른 점이 하나 있었다. 이곳에서 혐오는 다른 사람이 아닌 나 자신을 향했다. 이곳의 회원들을 연결하는 언어, 즉 자신을 비난하고 혐오하는 언어에는 이상하게 편안한 면이 있었다. 집단적인 자기 최적화self-optimization에서 나오는 일종의 위안이었다.

나는 그 이면을 보고 싶은 마음에 남성 아바타 계정을 만들기로 한다. '자기 길을 가는 남자들'에 가입하고 금지된 인셀 게시판과 레드필 게시판의 아카이브를 파고든다.

다음은 내가 레드필 게시판 아카이브에서 무작위로 찾은 글의 일부다.

1. 군벌처럼 섹스하는 법: 모델급 여자들에게 접근하는 37가지 방법
2. 게임에서 가장 중요한 것은 감정적으로 얽매이지 않는 것
3. 여자들이 무의식적으로 조종하기 전에 의식적으로 여자를 조종하는 세 가지 방법

이들은 레드필 여성들이 그리는 빨간 약을 먹은 남자들이 아니다. 관계에서 자연스럽게 리더 역할을 하는 미화된 알파메일도 아니다. 자신의 콤플렉스를 보상하기 위해 여성을 오로지

생식적·성적 기능으로 축소하는 남자들이다.

1990년대에 캐나다에서 통계학을 공부하던 알라나는 아직 성경험이 없고 외로우며 섹스 파트너나 애인을 찾지 못하는 모든 남녀를 위한 웹사이트를 만들었다.[7] 그리고 이 플랫폼에 '알라나의 비자발적 독신 프로젝트Alana's Involuntary Celibacy Project'라는 이름을 붙였고, 이 이름은 곧 인셀Incel이라는 약어로 축약되었다. 자존감이 낮은 외로운 개인들에게 자신감과 위로를 전하자는 선의에서 나온 계획이었다. 그러나 인셀은 20년이 조금 안돼서 완전히 다른 곳으로 변해버렸다. 남성이 압도적으로 많아진 이 커뮤니티는 여성을 매력적인 '스테이시'와 덜 매력적인 '베키'로 나누고 남성을 매우 남자다운 '알파메일'과 남성성이 약한 '제타메일zeta males', 또는 '소이보이soy boy'(여자처럼 두유를 먹는 남자라는 뜻 – 옮긴이)로 나누기 시작했다. 처음에 알라나는 '러브 샤이love-shy'와 '에프에이FA'(forever alone: 평생 혼자) 같은 용어를 사용했으나 시간이 흐르면서 비인간적이고 여성혐오적인 언어가 더 널리 사용되기 시작했다. 이제 여성은 '여성female'과 '휴머노이드humanoid'(인간과 유사하게 생긴 로봇 – 옮긴이)를 합쳐서 만든 '피모이드femoid'라는 이름으로 불렸다.[8]

긍정적인 의도에서 시작된 알라나의 자기 계발 커뮤니티는 사실상 여성을 증오하고 자기 자신을 혐오하는 외로운 개인들의 위험한 에코체임버로 변했다. 결국 레딧이 인셀 플랫폼을 금지한 2017년 11월 이 커뮤니티의 회원 수는 4만 명이었다. 대부분의 인셀 사용자는 보트Voat 같은 다른 인터넷 공간으로 넘어갔고 그곳에서 남성들은 섹스하지 못하는 자신의 상태 unfuckability에 대해, 본인들이 기본권이라 여기는 매력적인 여성과 섹스할 권리를 박탈당한 불평등에 대해 지금도 계속 논하고 있다. '인셀이라는 위치inceldom'에서 벗어나기 위해 일부는 엄격한 식단과 운동 프로그램을 따르거나 성형수술을 받는데, 이처럼 외모를 개선하려는 노력을 '룩스맥싱looksmaxing'이라 부른다. 하지만 일부는 더 과격한 결론에 다다른다. 예를 들면 이들에게 유일한 해결책은 자기 자신을 죽이거나 타인을 죽이거나 자기 자신과 타인을 전부 죽이는 것이다.

"인셀의 반란은 이미 시작되었다!" 스물다섯 살의 알렉 미나시안Alek Minassian이 2018년 4월 토론토에서 밴을 몰고 보행자에게 돌진해 10명의 사망자를 내기 전 페이스북에 올린 글이다.[9] 4년 전 캘리포니아에서 발생한 유사 사건에서는 엘리엇 로저Elliot Rodger가 총기를 난사해 여섯 명이 사망하고 14명이 부상을 입었다. 로저는 선언문에서 스스로를 '고결한 신사'로 칭하며 자신에게서 섹스를 박탈한 모든 여성을 처벌하겠다고 맹세했다. 그는 이렇게 썼다. "너희 여자들은 나한테 그렇게 매력적이지 않지만, 어쨌거나 나는 너희 모두를 처벌할 거야."[10]

평균적으로 남성이 여성보다 섹스할 기회가 더 적은 것은 사실이다. 연구에 따르면 데이팅 앱 틴더에서 남성은 여성에

비해 상대와 매치되기가 더 어렵다. 남성 회원은 자신이 '좋아요'를 누른 사람과 매치될 확률이 겨우 0.6퍼센트였지만 여성 회원은 그 비율이 약 10.5퍼센트였고 한 시간 내에 200명 이상과 매치되었다.[11] 또 다른 연구에서는 여성의 경우 처음 메시지를 보낸 상대에게 답장을 받을 확률이 50퍼센트이지만 남성은 처음 보낸 메시지에 겨우 17퍼센트의 확률로 답장을 받는다는 것이 드러났다.[12]

지난 몇 년간 반페미니즘적 사고가 다수의 밀레니얼 세대를 파고들었다. 심리학자이자 베스트셀러 저자인 조던 피터슨, 영국의 유명 유튜버이자 영국 독립당 당원인 칼 벤저민Carl Benjamin(다른 이름은 아카드의 사르곤Sargon of Akkad), 토론토대학교 교수인 재니스 피아멘고Janice Fiamengo를 비롯한 주류 인사들은 그동안 계속해서 남성의 피해자의식을 부추겨왔다. 이들은 남성의 자살률이 더 높다는 사실을 종종 언급한다.[13] 그러나 미국과 영국에서 자살하는 사람의 4분의 3 이상이 남성이지만 자살을 시도하는 비율은 여성이 남성보다 더 높다는 사실은 언급하지 않는다. 이러한 현상은 '자살의 젠더 역설'이라는 이름으로 알려져 있다.[14]

매노스피어는 여성과 애증 관계를 맺고 있다. 남성인권 운동을 옹호하는 사람들조차 여성의 지지를 받지 못하는 운동은 오래 지속되지 못한다는 점을 인정한다. 남성들이 조언을 주고받는 웹사이트인 '남성성 개발Masculine Development'의 설립자이자 데이트 코치인 존 앤서니는 "이제는 여성들을 우리 편으로 끌어들일 때이며, 가장 좋은 방법은 여성들을 천천히 레드필위민 유튜버들에게 노출시키는 것이다"라고 썼다.[15] 근육질 몸에 긴 금발과 구릿빛 피부의 소유자이며 '특별한 자The Golden One'라는 이름으로 널리 알려진 스웨덴의 대안우파 인사 마르쿠스 폴린 Marcus Follin은 "여성이라는 문제"라는 제목의 영상에서 백인민족주의 운동이 더 많은 여성을 끌어들일 필요가 있다고 주장했다. 그리고 2016년 오스트리아 대선에서 녹색당 후보가 여성 유권자들의 지지 덕분에 근소한 차이로 극우 자유당 후보를 제쳤다는 사실을 언급했다. 그는 "여성에게 투표권이 있다는 사실이 마음에 안 들 수도 있고 모두에게 투표권이 있다는 사실이 마음에 안 들 수도 있지만 여성을 끌어들이는 것이 장기적으로 정치적 승리를 거두기 위해 필요한 일"이라는 결론을 내렸다.

여성 남성인권 운동 활동가들은 트위터에서 다수의 남성 팔로어를 두고 있으며 그들의 유튜브 계정은 보통 구독자가 1만 명이 넘는다. 이들이 입는 빈티지한 스윙드레스와 그에 어울리는 립스틱과 하이힐은 1950년대의 여성스러운 이미지에 대한 강렬한 향수를 반영한다.[16] 소셜미디어에서 가장 인기 있는 트래드와이브즈 중 한 명은 '목적 있는 아내A Wife with a Purpose'라는 닉네임으로 통하는 아일라 스튜어트Ayla Stewart다. 자칭 '대안우파 모르몬교도'인 스튜어트는 백인 보존을 위한 '백인

2부 사회화

아기 챌린지'를 촉구한 뒤 전 세계적 명성을 얻었다. 그는 이렇게 썼다. "나는 여섯 명을 낳았어요. 나를 한번 이겨보시든지."[17]

　도톰한 입술에 공들여 화장을 한 갈색 머리 미녀 디애나 로레인DeAnna Lorraine이 자기 책상 앞에 앉아 있다. 그 뒤로 그의 저서 《사랑을 다시 위대하게》Making Love Great Again 한 부가 보인다. 로레인은 '빨간 약을 먹은 남녀 관계 전문 코치'이며 지금 나는 남성을 대상으로 한 그의 유튜브 라이브 강의에 막 접속했다. 오늘의 주제는 '여자친구에게 빨간 약을 먹이는 방법'이다.[18] "기억하세요. 당신의 여자친구는 세뇌되었어요. 비이성적이고 위험한 무리를 양처럼 맹목적으로 따라다녀야 한다고 주입된 거예요. 여자친구가 곧바로 '이해'하지 못하는 게 그녀의 잘못만은 아니에요." 로레인이 정신병이 있는 사람을 대하듯 여자친구를 대하라고 부추기기 시작하자 로레인의 남성 구독자들이 실시간 채팅으로 하트와 키스를 보낸다. "여러분의 사랑과 마음, 정말 감사합니다." 로레인이 카메라를 향해 유혹적인 미소를 보낸 뒤 상세한 단계별 가이드를 설명하기 시작한다.

　1단계: 인식의 전환을 위한 기초 닦기. 여자친구에게 감정을 제쳐두고 사실 관계만을 보며 솔직한 대화를 나눌 마음이 있는지 묻는다.

　여자친구에게 "요즘 남자들에 대해 어떻게 생각해? 충분히 남자다운 것 같아? 남자들과의 데이트에서 가장 불만스러운 게 뭐야?

대부분의 남자가 그냥 즐기려고만 하거나 섹스에만 관심이 있다고 생각해?" 같은 질문하기.

2단계: 페미니즘과 리버럴리즘의 위선과 광기, 거짓말 폭로하기. 여자친구에게 '남자와 여자의 진짜 차이'에 대한 목록을 작성하고 '문화적 마르크스주의'와 '프랑크푸르트학파', '11단계 계획'에 대해 조사하는 과제 내주기.

디애나 로레인에 따르면 페미니즘의 세 물결(19세기와 20세기 초의 투표권 투쟁, 1960년대와 1970년대의 동등한 법적·사회적 권리를 위한 싸움, 1990년대 이후로 계속된 유리천장을 부수고 매체의 왜곡된 젠더 인식을 바꾸려는 노력)은 전부 문화 전복 계획의 일부다. 로레인은 프랑크푸르트학파가 이른바 11단계 계획을 통해 사회를 파괴할 음모를 꾸몄으며, 11단계 계획에는 '인종차별 범죄의 개발', '아이들을 대상으로 한 섹스와 동성애 교육', '정체성 파괴를 위한 대규모 이민', '지나친 음주 장려', '교회 해체' 등이 포함된다고 설명한다.

3단계: 여자친구에게 무서운 미래 보여주기 – 미래로 가보기. 여성의 원초적 본능에 대한 연구를 읽게 하고 '자기 길을 가는 남자들'에 대해 함께 논의해보기.

이 3단계 가이드는 급진화의 익숙한 구조를 따른다.

1단계: 두려움과 불만을 이용해 현재 체제를 의심하게 만든다.

2단계: 악마화된 외집단(예를 들면 페미니스트나 리버럴)을 음모론과 연결시켜 사회 문제의 책임을 지운다.

3단계: 존재하는 모든 문제에 급진적 해결책을 제시한다(예를 들면 레드필 커뮤니티).

레드필 커뮤니티가 남성들에게 여성을 조종하고 모욕하라고 장려하는 것을 목격한 나는 레드필위민으로 돌아가서 검색창에 '폭력'을 입력한다. 케이티는 자신의 언어적·신체적 폭력 경험을 공유하는 수많은 여성 중 한 명이다. 다음은 언젠가 케이티의 남편이 그에게 했던 말이다.

- 이 씨발년이! 이건 네 알 바 아니거든! [남편이 케이티에게 대가 없는 노동을 시키는 가족 사업에 대해]
- 넌 이 세상에서 제일 멍청한 년이야! 저 망할 놈의 밭에서 망할 놈의 딸기 따오는 걸 어떻게 까먹을 수가 있어, 이 멍청한 씨발년아! 이 빌어먹을 여편네! 네 빌어먹을 새끼들하고 꺼져버리라고 진작 말했어야 하는데! [케이티와 아이들 이야기를 할 때]
- 꺼져버려! 이 짜증나는 방에서 네 짜증나는 면상 다시는 보고 싶지 않아. 내 근처에 오면 나와 결혼한 걸 후회하게 만들어줄 거야, 이 [영어로 번역하기 어려운 아시아인에 대한 인종차별적 발언] 잡년아!

케이티가 다른 레드필 여성들에게서 얻는 반응은 전혀 위로가 되지 않는다. "남편을 존중하면 더는 폭력을 가하지 않을 거야." "폭력은 보통 어느 한 쪽의 문제가 아니야. 보통 폭력은 남자들이 계속되는 모욕과 무력화에 맞서서 스스로를 보호하는 방법 중 하나야." 이들은 종종 로라 도일의 《굴복한 아내》를 인용하는데, 도일은 언어적 폭력이 남성 리더의 공구함에 있는 정당한 도구라고 주장한다.

이처럼 언어적 폭력의 책임이 자신에게 있다고 보는 것은 트래드와이브즈 사이에서 흔한 일이다. 심지어 신체적 폭력을 정당화하거나 상대적 기준을 적용하는 경우도 종종 있다. 한 여성은 이렇게 고백한다. "남편한테는 나 때문에 생긴 나쁜 버릇이 있어. 예를 들면 내가 울 때 남편은 내 뺨을 때려." 다른 여성이 졸린 레이먼드Jolynn Raymond의 책 《엄한 가르침》Taken in Hand을 토대로 조언을 해준다. 그 여성은 이렇게 주장한다. "더 전통적인 관계에서는(전부 그런 건 아니지만) 남자가 신체적으로 여성을 훈육하기도 하고(예를 들면 엉덩이를 때리는 것) 같은 문장을 여러 번 쓰게 하거나 구석에 서 있게 하기도 해. 아이들을 훈육할 때와 똑같은 방법을 성인 여성에게 쓰는 것뿐이야. 어떤 사람한테는 효과가 있고, 어떤 사람한테는 효과가 없어."

'엄한 가르침'은 트래드와이브즈가 선호하는 관계 모델이다. 어번딕셔너리(사용자가 직접 단어의 정의를 입력하는 온라인 사전 – 옮긴이)는 엄한 가르침을 "일부일처제를 따르는 이성애 관계로, 남자가 관계를 리드하며 여성은 일상생활에서의 문제 뿐만 아니라 성적인 문제에서 언제나 파트너의 결정에 따른다"라고 정의한다. 자신이 엄한 가르침 관계를 따른다고 주장하는 한 익명의 여성은 남성들에게 다음과 같은 팁을 제공한다.

> 필요 이상으로 훈육을 미루지 마세요. 아내가 빈정대서 엉덩이를 때려줘야 한다고 생각한다면 즉시 팔을 붙잡고 화장실이나 침실, 창고로 데려가서 엉덩이를 때리는 것이 훨씬 효과적입니다.

> 사람들 앞에서 권위를 내세우는 법을 배우세요. 공공장소에서는 두 사람만 아는 미묘한 신호가 매우 효과적일 수 있습니다. 눈썹을 치뜨거나 아내를 살짝 붙잡거나 손가락질을 하거나 둘만의 암호를 사용하면 네가 지금은 안전하다고 느끼겠지만 여전히 내 통제 아래 있다는 메시지를 전달할 수 있습니다. 아무것도 효과가 없다면 주저 없이 아내를 데리고 나오세요.[19]

많은 트래드와이브즈는 관계에서 권위를 얻거나 유지하기 위한 남성의 모든 행동을 폭력으로 규정한다며 페미니즘에 불만을 터뜨린다. 마리는 이렇게 말한다. "언성을 높이고 돈을 주지 않고 벽을 치고 자리를 뜨고 말싸움에서 논리를 사용하고 자기 입장을 고수하고 뚱뚱한 여자친구에게 뚱뚱하다고 사실을 말하는 것까지, 현실에서 남자가 권위를 내보이는 것이 모두 불법적인 폭력이야." 마리가 말을 잇는다. "미디어는 모든 관계를 잔인한 남자와 공포에 떠는 여자 이야기로 탈바꿈하려고 해." 트래드와이브즈는 이렇게 "말도 안 되는 폭력 개념의 확장" 때문에 남성이 '가정 훈육'을 실시하지 못하며 아예 지배권 다툼에서 이기지도 못한다고 주장한다.

변화하는 남성성과 여성성 개념에서 비롯된 혼란, 지배와 복종의 미묘한 균형에 대한 혼란이 남녀를 근본적인 정체성 위기로 밀어 넣고 있다. "지금까지 네가 듣고 배운 것은 전부 거짓말이야. 모든 것을 다 가질 수 있다는 말, 자아를 실현하면서 동시에 행복한 가정을 꾸릴 수 있다는 말은 거짓이야. 그런 삶은 불가능해." 한 트래드와이브즈가 내게 말한다. 브리트니 페티본의 말처럼 현대성과 사회 진보, 페미니즘의 산물인 원나잇 문화를 탓해야 한다.

밀레니얼들은 테크노섹슈얼(첨단 기기를 일종의 패션 스타일로 생각하고 좋아하는 사람 – 옮긴이) 시대의 고속 데이트 문화에 점점 신물을 느끼고 있다. 이 시대에는 틴더나 범블 같은 데이팅 앱이 사용자의 뇌를 망가뜨린다. 게임화된 데이트가 우리 몸을 통해 보내는 도파민과 즉각적인 만족감은 우리의 욕망을 조종하고 우리의 현실 인식을 왜곡한다. 그러나 가장 걱정스러운 점은 선택지가 무한하다는 환상이 끝없는 자기 최적화와 파트너 최적화의 소용돌이로 이어질 수 있다는 것이다.[20] 연구에 따르면 틴더 사용자가 자기 신체와 얼굴에 더 불만이 많으며

남성 틴더 사용자가 비사용자보다 자존감이 더 낮다.[21]

"지금 우리는 로맨스의 종말 한가운데에 있어." 일부 트래드와이브즈는 미국과 유럽에서 결혼율과 출생률이 낮아지고 있다는 사실을 언급하며 이렇게 말하곤 한다. 미국에서 싱글이 그 어느 때보다 많고[22] 출산율이 사상 최저치를 찍었으며[23] 기혼이거나 동반자 관계를 맺은 20대 영국인은 겨우 여섯 명 중 한 명이고 20대 영국인 커플의 평균 교제 기간은 4.2년이다.[24] 현재 영국 여성은 평생 동안 평균 여덟 명의 섹스 파트너를 갖는데, 이는 1990년보다 두 배 늘어난 수치다. 남자의 경우 이 수치는 아홉 명에서 12명으로 늘어났다.[25]

전통적인 권력 관계, 구시대적 젠더 역할, 명확한 책임 분담으로 돌아간다는 생각이 남성뿐만 아니라 여성에게도 매력적인 것은 당연하다. 그때는 모든 것이 지금보다 훨씬 쉬웠을까? 남녀에게 부여된 역할과 행동이 명확했기 때문에? 자신이 맺는 관계가 자기가 상상한 만큼, 할리우드 영화가 상상하게 만든 만큼 잘 굴러가지 않는 이유를 알고 싶은 여성들은 트래드와이브즈 커뮤니티로 모여든다. 레드필은 쉬운 설명과 함께 갈수록 더 복잡해지는 사회심리적 미로에서 즉시 빠져나올 수 있는 방법을 제시한다. 여성이 본래 자신의 것이 아닌 책임과 권력을 너무 많이 떠안게 되면 남성의 책임과 권력을 약화시키고 그렇게 부양자이자 보호자라는 남성의 전통적인 역할을 박탈하면서 남성에게 무력감과 모욕감을 안긴다는 것이다.

트래드와이브즈 커뮤니티에서 혼란은 불안과 만나 죄책감과 자기 회의로 바뀐다. 빨간 약을 먹은 여성들은 관계가 무너진 것이 공동의 잘못과 실수 때문이 아니라 여성이 충분히 여성답지 않았기 때문이라고 믿기 시작한다. 이들은 이렇게 주장한다. "그 여자는 관계에서 여성의 역할을 받아들이지 않았어." 이들에게 복종은 해방이며 전통적인 여성성은 권력이다. "그 여자가 폭력을 당하거나 처벌을 받은 것은 훈육이 안 됐거나 행동거지가 바르지 않아서야." 여성들의 반페미니즘은 내재적 모순으로 가득 차 있다. 행복한 결혼은 트래드와이브즈의 가장 중요한 목표이지만 이들은 성적 시장가치처럼, 결혼에 반대하는 '자기 길을 가는 남자들'이 선전하는 개념을 지지한다.

빨간 약을 먹은 사람들은 이 커뮤니티가 남성과 여성을 근본으로, 다시 말해 각 성별의 '진정한' 본성으로 되돌리고 있다고 주장한다. 그러나 결국 빨간 약은 마약에 더 가깝다. 약을 먹은 사람이 이상적인 자기 모습을 한없이 뒤쫓게 만들기 때문이다. 동화책에 등장하는 아내가 되려고 필사적으로 노력하며 자신을 뒤틀고 자기 욕망을 억압하는 레드필 여성이건, 알파메일이 되려고 노력하며 여성을 조종하고 유혹하는 기술을 배우는 레드필 남성이건 전부 마찬가지다.

레드필 커뮤니티는 남성우월주의자와 대안우파 인사가 '노미normie'라 칭하는 일반인에게 빨간 약을 먹이는 사회화 중심지로 기능한다. 다른 온라인 상담 게시판과 달리 본인이 겪는 문제의 조언을 구하려고 레드필 커뮤니티를 방문한 대다수의 사람들은 결국 이곳에서 꽤 오랜 시간을 머무르게 된다. 이들은 점차 세뇌되어 코치와 다른 회원들의 규범과 이념을 내면화한다. 이들에게서 나타나는 정체성과 태도, 행동의 변화는 이러한 온라인 사회화 기구가 얼마나 효과적이고 위험한지를 잘보여준다. 나는 트래드와이브즈에서의 경험을 통해 정반대의이념 성향도 극단주의자들의 조종 전략을 확실히 막아주지 못한다는 것을 배웠다. 나의 이념 성향은 트래드와이브즈의 성향과 이보다 다를 수는 없을 만큼 달랐다. 그러나 그런 나도 이들의 강력한 집단 역동에 거의 말려들 뻔했다. 나는 극단주의자에게 뚜렷한 특성이 있다고 생각한 적이 한 번도 없다. 계급이나 젠더, 인종, 정치적·종교적 견해는 그 사람이 극단주의자에게 길들여질지 아닐지를 결정하지 않는다. 약해진 시기에는 모두가 극단주의자에게 이용당할 수 있으며 취약함은 상당히 일시적인 개념일 수 있다. 유일하게 효과적인 방패는 바로 정보다. 우울과 공황 발작 같은 다른 무의식적 과정과 마찬가지로각 단계와 약한 부분, 사고의 왜곡을 인지하는 것은 머릿속에서 시작된 인지적 악순환을 끊는 데 매우 중요한 도구다.[26] 결국 내가 트래드와이브즈를 떠날 수 있었던 것은 레드필위민 게시판에 들어가기 전에 급진화의 단계와 징후를 이미 알고 있었기 때문이다.

트래드와이브즈는 입구 역할을 하는 극단주의 커뮤니티에

서 반복적으로 나타나는 집단 역동의 한 사례일 뿐이다. 지하디스트 하위문화로의 사회화 과정도 그리 다르지 않다. 어느한 성별이 모여 남녀의 사회적 역할에 대해 논하는 게시판들은 집단의 이념을 개인적 문제와 연결하는 강력한 도구다. 다음 장에서는 여성만 가입 가능한 이슬람국가 채팅방을 들여다볼 것이다. 이념이 상당히 종교적이고 폭력 행위를 저지를 의지가 훨씬 강하긴 하지만 지하디 신부 집단에서 나타나는 사회적 역동은 여성으로만 구성된 대안우파 공간에서 나타나는 사회적 역동과 매우 유사하다. 회원들이 주고받는 상담과 조언은 내집 단의 결집력을 강화하고 조직의 가치와 규범에 대한 충성심을 보장하는 중요한 기둥이다.

4장

오로지 자매들만

지하디 신부들을 만나다

"형제님, 여기서 뭐 하시는 거죠?" 자매 한 명이 묻는다. "이 채팅방은 오로지 자매들을 위한 것입니다. 남자는 입장할 수 없어요." 암호화된 메신저 앱 텔레그램의 작지만 국제적인 '테러를 실행하는 자매들'의 채팅방은 이슬람국가의 여성 지지자만 입장이 가능하다.

평소라면 발리의 해변에 앉아 인도네시아 맥주 빈땅을 마시며 서퍼들을 구경하느라 채팅방을 들여다보지 않았을 것이다. 그러나 바나나 잎으로 감싼 떡을 사라는 노점상의 필사적 요청에 굴복한 바로 그때 메시지 알람이 울린다. 자매들의 채팅방 관리자인 블루스카이가 메시지를 보낸 것이다. "세 번의 순교 작전으로 인도네시아 동부 자바주의 수라바야에서 교회 경비대와 기독교인 11명을 죽이고 최소 41명에게 부상을 입혔음." 이웃 섬에 관한 이 소식이 사실이라면 아직 뉴스에는 보도되지 않은 것이 분명하다. 해변에 있는 사람들의 즐거운 표정이 자매들의 채팅방에 퍼져나가는 축제의 분위기를 보여주는 듯하다.

몇 분 뒤 다시 휴대전화가 울린다. "인도네시아 동부에서 세 차례의 순교 작전으로 52명의 사상자 발생." 블루스카이는 이 슬람국가의 선전 매체인 아마크Amaq 뉴스 통신의 발표를 얼른 공유하라는 듯 해시태그 #IslamicState와 #Wilayah East Asia 를 덧붙인다. 비비시와 시엔엔CNN에 뉴스가 보도되자 해변의 관광객들이 휴대전화로 소식을 확인하기 시작한다. 해변에 있 는 술집은 2002년 발리 폭탄 테러 추모비에서 몇백 미터밖에 떨어져 있지 않아서 200명 이상의 목숨을 앗아간 당시의 지하 디스트 공격을 떠올리게 한다. 그러나 이번에는 뭔가 다르다. 곧 이번 공격이 가족의 소행이라는 사실이 알려진다. 10대 소 년 두 명과 각각 열두 살과 여덟 살인 소녀 두 명을 포함한 일 가족 여섯 명이 자폭 테러를 했다.[1]

친족 관계는 인도네시아의 지하디즘에서 반복적으로 등장 하는 주제다. 발리 폭탄 테러를 계획한 핵심 인물 중 두 명이 형제 관계였고 2009년 자카르타 폭탄 테러의 공격자 중 네 명 이 가족이었다. 그러나 일가족 전체가 순교에 나선 것(이웃이 강조했듯 이들은 실제로 '평범해 보이는' 가족이었다[2])은 처음 있는 일이다.[3] 급진화된 이 일가족은 친이슬람국가 단체인 자마 안 샤룻 다울라JAD 소속이었고 그동안 자마 안샤룻 다울라의 설교 와 영상에 노출되었다.

이슬람국가의 모집원들은 신입 회원과 그들의 가족을 사회화하고 집단 내에 통합시킬 모든 단계를 계획한다. 일단 회원이 되면 신입은 단체의 기대와 규칙, 규범에 점차 익숙해지며 이 과정은 주로 성별이 나뉜 채널에서 진행된다. 신입이 정회원이 되려면 집단의 가치와 관행을 내면화하고 수용하고 따라야 한다. 이 전환 단계의 한 가지 목표는 신입 회원이 언제 어떤 상황에서든 친한 친구와 가족이 자신의 새로운 신념과 행동을 문제 삼을 때에도 '동료 조직원'에게 충성하게 만드는 것이다.[4]

'테러를 실행하는 자매들' 채팅방에서 등급이 높은 회원인 달리아는 우리에게 "네가 지하드를 못 하게 막으려는 모든 사람에게서 멀어져. 그 말이 아무리 이슬람 교리에 맞는 것 같더라도"라고 촉구한다. 또한 처음에는 튀고 이상해 보이는 게 당연하다고 말한다. "내가 순나Sunnah(이슬람교의 전통 규범 ─ 옮긴이)를 더 엄격하게 지킬수록 가족과 친구들, 사회로부터 점점 멀어졌어." 달리아의 말에 따르면 꿋꿋이 자신의 신념(딘Dīn)을 지키는 무슬림 여성은 불신자(쿠프르Kufr)의 땅에서 이질감과 소외감을 느낄 수밖에 없다. "[그러한 여성의] 외모와 발언, 성격, 일과는 사회규범을 수용한 여성의 것과는 달라." 달리아는 이러한 과정을 "상황에 의한 불화(구르바Ghurbah)"라고 칭한다. 이슬람국가 같은 배타주의 집단으로의 사회화에 토대가 되는 것은 익숙한 환경으로부터의 탈사회화다.

채팅방에 있는 15명의 여성 중 그 누구도 "상황에 의한 불화"라는 개념에 의문을 제기하지 않는다. 처음에 달리아는 가까운 친척을 포함해 선지자 무함마드의 지침을 따르지 않는 모든 사람을 증오했다고 한다. "그때 걱정이 되기 시작했어." 달리아는 스스로에게 무슨 일이 벌어지고 있는지 자문했고 다음과 같은 샤이탄Shaytan(악마)의 속삭임을 들었다. "넌 지금 극단으로 빠지고 있어." 하지만 이 여성 지하디스트는 이러한 내면의 목소리를 반드시 억눌러야 한다고, 스스로에게 이렇게 말해야 한다고 경고한다. "아냐, 너는 진정한 신자라면 반드시 느껴야 할 감정, 바로 쿠프르에 대한 증오를 느끼고 있는 거야." 이런 말은 신입 회원이 급진화의 초기 단계에서 경험할 수 있는 모든 의혹을 말끔히 지우는 것을 목표로 한다. 그러한 의혹을 불러일으킨 것이 의심을 품은 가족이든 자기 자신의 회의든 강화된 보안 조치 같은 악화된 외부 상황이든 간에 말이다.

트래드와이브즈와 비교하면 테러 자매들의 매력에 빠지기는 훨씬 더 어렵다. 나는 자매들이 말하는 고충을 겪고 있지 않고 교전 지역에서 사는 것이 뭔지도 잘 모른다. 아이나 남편을 빼앗긴 적도 없고, 심지어 차별적인 법이나 인종차별 발언의 피해자가 된 적도 없다.

그러나 테러 자매들 사이에서 더 많은 시간을 보낼수록 나는 한 가지를 깨닫게 된다. 지하디스트 이념을 의심 없이 받아들인다고 해서 테러 공격에 따르는 스트레스에 무감각한 것은 아니라는 사실 말이다. 특히 테러 조직 내에서의 삶에 아직 온전히 동의하지 않은 신입 회원의 경우 처음으로 폭력에 노출되는 것은 매우 충격적인 경험일 수 있다. 또한 이러한 경험은 자신이 연결망의 약한 연결고리가 될 수 있다는 극심한 두려움을 불러일으키기도 한다. 한 회원이 경찰의 압박에 굴복하면 집단 전체뿐만 아니라 회원들의 가족에게도 피해가 가기 때문이다.

대부분의 국가가 극우 테러 집단보다 지하디스트 집단에 더 엄격한 보안 조치와 감시 조치를 취한다. 이들의 선전물은 더 빨리 삭제되고 이들의 텔레그램 채널은 더 철저히 감시된다. "인도네시아의 이슬람국가 전투원과 그 가족은 전보다 더 힘든 상황에 처해 있어." 수라바야 폭탄 테러가 발생하고 며칠 후 한 자매가 불만을 표시한다. "경찰과 정부가 은행 계좌를 포함한 모든 걸 막아버렸어."

전통적으로 제마이슬라미야Jemaah Islamiyah는 이 지역 사람들이 가장 두려워하는 테러 조직이었고 발리에서 수차례 테러 공격이 일어난 후에는 그 두려움이 더욱 커졌다. 싱가포르 난양 기술대학교의 국가 안보 연구 프로그램 코디네이터인 쿠마르 라마크리슈나Kumar Ramakrishna에 따르면 최근 몇 년간 이슬람국가는 엄청난 호응을 얻으며 동남아시아에서 발생하는 테러 위협의 양상을 완전히 바꿔놓았다. "다에시Daesh(이슬람국가의 아랍어 명칭 – 옮긴이)는 혼란한 지역 상황을 이용하려고 해요." 라마크리슈나가 멜버른에서 열린 반극단주의 콘퍼런스에서 커피 한 잔을 앞에 두고 내게 말한다. 필리핀 만다나오섬을 장악하려는 시도와 인도네시아에서의 격렬한 활동은 동남아시아에서 영향력을 확장하려는 더 큰 전략의 일환이다.

오래전부터 인도네시아 정보기관은 시리아, 이라크, 필리핀에서 복귀한 전사들뿐만 아니라 인도네시아에서 성장한 외로운 늑대(테러 단체 조직원이 아닌 자생적 테러리스트 - 옮긴이)들에 대해서도 염려해왔다. 이슬람국가의 이념은 동남아시아, 특히 인도네시아에 널리 영향을 미치고 있다. 인도네시아의 친이슬람국가 인물인 아만 압둘라만Aman Abdurrahman과《다비크》Dabiq,《루미야》Rumiyah,《안 - 나바》An-Naba처럼 인도네시아어로 제공되는 온라인 발행물은 고도로 조직화된 공격뿐만 아니라 외로운 늑대의 공격에도 영감을 주었다. 나도 테러 자매들의 채팅방에서 이런 발행물을 여러 번 보았다. 텔레그램을 통해 폭탄 제조법이 공유되었고 상징적인 건물을 겨냥하라는 촉구가 이어졌다.[5] 나는 이러한 자료나 구체적인 작전 계획을 목격할 때마다 관련 안보 기관과 정보기관에 제보했다. 이들이 이슬람국가와 관련된 대다수 텔레그램 채팅방을 감시하고 있긴 하지만 메신저 앱의 인프라와 한정된 자원 때문에 모든 것을 투명하게 파악하기는 어렵다.

최근 몇 년간 이슬람국가와 협력한 테러리스트들은 자카르타에서 자살 폭탄 테러와 총기 난사 테러를 자행하고[6] 기습 공격으로 남부 필리핀 도시 마라위를 점령했다.[7] 2016년 8월 싱가포르의 안보 기관이 마리나베이샌즈 호텔을 겨냥한 테러 공격을 저지했다. 이슬람국가 연계 조직의 전사인 지지 라맛 데와Gigih Rahmat Dewa는 바탐섬에서 인도네시아의 이 상징적인 마천루에 로켓을 쏠 계획을 세웠다. 그러나 이 공격을 이끈 바룬 나임Bahrun Naim은 이 지역에 있지조차 않았다. 중동의 어딘가에서 휴대전화를 통해 공격을 지시하고 있었던 것이다. 해외에 있는 유명 전사들은 페이스북과 유튜브, 텔레그램의 조합 덕분에 수천 킬로미터 떨어져 있는 곳에서 테러 공격을 지휘할 수 있게 되었다.[8]

서로 멀리 떨어져 있는 지하디스트 모집원과 지하디 신부들의 관계는 보통 페이스북에서 시작되지만 곧 암호화된 채팅방으로 자리를 옮긴다. 마케팅에서는 추적과 분석이 어려운 이러한 채널을 '다크소셜'이라 칭한다. "조용한 데서 따로 얘기합시다"는 텔레그램이나 왓츠앱의 비공개 채팅방으로 초대받기 전에 주로 읽게 되는 문구다. 예를 들어 수십 명의 지하디스트를 인터뷰한 다큐멘터리 감독 누르 후다Noor Huda에 따르면 열여섯 살인 한 인도네시아 소녀는 페이스북에서 이슬람국가 모집원의 타깃이 된 뒤 "결국 가족 구성원 26명을 급진화"시켰다. 이는 전 세계에서 소셜미디어 이용률이 가장 높은 국가 중 하나인 인도네시아에서 드문 사례가 아니다. 인도네시아의 스마트폰 소지자 10명 중 아홉 명이 페이스북을 사용한다.[9] 누르 후다는 그 원인이 교통체증에 있다고 본다. "자카르타 같은 도심 지역에서는 자동차 안에 몇 시간이나 갇혀 있을 수 있어요. 그러면 결국 페이스북에서 무척 긴 시간을 보내게 되죠."

메릴랜드대학교의 연구원들은 미국 극단주의자 약 500명의 소셜미디어 자료를 수집한 뒤 2016년 한 해 동안 발생한 모든 급진화 사례의 90퍼센트가 온라인 소셜미디어 플랫폼의 영향을 받았음을 발견했다. 소셜미디어는 극단주의자들의 관계 맺기를 가능하게 했을 뿐만 아니라 급진화 과정을 가속화했다. 알카에다 같은 극단주의 집단이 소셜미디어를 처음 실험하던 2005년 급진화 과정에 걸린 시간은 평균 18개월이었다. 당시 페이스북 가입자는 겨우 550만 명으로 오늘날의 22억 명에 비하면 매우 적은 숫자였다. 유튜브는 막 시작되었고 트위터는 여전히 개발 중이었다. 이로부터 겨우 10여 년 뒤에 이슬람국가는 페이스북, 트위터, 텀블러, 애스크Ask.fm, 인스타그램에서 고도로 조직화된 방식으로 수준 높은 선전물을 배포함으로써 지하디스트들의 온라인 대화에 대혁명을 일으키기 시작했다. 2014년 중순 이슬람국가가 미국의 언론인 제임스 폴리James Foley와 스티븐 스트로프Steven Sotloff를 참수하는 영상을 공개했을 때 이슬람국가를 지지하는 트위터 부대의 계정 수는 최소 1만 4000개였다.[10] 2016년이 되자 소셜미디어를 사용하는 미국인 전사의 비율은 90퍼센트까지 치솟았고 동시에 급진화에 소요되는 평균 시간은 13개월로 줄었다.[11]

소셜미디어가 막 등장했을 무렵 지하디스트 게시판의 회원들은 이렇게 말했다.

이건[페이스북은] 진짜 좋은 생각이야. 게시판보다 나아. [우리가] 가르치려고 [사람들이 찾아오기를] 기다리는 대신 우리가 찾아가서 가르칠 수 있어! 별일이 없으면 무자헤딘과 지지자들, 그리고 자랑스러운 지하드 언론인들도 그렇게[그 사이트를 이용하게] 될 거야.[12]

"앗살라무 알라이쿰. 내가 사는 지역은 아직 많이 위험해. 5분마다 경찰 사이렌이 울려. 위기 경보 4단계야." 인도네시아에 있는 자매가 말한다. 위험은 보는 사람의 눈에 달려 있는 것 같다. 나는 또다시 테러 공격이 발생할까 두려워서 이 지역을 떠나기로 하지만 이 자매는 안보 기관의 철저한 감시 때문에 다시 공격하기는 너무 위험하다고 생각한다. 그동안 이 자매는 온라인과 오프라인에서 추적당하지 않으려고 여러 예방 조치를 취해왔다. "인도네시아의 동료 이슬람국가 지지자들에게 프로필 사진을 바꾸거나 내리고 계정 이름을 우스운 걸로 바꾸라고 했어."[13]

그러나 며칠 뒤 자매는 정보 요원들이 자신을 감시하기 시작했다고 말한다. 채팅방 리더인 블루스카이는 독일에 있지만 이 인도네시아 자매가 국내 반테러국의 제재를 받을까 봐 점점 더 염려하고 있다. 만약 인도네시아와 독일의 정보기관이 서로 정보를 교환해 연결고리를 찾아낸다면 그룹 전체가 위험에 처할 수도 있다. 블루스카이가 독일 경찰은 의심되는 대상을 바로 감시 목록에 올리고 도청할 수 있다고 설명한다.

"인도네시아 자매들을 내보내야겠어." 마침내 블루스카이가 결정한다. 무척 놀랍다. 이 그룹은 이 중요한 시기에 인도네시아 자매를 돕는 대신 버린다. 여기서 극단주의 집단에 대한 기본적 사실이 드러난다. 이들은 가차 없이 회원을 내쫓을 수 있다. 집단에 충성하고 집단의 이념을 고수하는 것도 회원 자격을 얻기 위한 필수 조건이지만 또 다른 조건이 있다. 바로 그 회원이 집단에 제공하는 순 가치다. 집단에 기여하는 가치보다 집단에 끼치는 위험과 잠재적 피해가 더 큰 회원은 방출 선고를 받는다.

블루스카이는 내게 요즘 안보 기관의 감시가 걱정되긴 하지만 텔레그램은 여전히 안전하다고 말한다. 실제로 블루스카이는 텔레그램이 "그 어떤 소셜미디어보다 더 안전"하다고 본다. 텔레그램 비밀 채팅방에서 그는 내게 이슬람국가 지지자들과 대화를 나눈 후에는 대화 내역을 꼭 삭제하라고 조언한다. 블루스카이가 나를 신뢰하는 것이 놀랍지만 아마 그만큼 내가 이 그룹에 오래(모두가 이슬람국가 구성원 외에는 아무도 이 채팅방을 모를 거라 생각한 매우 초기부터) 있었기 때문일 거라 추측한다. "그리고 네 좋은 친구들(이슬람국가 지지자들)에게 정보요원의 감시를 피하기 위해 계정의 프로필 사진을 삭제하라고 말해줘." 반테러 연구원에게 이런 말을 하다니, 정말 우습다. 신입 회원은 추적을 피하려면 가상사설망과 토르 브라우저 등

을 써서 아이피 추적을 회피하고 페이스북과 트위터에 가짜 휴대전화 번호를 입력하라는 조언을 받는다.[14]

안보 기관의 가장 큰 어려움 중 하나는 이슬람국가가 교화와 신입 회원 모집을 위해 개설하는 새 채널을 전부 감시하는 것이 불가능하다는 점이다. 온라인 채팅방은 다양한 언어를 사용하는데다 저스트페이스트닷잇JustPaste.it 같은 콘텐츠 공유 사이트에서 암호화된 메모를 주고받는다. 이슬람국가는 독자적인 뉴스 채널을 운영하며 라디오와 사진 모음, 영상을 통해 교전 지역의 상황을 실시간으로 업데이트한다. 또한 웹페이지의 보안 허점을 찾아내고 라우터 암호를 유출하는 해킹 방식에 관한 수업도 제공한다.

텔레그램은 그동안 이슬람국가 채널에 대한 단속을 강화해왔다. "#IslamicState를 퍼뜨리는 봇Bot(특정 기능을 자동으로 수행하는 프로그램 – 옮긴이)과 채널, 그룹이 매일 수백 개, 매달 수천 개, 매년 수백만 개씩 금지됩니다."

이슬람국가 회원들이 독자적인 비밀 채팅 앱을 개발하면서 이 작업은 더욱 어려워졌다. 예를 들면 이들은 무슬림크립트MuslimCrypt라는 새로운 도구를 사용해 전 세계 회원들과 은밀하게 의사소통한다. 이 프로그램은 텍스트를 이미지 안에 숨겨 모든 메시지를 암호화하는데, 이러한 기술을 스테가노그래피steganography라고 한다. 일반적인 암호화는 메시지 자체를 암호로 바꾸는 것이지만 스테가노그래피는 메시지를 다른 메시지

안에 저장하는 기술이다.

암호화와 스테가노그래피는 새로운 기술이 아니다. 기원전 5세기경 아나톨리아에 위치한 고대 그리스의 도시 밀레토스를 지배하던 히스티아이오스Histiaeus는 머리카락을 민 노예의 머리 위에 문신으로 메시지를 새긴 후 머리카락이 자라나기를 기다렸다가 그리스인에게 보냄으로써 페르시아의 침략 계획을 경고한 것으로 알려져 있다.[15] 그러나 현대의 기술은 이 창의적인 정보 은폐 방식을 완전히 다른 모습으로 바꿔놓았다.

알려진 바에 따르면 오사마 빈라덴은 디지털 스테가노그래피의 달인이었다. 2001년 뉴욕 쌍둥이 빌딩이 무너지기 몇 달 전 《USA 투데이》는 빈라덴이 포르노 사이트와 스포츠 채팅방에 테러 표적의 약도와 사진을 숨겨놓고 있었다고 보도했다.[16] 정보기관을 도와 뉴욕과 튀니지에서 테러 공격을 저지했던 사이버 안보 분석 집단 고스트시큐리티Ghost Security는 2015년에 이슬람국가가 암호화된 메시지 플랫폼 나셰르 앱Nasher App을 개발했음을 알아냈다.[17] 이후 사회화, 교화, 테러 계획을 가능하게 하는 여러 자체 개발 프로그램이 개발되고 있다.

2018년 6월 블루스카이는 '사이버 칼리파 연합The United Cyber Caliphate'에서 온 메시지 하나를 전달한다.

알라의 이름으로,
우리는 이슬람국가다.

이것은 사이버 칼리파 연합이

전 세계에 보내는 메시지다.

곧, 곧, 너희는 경이로운 광경을, 격렬한 갈등을

목격하게 될 것이다. […]

우리는 앞으로 나아가고, 나아가고, 단호하게 행군해왔다.

우리는 정상에 오르기 위해 온 마음을 다해 분투했다.

우리는 죽은 자들 위에 올라

한마음으로 단결한다.

우리는 용감한 사자처럼 꼿꼿이 서서 죽는다, 기대하라!

"#Unitedcybercaliphate!" 자매 중 한 명이 이렇게 외치며 들뜬 이모티콘을 덧붙인다. 테러 자매들은 사이버 칼리프의 활동을 기대하며 무척 들뜬 듯하다. (한때는 면적이 현재의 영국에 달하고 인구가 현재의 오스트리아와 비슷했던) 물리적 이슬람국가가 소멸된 지금 가상의 지하드는 타당한 수순인 것으로 보인다.

그동안 이슬람국가의 여성 지지자들은 사이버공간에서 특히 활발하게 활동하며 소셜미디어에 선전물을 게시하거나 남성들을 모집해 지하드를 장려하거나 시리아에 가라고 그들의 가족을 설득해왔다. '테러를 실행하는 자매들의 채팅방'이 대표적 사례다. "누사이리파(현재 시리아에서 권력을 쥐고 있는 이슬람교 시아파의 한 종파 ― 옮긴이)에 반대하는 게시물을 공유함으로써 더 많은 무슬림에게 다가가 누사이리의 쉬르크shirk(우상

숭배)와 쿠프르에 대해 깨우침을 줄 수 있도록 도와주세요." 블루스카이가 말한다.

자매들은 참수된 인질, 부상당한 민간인, 시리아와 이라크의 전투 지역 사진에서부터 극우 단체인 영국우선당의 부대표 제이다 프랜슨Jayda Fransen이 올리고 트럼프 전 대통령이 리트윗한 반무슬림 영상에 이르기까지 전 세계의 다양한 사건을 밤낮으로 게시한다. 이 게시물들은 자매들이 모두 한배를 탔다는 명확한 메시지를 전달한다. 또한 부당함에 연대 투쟁한다는 느낌을 강화하고 집단 정체성을 다지며 회원들이 더욱 밀접한 유대 관계를 맺도록 한다.

여성 사이버 전사들의 글로벌 커뮤니티를 만들기 위해 테러 자매들이 이슬람국가 선전물, 무편집 전투 장면, 폭력적인 지하드를 합리화하는 이론만 배포하는 것은 아니다. 이들은 여성인 자신의 역할을 궁금해하는 동료 지하디 신부들에게 조언을 건네기도 한다. 전 세계적인 움마ummah, 즉 무슬림 공동체에서 우리의 역할은 무엇인가? 우리의 의무와 책임은? 지하드에 나선 남편을 어떻게 하면 가장 훌륭하게 지원할 수 있는가? 이 질문들은 내가 트래드와이브즈 커뮤니티에서 만난 질문들과 충격적일 정도로 비슷해 보인다. 처음에는 이 두 집단이 처한 현실과 그들이 믿는 이념이 크게 달라 보이지만 이들은 자신의 정체성과 책임에 대해 동일한 걱정과 의문을 품는다. 여성 자살폭탄 테러범이 되고 싶어서가 아니라 여성 간의 연대와 지지가 필요하기 때문에 테러 자매들에게 이끌리는 여성들도 있다.

그러나 이슬람국가가 힘이 약해지고 이라크와 시리아에서 패배하면서 자매들만 입장 가능한 채팅방의 분위기는 바뀌고 있다. 이제 이곳에서 이루어지는 대화의 대다수는 감정적으로 힘든 상황을 이겨내는 방법에 관한 것이다. 자매들은 슬픈 사람에게 위로를, 외로운 사람에게 소속감을, 전망이 없는 사람에게 방향을, 자신감이 필요한 사람에게 격려를 제공한다. 어떤 자매는 남편을 잃은 지하디 여성의 고통을 달래려고 시를 공유한다. 어떤 자매는 지하드로 남편과 자식을 잃은 여성들의 분노를 복수에 대한 열망으로 바꾸려고 노력한다.

블루스카이는 자매들에게 지하드에서 주요 역할을 맡으라고 장려한다. "자매들은 오늘날의 지하드와 이슬람에서 자신의 역할이 얼마나 중요한지를 깨달아야 합니다." 블루스카이는 말한다. 나는 깜짝 놀란다. 이곳이 이슬람국가 채팅방이 아니었다면 페미니스트 게시판에 올라온 대화라고 착각했을 것이다. "바비 인형을 갖고 놀던 시절은 끝났다. 화장하던 시절도 끝났다. 동화를 듣던 시절도 끝났다. 신데렐라 스토리를 좋아하던 시절도 끝났다. '셀카'를 찍던 시절도 끝났다. 이제 정신적으로 성장할 시간이다. 너는 사람들이 말하는 것만큼 나약하지 않다. 너는 남자보다 강하다."

2017년 여름 이후 이슬람국가는 지하드에서 여성의 역할에 대한 정책을 크게 바꾸었다. 이제 이슬람국가는 여성을 <u>무하지</u>

랏muhajirat(여성 이민자)으로 보지 않고 무자히닷mujahidat(여성 전사)으로 인정한다.[18] 처음에 여성 전투원에 반대했던 《루미야》는 2017년 7월 호에서 여성들에게 우후드 전투에서 선지자 무함마드를 지키기 위해 무기를 들었던 움 아마라Umm 'Amara의 선례를 따르라고 권고했다. 2017년 10월 이슬람국가는 여성의 지하드 참여가 의무라고 공식 선언하기까지 했다. 전례 없는 조치였다.[19]

지하드가 더는 물리적 폭력의 형태를 띨 필요가 없다는 사실 덕분에 여성들은 가상의 전선에서 온라인 회원 모집과 미인계, 심지어 해킹 같은 핵심 임무를 맡을 수 있게 되었다. 2018년 6월 위스콘신에 거주하는 와헤바 이사 다이스Waheba Issa Dais가 지하드를 위해 다수의 소셜미디어 계정을 해킹했다고 블루스카이가 내게 말해준다. 이스라엘 여권과 미국 영주권을 가진 이 마흔다섯 살의 아랍인 여성은 해킹한 계정을 이용해 사람을 모으고 공격을 계획한 것으로 알려졌다.[20] 에프비아이에 따르면 다이스는 이슬람국가 테러리스트가 되고자 하는 사람들이 미국 등지에서 공격을 벌일 수 있도록 폭탄과 생물학 무기, 독극물, 자살 폭탄 조끼 등의 제조법을 모아둔 가상의 도서관을 만들었다.[21] 이 뉴스가 보도되자 '테러를 실행하는 자매'들은 박수갈채를 보내며 자세한 내용을 공유한다.

"사이버 칼리프를 위한 투쟁은 이제 막 시작된 거야." 자매 중 한 명이 내게 말한다. 조만간 "미국과 이스라엘은 물론 그들에게 우호적인 정부 연합이 이끄는 사악한 유대인-십자군 축"에 대항하는 대규모 사이버 전쟁이 발발할 것이다. 이 투쟁은 최신 기술에 능숙한 이슬람국가 모집원들이 내놓는 관념적이고 사회적인 제안을 쉽게 수용하는 젊은 무슬림 남녀의 마음과 정신을 두고 벌이는 전투에서부터 시작된다.

온라인 에코체임버의 등장은 극단주의 운동이 신입 회원을 세뇌시키고 집단 의존성을 강화하고 집단 가치를 내면화시키는 방식에 크나큰 영향을 미쳤다. 정체성이나 불안과 관련된, 극도로 개인적인 문제에 대처하는 방식을 조언하는 플랫폼들은 유해한 이념으로 향하는 흔한 관문이다. 레드필위민처럼 공공연하게 연애 관계에 대해 조언하는 게시판과 '테러를 실행하는 자매들'처럼 비밀리에 여성에게 상담을 제공하는 채팅방은 모두 극단주의 네트워크로 이어지는 문턱 낮은 입구 역할을 한다. 개인의 성생활과 연애 생활보다 더 사적인 것이 뭐가 있겠는가? 이러한 장소들은 신입 회원을 끌어들일 뿐만 아니라 친밀한 내집단 관계를 형성하고 신입의 정체성을 다른 회원의 정체성과 결부시킴으로써 강력한 잠금 효과를 만들어낸다. 그 목표는 신입 회원이 집단에 감정적으로 얽매이게 함으로써 그곳을 나가는 것을 최대한 어렵게 만드는 것이다.

일단 신입 회원이 극단주의 집단 내부의 작동 방식에 익숙해지면 극단주의자들은 외부 세계와의 효과적인 의사소통에 집중할 수 있다.

3부 커뮤니케이션

정보 전쟁 5장

토미 로빈슨의 뉴미디어 제국과 맞닥뜨리다

영국수호연맹의 설립자이자 이슬람에 반대하는 전 세계적 인물인 스티븐 약슬리레넌(다른 이름은 토미 로빈슨)이 내게 마이크를 들이대고 있다. "왜 나를 백인우월주의자라고 칭했습니까?" 로빈슨이 같은 질문을 재차 묻는다.

로빈슨은 목소리가 차분하고 총이나 칼도 들고 있지 않다. 그의 유일한 무기는 카메라다. 그는 이 카메라를 통해 내가 하는 모든 말을 수십만 명에 달하는 자신의 소셜미디어 팔로어에게 생중계하고 있다. 그러나 공개적으로 망신당할 수 있다는 생각이 죽을 수 있다는 생각보다 더 무서울 수도 있다. 로빈슨 옆에 서 있는 카메라맨은 극우 활동가인 카오란 로버트슨Caolan Robertson이다. 그는 내 얼굴에 퍼지는 충격과 두려움을 영상에 담는 것이 더없이 즐거운 모양이다. 그의 얼굴에 떠오른 기쁨이 내 눈에 보인다.

2017년 5월의 온화한 날이다. 우리는 지하에, 원래는 아무도 몰라야 하는 장소에 있다. 반급진주의 단체 퀼리엄 재단Quilliam Foundation에 소속된 나의 두 상사는 과거에 이슬람주의 단체 히즈브웃타흐리르Hizb ut-Tahrir의 모집원이었던 마지드 나와즈Maajid Nawaz와 리비아전투집단Libyan Fighting Group의 지도자였던 노먼 베노트만Noman Benotman이다. 이슬람국가와 알카에다 같은 집단에서 두 사람에게 현상금을 내걸었다. 예고 없이 찾아온 손님이 환영받는 분위기는 전혀 아니다.

영국수호연맹에 잠입해 극단적 민족주의의 국제화에 관한 글을 써서 《가디언》에 기고한 뒤로[1] 나는 토미 로빈슨의 정적이 되었다. 그러나 나나 나의 고용주는 그의 주요 타깃이 아니다. 그의 주된 목표는 '주류 미디어'를 가짜뉴스로 폄훼하고 캐나다 극우 뉴스 매체인 레블미디어의 '대안 뉴스' 콘텐츠의 조회수를 높이는 것이다.

이 영국수호연맹의 설립자가 '웨일스 온라인' 사무실에 쳐들어가고 《가디언》 기자의 집에 찾아가는 유튜브 영상을 이미 보았기 때문에 나는 그의 수작을 잘 알고 있다. 이제 나는 그의 인기 시리즈 '트롤워치Troll Watch'에 세 번째로 등장하는 언론인이 될 것이다. 내가 하는 모든 말이 레블미디어에 게시될 뿐만 아니라 여러 소셜미디어 플랫폼에서 공유될 것임을 뼈아프게 인지하고 있다.

새로 등장한 이 선정적인 보도 형식은 극우가 전통적인 미디어 매체에 맞서 펼치고 있는 정보 전쟁의 일부다. 토미 로빈슨에게 '트롤워치'는 파워게임인 동시에 사람들에게 제공할 오락물이다. 그는 자신을, 인종차별과 백인우월주의, 극우 극단주의와 연결한 언론인 중 한 명을 아무나 고른다. 로빈슨이 나를 선택한 이유는 내가 《가디언》에 실은 다음 글 때문이다.

> 극우가 비주류에서 주류로 이동했다는 사실은 백인우월주의 운동이 디지털 네이티브에게 엄청난 지지를 이끌어냈음을 잘 보여준다. 이들의 온라인 팔로어 수는 주류 정치 정당의 팔로어 수를 훨씬 넘어선다. 예를 들어 토미 로빈슨의 트위터 계정은 팔로어 수가 20만 명이 넘는데, 이 숫자는 영국의 전 총리 테리사 메이의 팔로어 수와 거의 비슷하다.

"이제 말 그대로 저기로 걸어 들어가서 그 여자에게 나를 그렇게 비난한 이유를 물어볼 겁니다." 로빈슨이 우리 사무실로 걸어 들어오기 전에 카메라에 대고 이렇게 말한다. "이제 노동계급의 비판을 악마화하고 묵살하기 위해 이야기를 지어내는 영국의 언론인이 자기가 비난한 사람을 직접 대면해야 할 때입니다."

영상은 토미 로빈슨이 건물 입구를 지나 우리 사무실로 향하는 계단을 몰래 내려오는 모습을 보여준다. "율리아?" 나는 처음에는 카메라맨과 함께 토미 로빈슨이 내게 다가오는 모습을 보고도 이 상황을 믿지 못한다. 그에게 사무실을 무단 침입했음을 알려줘도 별 소용이 없다. 정확히 당신을 백인우월주의자로 칭하지는 않았다고 말해봤자 그를 더욱 화나게 만들 뿐이다. 동료들이 그를 문 밖으로 밀어내고 카메라를 빼앗으려 하면서 상황은 더욱 아비규환이 된다. 몸싸움이 벌어지고 로빈슨은 내 동료들이 카메라를 부수고 마이크를 훔쳐갔다며 비난한다. 나는 다치는 사람이 없도록 필사적으로 싸움을 말리면서 로빈슨에게 위층으로 가자고 반복해서 말한다. "이렇게 대화를 나누게 되어 기쁩니다."

그러나 로빈슨이 대화를 원치 않는다는 사실쯤은 나도 안다. 그는 자기 시청자들을 즐겁게 하고 월 구독료를 늘려줄 갈등을 찾고 있었다. '주류 미디어'에 대항하는 자신의 인신공격 캠페인에 힘을 실어줄 장면을 찾고 싶었던 것이다. "최소한 공평하게 갑시다. 한 줄도 삭제하지 않는 독립적인 미디어 매체 앞에서 인터뷰를 하자고요." 나는 먹히지 않을 것을 알면서 이렇게 제안한다. 우리는 무엇이 '독립적인 미디어'인지에 대해서도 합의를 보지 못한다.

"《가디언》은 선전 기계야." 로빈슨이 이렇게 말하고 비비시를 부르자는 내 제안을 비웃는다.

경찰이 도착하고 토미 로빈슨이 사무실을 떠난 뒤 진짜 정보 전쟁이 시작된다. 이로부터 며칠간 미국과 영국, 유럽의 대안 미디어 매체에서 연쇄적으로 보도가 이루어진다. 브라이트바트Breitbart, 지하드워치JihadWatch, 겔러리포트GellerReport, 게이츠오브비엔나Gates of Vienna는 모두 "토미 로빈슨 대 퀼리엄, 더는 정치 서사를 통제하지 못하는 기성 미디어를 보여주다" 같은 헤드라인을 내보낸다.[2] 이들의 공통된 목표는 '주류 언론'을 신뢰할 수 없는 정보원으로 고발하는 것이다.

브라이트바트 뉴스 런던의 전 편집장인 라힘 카삼Raheem Kassam은 "《가디언》이나 비비시 같은 기성 언론과, 토미 로빈슨이 지난 수년간 자신을 괴롭힌 이른바 '가짜뉴스'에 맞서는 대안적 방식 사이의 역학관계가 변하고 있다"라고 보도한다.[3] '트롤워치' 영상 자체도 조회수가 수십만, 노출 횟수가 수백만, 댓글이 수십 개에 이른다.

> 그를 '토미 건'이라고 불러야 해. 그는 진정한 진실의 머신건이거든!
> 우리는 그저 주류 미디어가 내놓는 거짓말에 진절머리가 난 사람들일 뿐이야.
> 잘했어 토미, 가짜뉴스를 퍼뜨리는 저 쓰레기들과 맞서 싸우자!!!!
> 너무 좋아!!! 이 거짓말쟁이들에게 저항하자!!!!!!

2주 후 나는 센트럴런던에 있는 화려한 크라운 플라자 카페에서 퀼리엄 재단의 최고경영자 하라스 라피크Haras Rafiq와 마주 보고 앉아 다음 조치를 논의한다. 사무실은 문을 닫았고 경찰이 나와 동료들에게 쏟아지는 협박 전화와 메시지를 조사하고 있다. 주문한 커피를 기다리는 동안 트위터에 새로 들어온 살인 협박과 모욕을 확인한다. 토미 로빈슨은 다음과 같은 트윗을 올린다. "언론인들에게 말한다. 미디어에서 우리에 관해 거짓말을 하면 너희들은 어느 곳에서도 안전하지 못할 것이다. 언젠가 소환되어 너희의 거짓말을 해명해야 할 것이다."

"제가 공개 성명을 발표하지 않으면 어떻게 되는 거죠?" 약 5분 정도 대화를 나눈 후 내가 묻는다.

"더는 극우에 대해 연구하지 못할 거고 내가 책 출판도 막을 겁니다." 하라스가 대답한다. 내가 모르는 사이에 내 동의도 없이, 퀼리엄 재단은 토미 로빈슨과 따로 만나 내가 공개 성명을 발표해 주장을 철회하고 영국수호연맹 설립자를 백인우월주의 운동과 연관 지은 것을 사과하게 하겠다고 약속했다. 그러면 토미 로빈슨도 "자기 개들에게 다시 목줄을 맬 것"이었다.

"하지만 이런 식으로 《가디언》의 뒤통수를 치고 싶지 않아요. 전 저의 분석을 고수합니다." 내가 말한다. "로빈슨의 지지 기반이 백인우월주의 운동의 지지 기반과 일치한다는 걸 증명할 수 있어요. 그리고 토미 로빈슨은 그저 전통적인 뉴스 매체에 망신을 주고 싶은 거라고요. 우리 둘 다 알잖아요."

"이런 식으로 생각해봐요. 만약 동료들에게 무슨 일이 생기면 평생 그 책임을 지고 살아야 해요. 당신이 선택해요." 나는 마른침을 삼킨다. 내 모든 원칙에 반하는 공개 성명을 발표하고 나서 내가 어떻게 다시 거울을 볼 수 있단 말인가? "토니 로빈슨이 24시간을 줬습니다." 하라스가 대화를 끝내고 커피 값을 계산한다. 토미 로빈슨의 협박 전략이 먹히고 있는 듯하다.

3부 커뮤니케이션

그는 자신의 소셜미디어 확성기를 이용해 비판의 목소리를 효과적으로 침묵시킬 수 있다.

내가 공개 성명을 거부하고 24시간도 채 지나지 않았을 때 상사에게서 메일 한 통이 온다. 메일에는 징계 처분과 해고 통보 외에는 아무 내용도 없다.

비전문적인 행동 – 최고 경영자의 지시를 거부함.
[…] 해당 직원은 요구한 대로 성명서에 관해 생각해볼 시간을 2주 가졌습니다. […] 두 번째 징계문을 보내는 것 외에는 다른 대안이 없었습니다. 오늘 나눈 대화를 통해 이 분야에 대한 해당 직원의 시각이 조직의 시각과 맞지 않는다는 것을 알게 되었고 역시 다음 행동 방침을 따르는 것 외에는 다른 대안이 없었습니다.

믿을 수 없었다. 극우 극단주의자 때문에 첫 번째 직장을 잃은 것이다.

해고 통보를 받고 몇 분 후 답장을 쓰고 있는데 갑자기 이메일 시스템에서 로그아웃된다. 회사 메일 계정이 이미 삭제되어 더는 접근할 수가 없었다.

이 사건을 돌아보면 무해한 기고문 때문에 내가 받은 괴롭힘의 정도와 전 세계적인 반극단주의 싱크탱크가 가해자의 요구를 받아들인 것 중 뭐가 더 충격적인지 잘 모르겠다. 이 경험은 극우 미디어 인사가 모든 단체에 어떤 권력을 행사할 수 있는지를 보여주는 사례였다. 이 사건은 단체와 개인이 체면과 지원을 잃을 것에 대한 두려움 때문에 여태껏 지켜온 모든 것을 포기할 수 있음을, 극단주의와 싸우는 싱크탱크가 결국 극단주의자의 요구를 들어줄 수 있음을 보여주었다.

영국의 극우 인사 중 토미 로빈슨만큼 미디어를 능수능란하게 다루는 사람은 별로 없다. 루턴(가장 최근의 인구 조사에 따르면 영국에서 백인이 다른 인종보다 적은 세 도시 중 한 곳이다. 나머지 두 곳은 슬라우와 레스터다⁴)에서 자란 로빈슨은 본인을 미성년 성착취범과 테러리스트에 관한 미디어의 거짓말을 자기 인생을 걸고 폭로하는 영웅으로 포장해왔다. 그는 이 범죄들이 영국 내 무슬림 인구의 증가에 따른 부작용이라고 주장한다. 로빈슨의 팬들에게 그는 영국과 백인 노동계급을 변호하는 용감한 애국자다. 로빈슨을 비판하는 사람들에게 그는 사회 양극화를 유발하는 위험한 극우 인사다.

로빈슨을 어떻게 생각하는지와는 별개로 그가 카리스마 있는 유능한 이야기꾼이라는 점에는 의심의 여지가 없다. 런던광역경찰청의 대테러 책임자였던 마크 롤리Mark Rowley는 혐오를 전파하는 연설로 여러 지하디스트 공격에 영감을 준 이슬람 진영의 과격 선동가 안젬 초우드리Anjem Choudary에 로빈슨을 비유했다.

"초우드리가 영국 이슬람주의의 사실상 대변인이 되는 동안 토미 로빈슨 같은 극우의 대변자들도 악명을 얻고 주목을 끌었다."⁵ 경찰은 로빈슨의 유해한 수사법과 이슬람 및 이민자를 향한 폭언이 영국 등지에서 급진화를 가속화했을 것이라 추정한다. 2016년 극우 테러리스트 대런 오즈번Darren Osborne이 "무슬림을 살해"할 것이라 선언하며 핀즈버리 모스크 밖에 서 있던 보행자들을 향해 차량을 돌진시켰다. 오즈번의 재판에 참석한 배심원들은 그가 토미 로빈슨의 이메일 뉴스레터와 트위터를 읽고 미성년 성착취범과 리 릭비Lee Rigby 살해 사건(두 이슬람 극단주의자가 런던에서 영국 군인 리 릭비를 흉기로 잔인하게 살해한 사건 ─ 옮긴이), 테러 공격에 관해 수없이 온라인 검색을 한 뒤 공격에 나섰다는 말을 들었다.⁶

로빈슨은 자신이 인종차별주의자도 반유대주의자도 아니라고 주장하지만 그는 과거에 영국국민당 당원이었으며 그의 지지자 중에는 히틀러식 경례를 하고 인종차별 구호를 외치는 네오파시스트가 있다.⁷ 대안 소셜미디어 플랫폼인 갭에서 로빈슨을 팔로하는 사람의 약 65퍼센트는 유명 백인민족주의자의 계정을 최소 한 개 이상 팔로하고 있다. 로빈슨의 팬들은 주기적으로 그에게서 급진주의의 색채를 제거하려고 하지만 로빈슨 본인은 더욱 극단적인 지지 기반과 거리를 두려 하지 않는다. 2018년 로빈슨은 "유대인을 가스실로"나 "지크 하일" 같은 소리가 들리면 나치 경례를 하도록 여자친구의 개를 훈련시키는 영상을 올린 뒤 혐오 범죄 혐의로 기소된 스코틀랜드의 블로거 마크 미찬Mark Meechan(다른 이름은 카운트 단쿨라Count Dankula)의 소송비용 모금에 동참했다.[8]

토미 로빈슨은 전 세계적인 극우의 정보 전쟁에서 핵심이 되는 인물이다. 2019년 초 로빈슨은 영국에서 부바미디어Bubba Media라는 자기만의 미디어 제국을 세우고[9] 비비시의 탐사 프로그램 〈파노라마〉에 항의하는 시위를 벌였다. 2019년 2월의 어느 토요일 오후 약 4000명의 시위대가 맨체스터에 있는 비비시 본사 바깥에 모여 로빈슨의 다큐멘터리 〈파노드라마〉를 보고 비비시의 수신료를 없애라고 요구했다.[10]

〈파노드라마〉 공개 전날에는 트럼프 전 대통령의 지지자가 텍사스주 엘파소에서 열린 집회를 취재하는 비비시 카메라맨을 공격했다.[11] 토미 로빈슨은 혁신적이고 사회위반적인 방식으로 "거짓말을 일삼는 언론"에 맞서는 언론인으로 스스로를 포장하는 수많은 사람 중 한 명일 뿐이다. 대안 뉴스 매체와 극우 유튜버들은 스티브 배넌의 '더무브먼트The Movement' 운동처럼 극우를 연결하고 힘을 실어주려는 움직임과[12] 호로비츠 재단Horowitz Foundation 및 머서 가족 재단Mercer Family Foundation처럼 극우를 재정적으로 지원하는 우익 성향의 기부자들[13]에 힘입어 점점 더 밀접하게 연결되고 있다. 그러나 다른 인기 웹사이트와 마찬가지로 대안 미디어의 자금은 주로 광고 수익에서 나온다.[14]

2016년의 어느 토요일 아침 독일의 브랜드 전략가 게랄트 헨젤Gerald Hensel은 극우 웹사이트에 광고 배너를 다는 브랜드들에 관한 글을 블로그에 올렸다. 그는 이 글이 인생을 바꿀 일련의 사건을 몰고 오리라고는 결코 예상치 못했다.

"독일 브라이트바트 사이트에 걸린 광고를 보고 브랜드들이 자기 광고가 어디에 걸리는지, 그 광고로 누가 이득을 얻는지에 관해 더 신중하게 고민하면 좋겠다고 생각했어요." 헨젤이 내게 말한다. "우리는 적어도 2012년 오바마의 두 번째 선거 때부터 인터넷이 정치에서 얼마나 중요한 역할을 하는지를 알았지만 인터넷이 반민주적이고 혐오로 가득한 풀뿌리 운동에 힘을 실어줌으로써 괴물 프랑켄슈타인을 낳을 줄은 예상하지 못했습니다."

헨젤은 대형 기관들이 디지털화를 따라잡지 못하는 동안 비주류가 한참 앞서 나갔음을 깨달았다. "대형 기관들이 인터넷에 있는 몇 마리 개구리보다 훨씬 뒤처져 있는 것을 봤어요. 광고계 사람으로서는 거의 비현실적인 경험이었죠. 심지어 밈이 뭔지도 몰랐어요." '밈'은 리처드 도킨스가 1976년 저서《이기적 유전자》에서 만든 용어로, 새로운 숙주로 쉽게 복제되는 생각이나 행동을 의미한다.[15] 그런 의미에서 인터넷 시대의 밈은 화제가 될 가능성이 높은 시각 자료를 뜻한다. 밈의 내용은 동물에서 음식까지 무엇이든 가능하다('강아지냐 베이글이냐' 밈처럼 두 개가 동시에 해당될 수도 있다). 가장 처음 화제가 된 밈은 '햄스터 댄스'로 1998년의 월드와이드웹에서 들불처럼 퍼져나갔다.

게랄트 헨젤이 블로그에 글을 올리자 즉시 해시태그 #Kein GeldfürRechts(극우에게 돈을 지불하지 말자)가 트렌드가 되었다. 이 캠페인은 트럼프가 대통령에 당선된 직후 미국 브랜드들에게 극우 뉴스 매체에 실린 광고를 철회할 것을 요구했던 미국의 '잠자는 거인Sleeping Giants' 캠페인과 유사해졌다.

캠페인이 시작되고 몇 시간이 지나지도 않았을 때 독일의 극우 뉴스 매체인 '악스데스구텐Achse des Guten'에 헨젤을 비판하는 글이 올라왔고[16] 이 글은 조직적인 협박과 인신공격을 불러왔다. "여섯 시간짜리 회의에 참석하고 있을 때 이 모든 게 시작되었던 게 기억나요." 헨젤이 말한다. 그는 여자친구가 전화를 걸어와 도대체 무슨 일이냐고 물어봤을 때에야 상황을 파악하기 시작했다.

그 순간부터 헨젤은 티치스아인블릭Tichys Einblick과 융에프라이하이트Junge Freiheit, 브라이바이트 등 독일의 모든 극우 뉴스 매체에서 자신에 관한 글을 매일 최소 한 개씩 발견했고 자신의 소셜미디어 피드에서도 증오로 가득 찬 협박성 메시지를 수천 개 목격했다. "대안 미디어 공간이 서로 얼마나 밀접하게 연결되어 있는지 정말 믿기 힘들 정도였습니다." 그는 이러한 현상을 집단적 스토리텔링이라 칭한다. "처음에 그 사람들은 제가 누군지 몰랐어요. 그러나 며칠 안에 제 전자 서명에서 누출된 과거의 모든 정보를 모아 입맛대로 이야기를 지어냈죠. 저는 하루는 오만한 광고주였다가 다음 날에는 메르켈 총리의 대

　　　　　　　　　　　　3부 커뮤니케이션

리인이 됐어요. 하루는 반유대주의자였다가 다음 날에는 스탈린주의자가 됐고요. 말이 안 되는 이야기였지만 말이 될 필요도 없었죠." 그는 자신의 주소가 유출되었다는 사실을 알고 다시 베를린으로 돌아가는 것은 안전하지 않다고 판단해 대신 프랑크푸르트로 향했다.

그로부터 몇 주간 헨젤의 고용주는 협박성 메시지와 전화를 어마어마하게 많이 받았다. 게랄트 헨젤은 20년간 광고계에서 일했고 유럽에서 가장 큰 광고회사 중 하나인 스콜츠앤드프렌즈의 총 전략 책임자였다. "일자리를 잃는 건 그리 두렵지 않았지만 동료들에게 미안했습니다. 그 모든 스트레스를 받게 하고 싶지 않았어요." 헨젤이 말한다. 이후 그는 회사를 떠나 비슷한 경험을 겪은 사람들을 돕는 단체 '두려움 없는 민주주의Fearless Democracy'와 '헤이트에이드HateAid'를 설립했다.

게랄트 헨젤의 이야기도 토미 로빈슨과 관련된 나의 경험도 이례적 사례가 아니다. 우리 둘의 이야기는 훨씬 광범위한 현상의 일부일 뿐이며 논쟁적인 정치 주제를 다루는 언론인과 활동가, 예술가, 자료 분석가, 연구원들은 점점 더 이러한 현상을 염려하고 있다. 미국의 경우 최소 250명의 대학교수가 2017년 초에서 2018년 중반 사이에 우익 온라인 캠페인의 피해자가 된 적이 있다고 보고했다.[17] 노스조지아대학교의 심리학 교수 조슈아 쿠에바스는 이렇게 썼다. "고등교육에 종사하는 사람들이 점점 더 적개심의 대상이 되고 있다." 쿠에바스 또한 진보적 성향 때문에 정교한 트롤링 캠페인의 타깃이 되어 극우 트롤들에게 인종차별적인 메시지를 받은 적이 있다.[18]

극우 관련 뉴스를 다루는 기자들은 특히 악의적 괴롭힘의 대상이 된다. 《인디펜던트》의 사회부 기자 리지 디어든Lizzie Dearden은 너무 어려서 범죄나 테러 관련 기사를 쓸 수 없었던 시절부터 늘 기자가 되고 싶었다. 열 살이 된 리지는 '에디터'라고 쓰인 배지를 달고 다녔다. 그로부터 18년이 지난 지금 우리는 이탈리아 레스토랑에서 극우가 리지의 진짜 주소를 유출하지 않았다는 사실을 축하하고 있다. 평소라면 오후 1시는 와인을 마시기엔 너무 이른 시간이지만 지금 리지는 구류되어 있던 토미 로빈슨을 석방한 재판에서 막 돌아온 참이다.[19]

　"최초이자 최악으로 위협이 급증한 건 핀즈버리 모스크 테러의 재판을 보도한 이후였어요." 리지가 말한다. "재미있는 사실은 수년간 다양한 이슬람주의 집단을 다뤘는데 저를 주로 협박한 사람들은 극우라는 거예요." 반무슬림 테러리스트인 대런 오즈번에 관한 리지의 기사가 나가자 웹사이트 '우익 독스 스쿼드Right-wing Dox Squad'는 리지와 남자친구의 사진, 과거의 집 주소뿐만 아니라 남자친구의 소셜미디어 계정을 전부 유출했다.

　'문서를 떨어뜨리다dropping documents'라는 말의 약어인 독싱은 어떤 사람의 개인정보(보통 집 주소와 휴대전화 번호)를 본인의 의사에 반해 유포하는 것을 의미한다.[20] 사이버 괴롭힘을 경험해본 피해자들이 만든 단체 '크래시오버라이드 네트워크 Crash Override Network'에 따르면 독싱은 "당신을 협박하고 당신의 개인 정보를 캐내려는 익명의 온라인 집단이 흔히 사용하는 첫 번째 전략"이다.[21]

독싱은 1990년대에 해커 문화의 일부로 처음 등장했으나 최근 몇 년간 대안우파가 가장 선호하는 복수 전략 중 하나가 되었다.[22] 2014년의 이른바 게이머게이트는 비디오게임 산업의 여성혐오를 보도한 페미니스트 기자들이 대규모의 조직적 독싱과 괴롭힘의 대상이 되었던 사건이다. 게이머게이트의 핵심 언론인 중 한 명이었던 조이 퀸은 반쪽짜리 진실과 거짓말로 공격을 받았고 해커들이 트위터 계정을 해킹해 개인 정보가 유출되었다.[23]

이처럼 개인의 사생활을 악의적으로 침범하는 행위의 목적은 비판적인 목소리와 정치적 적수를 협박하고 침묵시키고 공개적으로 망신 주는 것이다.[24] 독싱은 온라인 혐오를 부채질할 뿐만 아니라 피해자가 실제로 공격받을 가능성을 키운다. 독싱이 불러일으키는 결과는 원치 않는 구독 서비스와 배달에서부터 협박 전화와 가짜 탄저균 가루, 대면 방문으로까지 확대되었다. 때때로 가해자들은 사회공학social engineering(사람들을 속여 보안 절차를 뚫는 비기술적 침입 방식 — 옮긴이)과 해킹을 통해 비공개출처에서 개인 정보를 캐내기도 한다. 그러나 대부분의 경우에는 공개출처정보를 검색하는 것만으로도 필요한 정보를 얻을 수 있다. 소셜미디어 프로필과 공식 기록, 온라인 전화번호부에서부터 스포키오Spokeo와 피플Pipl, 인텔리우스Intelius 같은 제3의 정보 판매자에 이르기까지, 독싱 가해자들에게 인터넷은 보물창고나 다름없다.[25]

인터넷에서 이런 흔적들을 지우는 것은 시간이 많이 드는 지겨운 일이다. 회사 정보를 제공하는 일부 데이터베이스는 마치 삭제 요청을 일부러 최대한 어렵게 만들어놓은 것처럼 보인다. 아이러니하게도 가장 최첨단 기술을 사용하는 인물 검색 엔진들은 가장 구식의 방식으로 삭제 요청을 받는다. 예를 들어 피플룩업닷컴PeopleLookup.com의 경우 신원을 증명하려면 운전면허증 사본을 우편이나 팩스로 보내야 한다. 그 뒤로도 개인 정보를 지우는 데만 수 주일이 걸린다.[26]

"운 좋게도 저는 인터넷에 현재 집 주소를 올리지 않았지만 남자친구는 주소가 공개되어서 완전히 겁에 질렸어요." 리지 디어든이 말한다. 두 사람은 온라인에서 전혀 연결되어 있지 않고 같은 아이디를 사용하지도 않고 결혼한 사이도 아니고 소셜미디어에서 두 사람이 나눈 대화는 전부 비공개이기 때문에 남자친구의 정보가 알려진 것이 정말 이상하다고 덧붙인다. "그 사람들, 얼마나 열심히 정보를 캐내는지 몰라요. 그냥 구글 검색을 한 게 아니에요. 아마 시간이 엄청 많이 걸렸을 거예요." 가해자들은 리지와 남자친구가 트위터에서 나눈 대화를 캡처했다. "굉장히 사적인 대화였어요. 가해자들이 우리 관계의 증거로 내놓은 트윗은 2014년 거였고요."

가해자들은 리지만 괴롭힌 것이 아니라 리지 가족의 사생활을 폭로하겠다고 위협하기도 했다. 한 글에는 이렇게 쓰여 있었다. "앞으로 일주일 동안 온라인에서 그 여자 가족들을 찾아낼 거야. 지켜보라고." 리지는 이런 글들을 경찰에 신고했지만 대부분의 계정이 익명이었기 때문에 수사는 불가능했다. 결국 우익 독스스쿼드 사이트는 삭제되었고 리지는 본인과 가족을 보호하기 위해 조치를 취했다. 이 경험은 리지의 이전 경험과는 달랐다. "원래는 다른 사람이 다른 사람한테 하는 지독한 짓들에 관해 글을 썼어요. 우리한테 하는 짓이 아니라요." 리지가 말을 잇는다. "점점 언론인들의 기사 속 인물이나 사건이 아니라 언론인 자체가 타깃이 되는 것 같아요. 왜 이런 일이 일어나는지 정말 이해가 안 돼요."

토미 로빈슨이 2015년에 "난민을 환영합니다"라고 쓰인 피켓을 들고 있는 리지의 사진을 공유하며 리지가 핀즈버리파크 재판에서 나온 증거를 잘못 보도했다고 비난했을 때 두 번째 괴롭힘이 시작되었고 이번에는 강간과 성폭력 위협이 쏟아졌다. "아직도 제가 토미 로빈슨에 대한 기사를 쓸 때마다 포토샵한 제 사진과 밈이 돌아다녀요." 같은 내용을 보도한 리지의 남성 동료들은 '좆 같은 놈'이나 '계집애 같은 새끼'라는 소리를 듣긴 하지만 이만큼 폭력적이고 직접적인 위협은 받지 않는다. 리지가 말한다. "모두가 욕을 먹지만 그 내용은 달라요."

《가디언》은 2010년에서 2016년 사이에 웹사이트에 달린 7000만 개의 댓글을 분석한 후 여성 언론인이 쓴 기사는 남성 언론인이 쓴 기사에 비해 삭제 처리되는 댓글의 비율이 훨씬 높다는 것을 발견했다. 괴롭힘을 당한 기자 10명 중 여덟 명이 여성이었고 나머지 두 명은 흑인 남성이었다. 가장 괴롭힘을 적게 받은 기자 10명은 모두 남성이었다.[27]

2018년 12월 국제기자연맹이 발표한 획기적인 연구에 따르면 지난 5년간 온라인 괴롭힘을 당한 여성 언론인 중 66퍼센트가 성적인 모욕, 굴욕적이고 여성혐오적인 댓글, 강간 위협 등 젠더에 근거한 공격을 받았다. 대부분의 가해자가 온라인의 익명성 뒤에 숨어 있기에 괴롭힘 사례의 절반 정도가 신고되지만 신분이 확인되거나 재판을 받는 경우는 그중 겨우 13퍼센트뿐이다. 그 결과는 대개 심각하다. 피해자의 63퍼센트가 심각한 심리적 외상을 보고했고 38퍼센트가 자기 검열을 하게 되었다고 말했으며 8퍼센트는 일자리를 잃었고 6퍼센트는 일을 그만두었다.[28]

명성이 높았던 뉴스 매체와 그 매체에 소속된 기자들의 평판을 떨어뜨리는 것은 정보 전쟁의 절반일 뿐이다. 나머지 절반은 허위 정보를 퍼뜨리는 것이다. 허위 정보는 노골적인 거짓말만을 의미하지 않으며 사람들을 호도하는 정보도 허위 정보에 포함될 수 있다.[29] 부정확한 정보와 극심한 편견, 논리적 오류는 종종 사람들을 호도하는 서사를 더욱 강화한다. 소비에트 연방이 전략적으로 사람들을 속이기 위해 활용한 기술인 디즈인포르마치에dezinformatsiya와 유사한 오늘날의 허위 정보 캠페인은 사실 정보를 모호하게 만들고 왜곡하며 감추려 한다.[30] 시아이에이 최초의 방첩부장이었던 제임스 지저스 앵글턴James Jesus Angleton은 소련의 목표가 "수많은 거울이 놓인 황야처럼 사실과 환영이 뒤섞이는 정보 지형을 만들어내는 것"이라고 말했다.[31]

2018년 10월 나는 라트비아 리가에 있는 새하얀 집 안으로 들어간다. 경비가 철저한 입구만이 이 집이 사유재산이 아니라 세계적인 정보 전쟁 분석팀의 본거지임을 알려준다. 이곳은 바로 나토의 전략 커뮤니케이션 센터다.

"정말 바쁜 주말을 보냈어요." 도나라 바로한Donara Barojan이 여러 보안 관제실 사이로 나를 안내하며 말한다. 라트비아의 선거일에 러시아의 한 트롤이 라트비아 최고의 소셜미디어 네트워크인 드라우기엠Draugiem을 해킹했다. "배후에 누가 있는지 아직도 조사 중이에요." 도나라가 말한다. "이런 행위는 유권자들에게 강력한 심리적 영향을 미칠 수 있어요." 도나라는 이른바 '디지털 셜록'이다. 나토 전략 커뮤니케이션 센터의 디지털 포렌식연구소에 있는 도나라의 팀은 허위 정보 유포에 사용되는 전략과 서사를 폭로하고 허위 정보 캠페인을 실시간으로 추적한다.

"허위 정보 유포에는 네 가지 전략이 있습니다." 도나라가 설명한다. "반대 의견을 묵살하고dismiss the opponent 사실 정보를 왜곡하고distort the facts 핵심 쟁점에서 주의를 돌리고distract from the central issue 사람들에게 충격을 주는 것dismay the audience이죠."[32] 러시아 정부와 중국 정부 같은 국가 세력과[33] 대안우파의 트롤 같은 비국가 세력 모두가 이 '4디 접근 방식'을 사용한다. 미디어 공간에 엄청나게 많은 콘텐츠를 쏟아부어서 옳은 정보와 잘못된 정보를 구분할 수 없게 만드는 크렘린의 전략을 비국가 세력인 트롤링 네트워크가 점점 더 많이 따라하고 있다. 그러나 오늘날 극우가 수행하는 대다수의 작전은 국가가 지원하는 봇과 미디어 네트워크에 의해 더욱 증폭된다. 예를 들어 러시아 뉴스 매체인 《스푸트니크》와 《러시아 투데이》는 종종 극우의 주제와 해시태그를 증폭시켜서 극우가 메시지를 퍼뜨리는 것을 돕는다.[34]

허위 정보를 퍼뜨리는 일부 계정은 사이보그처럼 작동하는데, 이러한 계정은 인간이 운영하지만 반자동화되어 있다. 예를 들어 @thebradfordfile이라는 이름으로 하루에 300개가 넘는 트윗을 올리는 한 트위터 계정은 10만 명이 넘는 팔로어와 트윗을 증폭시키는 수백 개의 핵심 집단으로 구성된 네트워크를 거느린다. 극우 선전물과 음모론 등을 올리는 이 계정의 트윗은 도널드 트럼프에게 리트윗되었고 극우가 소셜미디어에서 거둔 성공을 다룬 미국의 주요 언론 매체에 인용되었다.[35]

선거는 너무 많은 반면 디지털포렌식연구소에서 선거를 감시하는 인원은 너무 적다. "대략 10만 개의 웹사이트가 허위 정보를 퍼뜨리고 있어요." 도나라가 말한다. "하지만 웹사이트의 진위성을 확인하는 인력은 수십 명뿐이죠." 다시 말해 우리는 언제나 수적으로 열세다. 2017년 옥스퍼드인터넷연구소는 과거에 48개국에서 소셜미디어를 조작하려는 집단적 움직임이 조직되었다는 증거를 발견했다. 2010년 이후 소셜미디어에서 벌어지는 심리전과 여론몰이 캠페인에 5억 달러 이상이 들어 갔다. 여기 사용된 전술은 자동화 계정과 댓글부대, 온라인 타깃 광고 등으로 다양했다. 대부분의 캠페인이 선거, 국민투표, 국가 위기 같은 중요한 시점에 앞서 허위 정보를 유포했다.[36]

독립적인 정보원에 대한 불신은 민주주의의 핵심 기둥을 서서히 약화시키는 독이다. 시민 담론의 붕괴와 정치적 마비 상태, 소외와 불확실성은 '진실의 쇠퇴Truth Decay'(랜드연구소의 연구원들이 붙인 이름이다) 현상이 일으킨 가장 심각한 결과다.[37] 진실은 하루아침에 사라지는 것이 아니지만 지난 몇 년간 우리는 다양한 수준에서 진실이 서서히 붕괴하는 모습을 지켜보았다.

가장 처음 등장한 것은 정치 기구와 금융 기관에 대한 불신이었다. 2008년의 글로벌 경제 위기와 이와 관련된 여러 스캔들은 국내외의 정치경제 기구가 공익을 위해 행동하지 않으며 일반인의 은행 계좌에 언제 피해를 입힐지 모르는 은밀한 계획이 있다는 두려움에 불을 지폈다. 실제 피해를 입었거나 위기의 여파로 피해를 입을지 모른다는 두려움에 시달린 많은 사람들이 세계화라는 겉만 그럴듯한 개념을 퍼뜨린 자들에게 배신감을 느꼈다. 이러한 좌절감은 가장 힘 있는 자들에 대한 불신과 가장 약한 자들을 향한 의심으로 이어졌다. 여론조사 기관 퍼블릭 폴리시 폴링의 2013년 조사에 따르면 미국 유권자 10명 중 거의 세 명이 "글로벌리스트 의제를 가진 비밀스러운 파워엘리트가 권위주의적인 세계 정부 또는 신세계질서New World Order를 통해 전 세계를 지배할 음모를 꾸미고 있다"고 믿었다.[38]

두 번째 단계에서는 기성 언론과 학문 기관에 대한 불신이 나타났다.[39] 유럽에서 이민 위기와 테러 공격, 강간 사건을 다룬 언론 보도는 원래 누구도 반박하지 않았던 언론의 신뢰도를 점차 깎아먹었다. 2015년 새해 전야에 쾰른에서 벌어진 강간 범죄를 언론이 늑장 보도한 사건은 독일에서 역사적으로 오염된 단어인 뤼겐프레세Lügenpresse(거짓말하는 언론이라는 뜻 — 옮긴이)를 다수의 극우 세력이 다시 부활시킨 계기가 되었다.[40] 100여 년 전에 독일의 저자 라인홀트 안톤이 만든 이 단어는[41] 제1차 세계대전 당시 적군의 선전을 매도하는 데 처음 사용되었다. 그러나 현재 이 단어는 유대인과 공산주의 미디어에 반대한 나치 캠페인에서 광범위하게 사용된 것으로 더 많이 기억된다. 영국에서는 토미 로빈슨 같은 인물이 미디어가 로더럼과 로치데일, 텔퍼드, 옥스퍼드에서 발생한 미성년 성착취 사건을 보도하지 않았다는 사실[42]을 이용해 '주류 미디어'를 강간범의 공범으로 매도했다.

미국에서는 9·11 테러, 오바마의 대통령 지위, 트럼프의 당선처럼 사회를 양극화한 사건들이 전국적인 정보 전쟁을 더욱 가열시킨 분기점이었다. 탐사보도 언론인 데이비드 네이워트는 저서 《알트 아메리카》에서 9·11 테러 이후 미국의 첫 번째 흑인 대통령을 향한 인종차별적 반발과 극우 미디어 유명인의 인기 상승이 어떻게 "증거의 법칙이 피해망상으로 대체되는, 사실이나 논리를 넘어서는 정신적 공간"을 등장시켰는지를 설득력 있게 설명했다.[43] 극우와 보수의 소셜미디어 인사들은 트럼프에 대한 미디어 보도가 편향적이고 편파적이며 부당하다는 생각을 급속도로 퍼뜨렸다. 트럼프 본인과 더불어 새로 등장한 이 대안 뉴스의 대표 인물들은 '거짓말하는 언론'과 '가짜 뉴스'라는 용어의 대중화에 일조했다.

퓨리서치센터의 2017년 조사는 미국인 세 명 중 두 명이 소셜미디어를 통해 뉴스를 접한다는 사실을 보여주었다.[44] 24시간 내내 경쟁적으로 빠르게 돌아가는 뉴스 생태계에서 전통적인 뉴스 매체는 보도 속도와 정확성 사이의 균형을 잡는 데 어려움을 겪고 있다. 이런 힘겨운 보도 환경은 미디어를 속이고 조종하려는 악의적 시도 때문에 더욱 악화된다. 트롤들은 싱크탱크나 지역 언론 같은 믿을 만한 출처에 일부러 오해의 소지가 있거나 부정확한 정보를 심고, 다른 언론인들이 이 정보를 수차례 인용한다. 예를 들어 2018년 2월 파크랜드 고등학교에서 총기 난사 사건이 발생하고 한 시간이 채 지나지 않았을 때 극우 트롤들은 대중 서사를 장악할 계획을 세웠다. 누군가는 인터넷 커뮤니티인 에잇챈8chan에 이렇게 썼다. "[유대교] 숫자 점과 피해자를 연기한 가짜 배우를 찾아보자." 이러한 허위 정보와 난독화 기법은 '소스 해킹'이라는 이름으로 불린다.[45]

2018년 12월 《슈피겔》Der Spiegel은 수상 경력이 있는 소속 기자 클라스 렐로티우스Claas Relotius가 인터뷰 내용·장소·장면, 심지어 인물 전체를 비롯해 기사 대부분을 마음대로 날조했다고 발표했다.[46] 이 스캔들은 마르틴 젤너 같은 유럽 전역의 극우 활동가들이 모든 언론인을 부정직하고 비전문적이라고 매도하는 공격 수단이 되었다.[47] 이로부터 한 달 뒤인 2019년 1월 세대정체성 회원들은 언론인에 반대하는 전국 캠페인을 벌이며 독일 전역에 있는 언론 매체의 건물 앞에 포스터를 붙이고 베를린에서 언론사 《타츠》TAZ 소속 언론인을 공격했다.[48]

이와 비슷하게 과학 연구에 대한 회의주의는 세 명의 학자가 2017년과 2018년에 학계 논문 심의 과정의 결함을 폭로하고자 "불만 연구"라는 제목으로 여러 편의 가짜 논문을 발표했을 때 널리 퍼졌다. 렐로티우스 스캔들과 '불만 연구' 사건은 특수한 사례였지만 마르틴 젤너 같은 극우 인사들은 이 두 사건을 그 어떤 뉴스 기사와 과학 연구도 믿을 수 없다는 결정적 증거로 사용했다.

그 결과 민주주의 제도에 대한 믿음이 빠른 속도로 사라지고 있다. 2018년 독일의 극우 활동가들은 선거가 조작된다는 공포를 퍼뜨리며 팔로어들에게 바이에른과 헤세에서 열릴 지방 선거의 투표 참관인이 되라고 촉구했다.[49] 그와 동시에 스웨덴의 대안우파 인물들은 스웨덴 총선거가 사기였으며 극우 정당의 권리를 박탈하기 위해 조작되었다는 주장을 퍼뜨렸다.[50] 하버드대학교의 독일계 미국인 교수인 야샤 뭉크는 저서 《사람 대 민주주의》에서 서구 민주국가에 사는 사람들이 정치인과 정치 제도만 의심하는 것이 아니라고 설명했다. 생활수준의 침체와 다민족 민주주의에 대한 두려움, 소셜미디어의 대두로 자유민주주의 체제 자체에 대한 믿음까지 점차 희미해지고 있다.[51]

이처럼 민주주의에 대한 신뢰가 사라지는 위기 상황은 반민주주의 운동이 번창하는 환경을 만들었고 급진적 변화를 요구하는 이들의 목소리가 점점 커지면서 이들의 항의 집회도 점점 확산되고 있다. 전 세계의 토미 로빈슨이 힘을 키워가고 있으며 이들의 남성 팬들도 크게 늘고 있다. 토미 로빈슨이 10년 전에 우리 사무실을 찾아왔다면 지금만큼 주목받지 못했을 것이다. 단순히 그때는 퀼리엄 재단이 존재하지 않았고 로빈슨이 여전히 영국국민당 행사에 참여했으며[52] 트위터에 올라오는 트윗이 하루에 겨우 5000개였기 때문이 아니라(오늘날에는 1초당 6000개의 트윗이 올라온다)[53] 당시에는 뉴스 매체가 해체되고 언론인들이 망신당하는 모습을 보고 싶어 하는 사람이 오늘날만큼 많지 않았기 때문이다.

"정말 부끄러운 일이에요." 오0가 말한다. "이제 사람들은 트롤링 하면 혐오와 유해 서사를 떠올려요." 오는 몇 안 되는 좌익 성향의 트롤 중 한 명이다.

"많은 트롤에게 정치적 동기가 있다고 생각해요, 아니면 그냥 재미있어서 그런다고 생각해요?" 내가 묻는다.

"좋은 질문이에요." 오가 말한다. "가끔은 원래 그 사람들한테 잠재적인 극우 성향이 있었던 건지, 아니면 하루 종일 극우 정보에 세뇌돼서 외국인 혐오자, 인종차별주의자, 음모론자로 변하는 건지 궁금할 때가 있어요. 많은 극우 유튜버가 디스코드에서 '무엇이든 물어보세요Ask Me Anything' 시간을 갖는데, 그게 최근 몇 년간 트롤링 커뮤니티를 급진화시켰을지 몰라요."

내가 오를 처음 만난 것은 '대안우파 정보 유출Alt Right Leaks'이라는 트위터 계정을 통해 대안우파의 내부 논의를 유출함으로써 트롤 부대의 활동을 폭로하는 활동을 하고 있을 때였다.[1] 몇 년 전부터 오는 트롤링 세계와 밀접하게 연관된 유튜버 네트워크에 속해 있다. 많은 유튜버가 트롤이 되고 많은 트롤이 유튜버가 된다고, 오가 말해준다. 오에 따르면 유튜버 커뮤니티는 언론계와 비슷하다. "모두가 모두를 알아요."

유튜브는 인터넷에서 극우 극단주의를 키우는 최대 온상 중 하나다.[2] 매달 순 방문자가 18억 명이 넘는 유튜브는 전 세계 인구의 거의 4분의 1을 끌어들이고 있다.[3] 유튜브 알고리즘이 '보수'와 '극우'를 구분하지 못한다는 사실도 별 도움이 되지 않는다.[4] 노스캐롤라이나대학교의 기술사회학자인 제이넵 투펙치는 유튜브 알고리즘이 극단적인 콘텐츠를 우선시함으로써 급진화를 부채질한다는 사실을 여실히 드러냈다. 투펙치는 직접 실험 대상이 되어 자동 재생 메커니즘이라는 토끼굴로 기어들어갔다. 투펙치는 주류 콘텐츠를 검색했으나 유튜브는 "백인 우월주의자들의 불평불만과 홀로코스트가 없었다는 주장 같은 불온한 콘텐츠"를 추천하고 자동 재생하기 시작했다.[5]

클린턴 영상에서 시작하든 트럼프 영상에서 시작하든 언제나 결국엔 트럼프 영상을 보게 될 확률이 높다. 이러한 메커니즘은 정치적인 주제에만 적용되는 것이 아니다. 중독으로 이어지는 초기 관문은 정치와 무관할 때가 많다. 예를 들어 게임 영상이 급진적인 콘텐츠로 향하는 길을 닦을 수도 있다. 투펙치는 이렇게 썼다. "흥미가 생긴 나는 비정치적인 주제로도 실험을 해보았다. 똑같은 패턴이 반복해서 나타났다." 예를 들어 조깅 관련 영상을 보기 시작한다면 결국 익스트림파쿠르나 울트라마라톤 영상을 보게 될 것이 거의 확실하다. 채식 요리법 영상을 보면 그날 저녁에는 추천 영상으로 강경한 비거니즘 영상이 뜰 수 있다.[6]

유튜버와 달리 트롤들은 월드와이드웹이 막 등장한 시절부터 활동했다. 1990년대 중반에 트롤들은 그저 디지털 공간의 말썽꾸러기였다. 2000년대 초반이 되자 인터넷 커뮤니티인 포챈4chan을 비롯한 익명 게시판을 중심으로 인터넷 문화와 최초의 조직적인 트롤링 네트워크가 발달했다. 대부분의 트롤은 그저 금기를 깨고 농담과 장난을 즐겼다. 초기 트롤링 커뮤니티는 재미있고 유쾌했으며 즐거움 자체가 목적이었다. 가끔 트롤의 활동이 타인을 희생시키기도 했지만 주요 동기는 정치 활동을 격려하는 것이 아니라 지루함을 달래는 것이었다.[7]

그러나 지난 몇 년간 상황이 급변했다. 2016년 미국 대선 이후 트롤링의 형태를 띤 정치전은 뉴노멀(시대 변화에 따라 새롭게 떠오르는 기준 또는 표준 – 옮긴이)이 되었다. 2015년에서 2017년 사이, 미국인 세 명 중 한 명이 러시아의 인터넷연구기관IRA과 연관된 트롤 계정이 퍼뜨린 분열적인 소셜미디어 콘텐츠를 접했다. 미국 하원정보위원회는 인터넷연구기관과 연관된 트위터 트롤 계정 3841개의 목록을 발표했다. 이 계정들을 분석한 연구원들은 서로 다른 행동 패턴을 보이는 다섯 개의 트롤 유형을 발견했다. 바로 우파 트롤, 좌파 트롤, 뉴스피드, 해시태그 게이머, 공포 유발자다.[8]

유럽의 가장 큰 트롤 부대인 레콘키스타 게르마니카Recon-quista Germanica는 명확한 정치적 목표가 있다. "위험한 사람들이라고 생각해요?" 오가 묻는다.

"잘 모르겠어요." 내가 말한다.

"음, 나라면 그 사람들이 내 이름을 모르게 할 거예요." 오가 말한다. 네오나치 트롤의 타깃이 될 수도 있다는 두려움 때문에 그는 대부분의 사람들에게 (심지어 친구들에게도) 실제 이름을 알리지 않았다. 오는 왓츠앱에서 두 개의 가짜 이름을 사용한다.

드문 일은 아니다. 트롤들은 자기 정체성을 숨기기 위해서라면 무엇이든 한다. 가장 가까운 온라인 동지들에게도 마찬가지다. 《쿠란》을 불태우고 이슬람혐오 콘텐츠와 여성혐오 콘텐츠를 올리는 것으로 유명한 독일의 인기 유튜버이자 트롤 디불게 애널라이즈Die Vulgäre Analyse조차 두 개의 가상사설망을 사용한다. 모든 트롤에게 최악의 악몽은 온라인에서의 정체성이 현실에서의 정체성과 연결되는 것이다.

"독싱 때문에요?"

"네, 맞아요." 오가 말한다.

나는 오의 이름을 말하지 않겠다고 약속하고는 게임 메신저 디스코드에 있는 레콘키스타 게르마니카의 작전실에 답장을 보낸다.

나의 아바타는 최고사령관인 니콜라이 알렉산더의 일일 명령을 따르는 가상 병사 7000명 중 하나다. 내 이름은 15세기 말 카스티야 왕국의 여왕 이름을 딴 이사벨라 1세다. 이사벨라 1세와 아라곤의 왕 페르디난드 2세는 개종하지 않은 스페인의 무슬림과 유대인을 추방하라는 명령을 내렸으며 레콘키스타, 즉 기독교의 이베리아반도 재정복을 끝마친 것으로 유명하다. 어쨌거나 레콘키스타 게르마니카는 대규모 라이브액션롤플레이를 표방한다.

"독일의 가장 큰 애국 서버인 레콘키스타 게르마니카의 공식 디스코드 서버에 온 것을 환영한다. 이제 너도 저항 세력의 일원이다." 입장 첫날 봇이 내게 환영 인사를 건넸다. 공식 가입 기준에 따르면 "자신의 애국적인 정체성을 진정성 있게 설명하는 것이 가입의 열쇠"다.

"저기, 라이브액션롤플레이 크루가 되려면 뭘 해야 해?" 내가 모집원에게 물었다.

"반가워. 자기소개를 좀 해줘. 왜 이곳에 온 거야? 나이는 몇 살이야? 라이브액션롤플레이 경험은 있어?"

나는 빠른 속도로 지원서를 작성한다.

안녕, 나는 포챈의 독일 정치 게시판에서 넘어왔어. 링크가 재미있어 보여서. 열아홉 살이고 솔직히 라이브액션롤플레이 경험은 없지만 내가 도움이 될 수 있을 거라 생각해. 오버아머가우 출신이지만 현재는 뮌헨에서 보험회사의 마케팅 보조로 일하고 있어.

내 페이스북 계정은 지난주에 두 번 연속 정지됐는데 페이스북이 아직도 내 메시지에 답장을 안 해주고 있어. 하지만 갭 아이디도 있어. 우리 집은 뮌헨 파징에 있는 난민 캠프 옆인데, 아마 그래서 내가 여기 있는 건가 봐.

"좋아. 너 헤드셋 있어?"

"있지."

"그럼 오늘 밤 통화하자."

준비할 시간이 많지 않지만 재빨리 뮌헨에 있는 보험회사를 검색한 뒤 마케팅 용어 목록을 만들고 구글어스에 파징 지도를 띄워둔다. 가르 두 코프(경호원이라는 뜻)라는 이름의 모집원이 날 기다리고 있을 때 그가 바이에른주 출신일 확률을 계산해본다. 바이에른주 인구는 1200만 명이 조금 넘고 독일 전체 인구는 대략 8200만 명이니 확률은 15퍼센트다. 마이크를 켜기 전에 할머니의 바이에른 사투리를 떠올린다.

"안녕. 레콘키스타 게르마니카에 가입하고 싶다고?" 다행히도 북부 지방 사투리다. 차분한 목소리지만 무뚝뚝하지는 않다. 몇 살일지 궁금하다.

나는 강한 바이에른 사투리를 쓰기로 한다. "그리아스 디^{Grias di}." 바이에른 말로 '안녕'이라는 뜻이다.

"네게 애국자가 된다는 건 무슨 의미야?"

"내 문화적 유산을 인식하고 조국을 지키는 거." 내가 단어

하나하나 발음을 신경 쓰며 대답한다.

"다른 종류의 애국 운동에도 참여하고 있어?"

"현재로선 아니야." 내가 잠시 말을 멈춘다. "하지만 어떤 건지 알고 싶어. 그래서 여기 온 거고."

"《나의 투쟁》과《자본론》에 대해 들어본 적 있어?"

"학교에서 배웠던 건 기억 나."

"직접 읽어봤어?"

"다는 아니지만 읽어봤어. 다시 읽는 게 좋을까?"

"그럼 좋지. 하지만 기억해둬. 네가 그 책을 어떻게 읽든 간에 이 채널에서 그 책을 언급하거나 인용하면 안 돼."

"아, 알았어." 이들은 디스코드가 추적기를 사용해서 국가사회주의의 핵심 단어가 나올 때마다 보안팀에 알릴까 봐 두려워한다. 실제로 디스코드는 그렇게 한다. 디스코드의 정책 매니저인 숀 리Sean Li가 2017년 1월에 샌프란시스코 사무실에서 내게 그렇게 말했었다.

북부식 독일어 발음을 하는 모집원이 나의 가족 배경과 정치 성향뿐만 아니라 내 마케팅 능력과 내가 이 운동에 기여할 가치까지 알아낸 후 내가 예상치 못한 질문을 던진다. "너는 자신이 전적으로 보수적이거나 전적으로 진보적이라고 생각해?"

제1·2차 세계대전 사이에 독일에서 발생한 보수 혁명 운동이 생각난다. 독일의 문화사학자인 아르투어 묄러 판 덴 브루크Arthur Moeller van den Bruck가《제3제국》The Third Reich을 썼을 때 새로운 국가에 대한 그의 아이디어는 우익 민족주의와 좌익 사회주의를 결합함으로써 보수주의의 이미지를 쇄신하는 것이었다. 파시즘처럼 이슬람 극단주의 역시 보수적 사상과 진보적 사상을 겸비한다. 예를 들어 1979년 이란 혁명은 근본적으로 다른 좌파적 가치와 우파적 가치를 조화시키려는 신중하고도 교활한 시도였다. 그 결과 이란의 최고지도자 아야톨라 호메이니는 사회주의와 이슬람주의를 융합한 혁신적 이념을 내세웠고[9] 이 이념은 종종 '실용적인 근본주의'[10]와 '비자유적 민주주의'[11] 같은 모순적 용어로 묘사되었다. 많은 급진 운동의 방향이 '과거로 나아가는 것'이거나 최소한 과거를 재해석하는 것이다.

"하나가 다른 하나를 배제한다고 생각 안 해. 나는 민족 정체성과 문화적 유산을 보존하고 싶어 한다는 점에서는 보수적이지만 급진적인 변화를 추구한다는 점에서는 진보적이거든."

"어떻게 생각해?" 모집원이 적막을 향해 묻는다. 이제야 나는 통화에 참여하는 사람이 우리 둘만이 아님을 깨닫는다. 또 다른 모집원 두 명이 내내 우리 대화를 듣고 있었다. 그렇다면 서툰 내 사투리를 들켰을 가능성도 커진다.

침묵. "듣고 있어?" 대답하는 사람은 없지만 누군가가 키보드를 두드리는 소리가 들린다.

"좋아. 합격했어."

모집원이 내게 행동 규칙과 위계질서를 설명해준다. "앞으로 네오가 너의 주요 연락 대상이 될 거야. 질문이나 아이디어가 있을 때마다 네오한테 말하면 돼." 네오도 통화에 참여하고 있지만 한마디도 하지 않는다.

"알았어." 나는 레콘키스타 게르마니카의 '가상 부대'에 합류한다.

레콘키스타 게르마니카는 유명 극우 유튜버인 니콜라이 알렉산더가 2017년 9월 설립한 이후 정치 엘리트와 좌익 활동가에게 전면전을 선포했다. 며칠 지나지 않아 알렉산더의 트롤 부대는 수천 명의 회원을 끌어들였고 모든 회원에게 군대 계급이 부여되었다.

"제일 먼저 사람들을 모집할 방법이 필요하고, 두 번째로 사람들을 연결할 공간이 필요하고, 세 번째로 명확한 임무가 필요해." 니콜라이가 이메일을 통해 나의 또 다른 아바타인 프랑스인 클레르에게 설명한다. (내게는 서로 다른 여섯 개의 아바타가 있다. 개중 더 설득력 있는 아바타가 있긴 하지만 맥락에 맞게 취사선택해서 사용한다.) "나는 유튜버이기 때문에 유튜브로 사람들을 모집해. 하지만 다른 방법도 있어. 캠퍼스나 카페에서 사람들을 모을 수도 있지." 신뢰할 수 있고 온전히 의지할 수 있는 좋은 팀원을 모으는 것이 필수적이라고, 알렉산더가 말한다. 절대적인 회원 수보다 회원의 자질이 더 중요하다. "창의적이고 열심이고 용감한 사람 10명이 농땡이 피우는 사람 100명보다 나아." 또한 알렉산더는 네오나치 트롤 부대를 시작할 때 발생할 수 있는 문제를 경고한다. 그는 이게 매우 위험한 일이라고 말한다. "그러니 익명으로 활동하길 추천해. 최소한 처음에는."

내가 계속 신고해서 이후 디스코드가 몇 번이나 삭제했는데도 이 채널은 다른 이름을 달고 끈질기게 다시 등장했다. 그 사이 가입 절차는 더 엄격해졌고 회원 수는 더 늘었다. "현재 병력: 1만 845명, 그중 4200명은 일등병." 최고사령관에게서 온 메시지다.

레콘키스타 게르마니카의 첫 번째 중대 사건은 2017년 9월에 치러진 국회의원 선거 기간에 온라인 담론에 영향을 미친 것이었다. 선거를 앞둔 몇 주간 트롤들은 거짓 정보와 반메르켈 밈, 극우 해시태그를 소셜미디어 상위 트렌드로 올려놓았다. 전산 시스템을 이용해서 콘텐츠의 도달 범위를 최대화하고 주제를 실제보다 더 중요해 보이게 만드는 것은 무척 쉽다. 예를 들어 개인과 집단은 페이스북과 트위터의 '트렌드' 기능을 이용해 정보의 정확성이나 의도와 상관없이 광범위한 사람이 특정 주제나 콘텐츠에 관심을 보인다는 인상을 만들어낼 수 있다.[12]

허위 정보를 퍼뜨리고 불화의 씨앗을 심음으로써 트롤들은 온라인의 정치 담론을 극우 포퓰리스트 정당인 '독일을 위한 대안당'에 유리하게 바꿀 수 있었다. 이들의 해시태그 중 일곱 개가 독일의 톱 트렌드가 되었는데, #Traudich-

Deutschland(감히 독일을), #nichtmeinekanzlerin(내 총리가 아니야), #merkelmussweg(메르켈은 가라), #reconquista가 특히 성공적이었다. 심지어 공식 '독일을 위한 대안당' 계정이 트롤들의 해시태그와 콘텐츠 일부를 공유했고 그 결과 캠페인이 더욱 확산되어 효과적으로 주류에 진입할 수 있었다. 바이에른주의 '독일을 위한 대안당' 당원이 운영하는 것으로 보이는 유튜브 채널 아에프디텔레비전AfD-Television은 레콘키스타 게르마니카의 디스코드 채널을 링크하여 이들의 서버를 광고하기까지 했다.[13]

2018년 봄 레콘키스타 게르마니카는 새로운 공격을 계획하고 있다.

> 전우들, 좋은 아침이다. […] 이제 여름 공격을 시작할 때가 되었다.
> 지난밤의 토론으로 최고사령관은 필요한 모든 단계를 밟기로
> 결정했다. […] 첫 번째 단계는 관심을 최대한 많이 끌어모으고
> 새로운 병력을 모집하고 온라인과 오프라인 모두에서 선제공격을
> 가하기 위해 '블리츠토털스트 영상Blitztotalstvideo'을 찍는 것이다.
> 지금이 독일의 모든 벽을 포스터로 덮을 완벽한 시기이며 마침
> 레콘키스타의 공식 전단도 때맞춰 도착했다. […] 2018년
> 레콘키스타 게르마니카는 마침내 새 역사를 쓸 것이다.

이 집단에는 네오나치와 '자주 시민sovereign citizen'(국가의 법

을 따르기를 거부하는 사람들 – 옮긴이)에서부터 단순한 애국자와 온라인 캠페인을 돕고 싶어 하는 열정적인 독일을 위한 대안당 지지자들까지 다양한 사람들이 소속되어 있다. 그중 일부는 자신의 극단적인 사고방식을 굳이 숨기려 하지 않는다. 나치 상징, 홀로코스트를 부정하는 글, 인종 전쟁에 대한 선언이 채널에 올라온다. 이른바 '위기 예방 센터'에 한 회원은 이렇게 썼다. "그러니까 내가 계속 충고하잖아. 칼을 들고 다니라고." 전기충격기를 만드는 방법과 총을 비롯한 여러 무기를 추천하는 글이 돌아다닌다. 그러나 독일에서 엄격한 혐오 표현 금지법이 실시되는 지금은 특히 더 조심해야 한다는 것 또한 대다수가 알고 있다. "이 영상 내려야 돼." 2018년 5월 유튜브 생중계가 끝난 뒤 한 회원이 말한다. 나치 상징과 인종차별적 언사가 넘쳐흐른 방송이었다.

그러나 다른 회원들, 특히 젊은 회원들은 정치적인 이유로 이곳을 찾는 것 같지 않다. 그들 대부분에게 중요한 것은 커뮤니티와 친목, 소속감이다. 네오 같은 많은 회원이 "다른 동지들과 교류할 수 있는 커뮤니티"이기 때문에 이곳을 찾는다고 말한다. 심지어 어떤 회원은 "이 운동이 내 삶에 얼마나 긍정적인 영향을 미쳤는지 몰라. 너희들 정말 최고야"라고까지 말한다. 위계질서와 군대 용어는 이 커뮤니티에 많은 이들이 매력을 느낄 만한 체계를 제공한다. 바하이츠캄프는 이렇게 말한다. "난 이 서버의 구조가 좋아. 있지도 않은 자유에 대해 거짓말을 하는 대신 굳이 위계질서를 숨기려 하지 않잖아. 우리의 고귀하신 최고사령관도 좋고!" 그의 닉네임은 '진실을 위한 투쟁'이라는 뜻이다.

회원들이 엄격한 규칙과 지휘 계통을 무척 좋아하는 모습을 보니 1967년 캘리포니아의 한 고등학교에서 학생 약 30명을 파시스트 운동에 참여시킨 사회실험 '물결The Wave'이 떠오른다. 역사 교사였던 론 존스Ron Jones는 나치가 어떻게 자신의 이념을 대중에게 주입할 수 있었는지를 설명하고자 "규율을 통한 힘, 공동체를 통한 힘, 행동을 통한 힘, 긍지를 통한 힘"이라는 모토 아래 단 며칠 만에 통제를 벗어날 정도로 강력한 운동을 일으켰다. 이 운동은 교실 밖에서 수백 명의 지지자를 불러 모았고 학생들은 운동의 규칙을 지키지 않는 다른 학생들을 괴롭히기 시작했다.[14]

레콘키스타 게르마니카는 처음 보면 그저 게임이나 재미있는 실험 또는 라이브액션롤플레이 정도로 보인다. 명확한 타깃이 있고 성공하면 축하를 받으며 특히 뛰어난 가상의 군인에게는 보상이 주어진다. 좋은 성과를 내면 장교, 심지어 장군으로 진급할 수도 있다. 경쟁적인 분위기지만 공동의 적과 목표 덕분에 연대감이 있다. 온라인 세계에서 거둔 모든 회원의 성과는 언젠가 모두의 현실에 반영될 거라고, 니콜라이 알렉산더는 장담한다. 그러나 그러려면 먼저 기존의 권력 구조를 바꾸어야 한다. 다른 많은 극단주의 운동과 마찬가지로 레콘키스타 게르

3부 커뮤니케이션

마니카는 선전과 회원 모집, 임무 수행을 게임화하는 방법을 찾아냈다.

심리학 연구들은 배지badge와 순위표, 성과 그래프 같은 구체적인 게임 요소가 소비자 참여와 브랜드 충성도를 극대화하는 효과적 도구가 될 수 있음을 보여준다.[15] 지난 10여 년간 대부분의 기업 브랜드와 미디어 매체가 상호작용하는 게임 요소를 이용해 인간의 동기와 수행 능력을 북돋아왔다. 극단주의자와 테러 조직을 비롯한 정치 운동도 마찬가지다. 정치 운동은 갈수록 경쟁적인 점수·보상 체계와 게임 용어·이미지를 활용하고 있다. 대다수 강경파 이슬람주의와 극우 게시판은 점수에 근거한 등급제를 활용한다. 백인우월주의자 게시판인 스톰프런트 회원들은 '곧 유명해질 것'에서 '엄청난 명성'에 이르기까지 다양한 지위를 부여받으며, 영국의 이슬람주의 사이트인 살라피미디어Salafi Media는 회원들의 참여도를 평가하는 '근본주의 미터'를 채택했다.[16]

2003년에 알카에다는 비디오게임인 '퀘스트포사담Quest for Saddam'(이라크 병사들을 죽이고 마지막으로 사담 후세인을 처치하는 게임 — 옮긴이)을 뒤집어 '퀘스트포부시'라는 게임을 만들었다.[17] 이슬람국가는 '콜오브듀티Call of Duty'라는 컴퓨터게임을 참조해 지하드 참여를 촉구했고, 《쿠란》의 내용을 게임 용어와 섞어서 '검이 울리는 소리Salil al-sawarem'라는 고유의 비디오게임을 제작했다. 이와 비슷하게 극우 게임 이용자들은 자신이 가장 좋아하는 비디오게임을 수정해 인종차별적인 모드(사용자가 게임의 배경과 캐릭터, 목표 등을 수정하는 것. 많은 게임회사가 이런 모드 기능을 지원한다 – 옮긴이)를 만들어냈다. 예를 들어 네오나치 웹사이트인 데일리스토머는 '유대인 패권과의 전쟁'이라는 제목의 '둠2 Doom 2' 모드를 만들었다.[18] 게임 '하츠오브아이언4 Hearts of Iron IV'의 이용자는 20세기의 정치 지형을 (예를 들면 히틀러에게 유리하게) 재구성할 수 있다. 한 사용자는 이 게임의 21세기 모드인 '밀레니엄의 여명Millennium Dawn'이 "인종적 우수성에 집중할 수 있기 때문"에 "너무 좋다"라는 댓글을 달았다. "집단 학살의 선택지가 매우 많음, 무척 재미있음"이라는 댓글도 있었다.[19] 포챈의 일부 트롤은 2017년 봄에 아프리카계 이민자를 대상으로 무차별 총격을 가한 이탈리아의 네오파시스트 테러범 루카 트라이니Luca Traini의 얼굴을 포토샵으로 비디오게임 '갓오브워God of War'(전쟁의 신) 표지에 붙인 뒤, 제목을 '갓오브레이스워God of Race War'(인종 전쟁의 신)로 바꾸기도 했다.[20] 소셜미디어 연구원인 아메드 알라위는 이러한 게임화 전략을 "트롤링하기, 싸움 붙이기, 눈길 끌기"라고 부른다.[21]

이처럼 게임 같은 특성이 있다 해도 레콘키스타 게르마니카는 현실에 실제로 영향을 미친다. 트롤들은 통신 정보와 사이버 위협에 주력하는 영국의 정보통신본부에서 새어 나온 자료를 이용해 정치 기구와의 정보 전쟁 효과를 최대화하며[22] 매일 새로운 타깃을 정한다. 이들의 피해자는 난민에서 텔레비전

3부 커뮤니케이션

프로그램 진행자까지 다양하다. 타깃을 정한 후에는 장군과 하급 장교들이 일련의 해시태그와 시간대를 선포하고 이에 따라 트롤들은 소셜미디어 플랫폼의 알고리즘을 이용해 자신들의 콘텐츠를 트렌드로 올린다. 이러한 방식을 통해 트롤들은 전통적인 지지 기반을 넘어서서 더욱 광범위한 대상에게 자극적인 게시글과 코멘트를 노출할 수 있다. 또한 이들은 콘텐츠를 최대한 많이 퍼뜨리기 위해 가짜 계정과 잠입 전략을 사용하기도 한다. "축구와 바비큐, 파티, 칼 마르크스 같은 걸 올리는 평범한 계정인 척해."

이러한 전략의 토대는 심리전이다. 최고사령관 니콜라이 알렉산더는 이러한 심리전을 다음과 같이 설명한다.

> 길을 막아서는 모든 사람을 제거할 수는 없다. 그럴 수 있다 해도 그건 똑똑하지 못하다. 오히려 총을 한 발도 쏘지 않고 적을 무찌르는 것이 가장 좋다. 즉 합법이거나 최소한 불법이 아닌 방식으로 적을 이겨야 한다는 뜻이다. […] 사기 저하와 전복, 잠입이 그 방법이다. 즉 패배주의를 퍼뜨려 적진의 사기를 떨어뜨려야 한다. 예를 들어 "그건 말이 안 된다", "그렇게 해서는 무엇도 이룰 수 없다", "그냥 내버려둬라" 같은 말들을 하는 것이다. 비방을 덧붙이면 더욱 좋다. 예를 들면 "당신은 적의 편"이라고 주장하는 것이다. 그다음에는 물론 모든 것이 의심받고 혹평당하고 매도되도록 명예를 실추시켜야 한다. 불만과 조바심, 지도부에 대한 의심을 심는다. 이 공격

전략의 이름은 프랑크푸르트학파의 개념인 '건설적 비판constructive criticism'이다. 그다음에는 회원들이 서로 싸우게 만들고 논쟁을 일으키고 소그룹을 만들고 반역자를 키우고 충성스러운 사람을 내쫓아야 한다. 지렛대를 심어 모든 것을 우리에게 유리하게 만들고 외부에서 적절한 체계를 가져와라. 물론 스파이 활동과 허위 정보 유포, 거짓말, 비방도 해야 한다. 이것이 전체적인 접근 방식이다. 이런 것들이 운동을 방해하고 파괴하는 전략과 메커니즘이다.[23]

이들의 활동 중에는 2017년 독일 국회의원 선거 몇 주 전에 세대정체성이 발표한 디지털 공간에서의 정보 작전 지침인 "미디어 게릴라전을 위한 핸드북"을 참고한 것들도 있다.[24] 핸드북 서문에는 "우리 모두 인터넷상에서 피해자들을 괴롭히는 것을 좋아한다. 이러한 활동을 묘사하는 단어는 매우 다양하다. 트롤링, 싯포스팅shitposting(공격적이거나 불쾌하거나 영양가 없는 게시물을 올리는 행위 – 옮긴이), 엿 먹이다, 밈 전쟁, 그냥 놀리다까지"라고 쓰여 있다. 이 핸드북은 사이버공간에서의 '대규모 공습'과 '저격 임무'에 대해 설명한다. 예를 들어 저격 임무는 '가장 큰 적의 계정'에 언어 공격을 가하는 것이다. 계정 뒤에 있는 사람을 곤란하게 만들거나 그의 명예를 실추시키는 것이 목표다. 반면 '대규모 공습'에 대한 설명은 "정치인이나 유명인, 주류 미디어 같은 적의 계정을 골라 댓글창을 초토화"시키라고 권한다. 비정상적인 활동을 삭제하는 메커니즘을 피하기

위해 이들은 모든 트롤에게 트윗을 두세 개 올릴 때마다 계정을 교체할 것을 권한다.[25]

밈은 극우 트롤이 온라인 담론을 조작할 때 사용하는 핵심 도구이며, 이들은 종종 "좌파는 밈을 사용하지 못한다"라고 주장한다.[26] 지난 10여 년간 국가 안보 기관과 정부 간의 군사 동맹은 정보 전쟁에서 밈이 엄청난 잠재력을 지니고 사람들의 심리에 영향을 끼칠 수 있음을 점차 깨달았다. 2011년 군사 로봇 전문가인 로버트 핀켈스타인Robert Finkelstein 박사는 미국에 이른바 '밈 통제 센터'라는 군부대를 만들어야 한다고까지 주장했다. 당시에는 말도 안 되는 생각처럼 보였을지 몰라도 그동안 밈 전쟁은 서사와 사회 통제권이 걸린 온라인 전쟁터에서 승리를 거머쥐고 사람들의 행동과 태도에 영향을 미치기 위해 국가와 비국가 세력 모두가 사용하는 흔한 도구가 되었다.[27]

2016년 미국 대선에서 트럼프 지지자들은 선거를 장악하고자 인터넷 문화를 정치 선전의 무기로 사용했다.[28] 이들은 진실과 권력에 대한 대중의 인식에 영향을 미치려는 목적에서 정치적 적수에 반대하는 여러 밈 캠페인을 벌였다. 포챈은 이 전쟁을 '밈 대전'이라 칭했다.[29] 전설로 남은 #MAGA(Make America Great Again: 미국을 다시 위대하게) 해시태그 역시 포챈에서부터 퍼져 나갔다.

"항상 사람들에게 정중하게 구는 것이 지루"하고 "트럼프야말로 서구 문화를 구원할 현실적이고 도덕적인 단 한 명의 사람"이라 생각한 스탠퍼드대학교의 대학원생 제프 지시아Jeff Gie-sea는 마가MAGA 모임을 꾸려 사실상 트럼프를 지지하는 밈 트롤 부대의 창설에 일조했다.[30] 2018년 저장 보관된 1억 6000만 개의 시각 자료를 분석한 결과 인터넷의 극우 트롤이 인종 차별적이고 반유대주의적인 밈을 포챈의 '정치' 게시판과 레딧의 '도널드 트럼프' 게시판 같은 주변부에서 주류 플랫폼으로 퍼뜨리는 데 매우 유능하다는 사실이 드러났다.[31]

사회인구학적 연구에 따르면 남성이 온라인에서 혐오 콘텐츠를 생산하고 퍼뜨릴 확률이 여성보다 1.76배 높았다.[32] 또 다른 연구에 따르면 남성이 여성보다 나르시시즘이 더 크기 때문에 페이스북에서 트롤링 같은 반사회적 활동에 참여하는 경향이 더 높았다.[33] 반면 여성은 온라인 혐오의 피해자가 될 확률이 더 높았다. 퓨리서치센터의 연구는 여성이 남성보다 온라인 스토킹과 성희롱을 훨씬 빈번하게 경험한다는 것을 보여주었다.[34] 국제 앰네스티와 엘레먼트 AIElement AI의 연구원들이 내린 결론은 더욱 충격적이다. 바로 여성 정치인과 언론인이 2017년에 트위터에서 30초마다 혐오 표현의 피해자가 되었다는 것이다. 혐오 표현을 담은 총 110만 개의 트윗이 영국과 미국의 모든 여성 국회의원을 비롯한 영미의 고위직 여성을 향했다.[35]

세대정체성의 "미디어 게릴라전을 위한 핸드북"은 구체적으로 "대학을 갓 졸업한 젊은 여성"을 타깃으로 삼을 것을 권한다. "이들은 대표적 피해자이며 많은 것을 참고 견디는 데 익숙하지 않다. 이들은 손쉽게 무너뜨릴 수 있다." 핸드북은 이렇게도 조언한다. "사용 가능한 모든 수단을 이용해라. 그 무엇도 빠뜨리지 말라. 보통 가족이 취약점이다. 모욕할 레퍼토리를 준비해두고 적에게 맞춰서 사용해라."[36]

유럽과 미국에서 유명 여성 아티스트와 활동가, 정치인 다수가 거듭 온라인 트롤의 타깃이 되고 있다. 영국의 가수 릴리 알렌Lily Allen은 아들을 사산한 일까지 수차례 온라인 괴롭힘의 대상이 되자 트위터를 탈퇴하기로 결정했다.[37] 영국의 니키 모건Nicky Morgan 보수당 의원은 2017년 브렉시트에 반대하는 입장을 취한 후 살해 협박과 모욕적인 트윗을 받았다.[38]

그러나 유명인만 괴롭힘의 대상이 되는 것은 아니다. 나 또한 극우의 전략에 관한 기사나 글을 발표할 때마다 매번 며칠 뒤면 내 소셜미디어 계정과 이메일 편지함에 불쾌하고 폭력적인 메시지가 가득 차리라는 것을 안다. 레콘키스타 게르마니카를 안보 기관에 알리고 그들의 활동을 공개 경고한 후에는 여러 차례 살해 협박과 강간 위협을 받았다. "율리아, 조심해야 할 거야." 한 트윗은 문어에게 강간당하는 여자 사진과 함께 이렇게 말했다. "우리의 촉수는 런던까지 뻗어 있거든. 사실 이 세상 어디에나 뻗어 있지." 이후 며칠간 전략대화연구소 사무실은 경찰의 보호를 받았고 우리는 더 엄격한 보안 대책을 마련했다. 우리 팀 전체를 향한 협박 중에는 다음과 같은 익명의 게시글도 있었다. "이봐 전략대화연구소, 내 '심리적 동기'를 알려줄까. 나는 어떻게든 간에 너희 모두가 죽어버렸으면 좋겠어."

대략 온라인 사용자의 40퍼센트가 가볍거나 심각한 온라인 괴롭힘을 당했으며 70퍼센트 이상이 괴롭힘을 목격했다.[39] 뉴스 기사의 댓글창을 조금만 읽어보아도 혐오 표현이 디지털 시대에 어디에나 존재하는 현상이라는 환상에 굴복하기 쉽다. 그러나 소셜미디어 어디에서나 보이는 혐오는 현실을 심각하게 호도한다. 많은 경우 혐오 콘텐츠를 퍼뜨리는 것은 일반적인 온라인 사용자가 아니며 극단주의 비주류인 극우가 뉴스 기사의 혐오 댓글을 거의 독점하고 있다.

실제로 아주 적은 소수가 대부분의 온라인 혐오 표현을 생산한다. 페이스북 커뮤니티 #ichbinhier(이히빈히어)와 함께한 연구에서 전략대화연구소는 모든 활성화 계정의 5퍼센트가 페이스북의 독일 뉴스 기사 댓글란에 있는 혐오 댓글의 '좋아요' 중 50퍼센트 이상을 눌렀음을 발견했다.[40] 이러한 현상이 페이스북 사용자 수백만 명의 머릿속에서 현실을 왜곡하고 온라인 담론에 영향을 미치며 정치인과 언론인에게 압박을 가한다. 레콘키스타 게르마니카는 자신들이 소셜미디어에서 실제 규모에 맞지 않는 엄청난 영향력을 발휘할 수 있음을 잘 안다. 한 트롤 부대원은 이렇게 말한다. "이 서버의 가장 좋은 점은 우리가 서로 연결될 수 있다는 것, 더는 서로에게서 고립되지 않아도 된다는 거야. 훌륭한 전략적 이점이지."

레콘키스타 게르마니카는 혐오를 선동하고 분열을 조장하

고 가짜 이야기를 퍼뜨리는 수십 개의 독일 온라인 트롤링 집단 중 하나일 뿐이며 전 세계적으로는 수백 개 중 하나일 뿐이다. 극우는 국제적인 네트워크와 콘텐츠 공유 플랫폼을 형성하는 역량이 뛰어나며 그동안 국제 관계를 더욱 공고히 해왔다. 예를 들면 레콘키스타 게르마니카는 스코틀랜드의 극우 블로거 밀레니얼 워우스Millennial Woes와 손을 잡고 미국의 백인우월주의 편집자인 재러드 테일러Jared Taylor에게 손을 뻗쳤다. 재러드 테일러는 독일에도 미국의 대안우파 같은 운동이 있다는 이야기를 듣고 큰 감동을 받았다. 그러나 트위터의 '대안우파 정보 유출' 계정이 이들의 관계가 드러나는 콘텐츠를 유출하기 시작하자 밀레니얼 워우스는 레콘키스타 게르마니카와 나눈 모든 공개 대화를 신속하게 삭제했다.[41]

유럽의 트롤 부대가 사용하는 전략은 미국 대안우파의 트롤 부대가 사용하는 전략과 비슷하다. 미국 대안우파의 전술서는 숨겨진 자료 공유 플랫폼에서 찾아볼 수 있으며 선거 조작 캠페인을 벌이려는 전 세계 극우 트롤링 커뮤니티의 필독 자료가 되었다. 예를 들어 인기 있는 한 가지 전략은 트렌드가 된 해시태그와 극단주의의 해시태그를 짝지어 주류의 논의점을 더 극단적인 논의점과 연결하는 것이다. 흔히 쓰이는 또 다른 기술은 적진의 해시태그를 가로채는 것인데, 이를 '해시태그 스터핑hashtag stuffing'이라 한다.[42] 프랑스와 독일, 이탈리아, 스웨덴의 선거 기간에 캠페인을 벌인 유럽의 네오파시스트 트롤들

역시 미국의 트롤들과 똑같은 생태계, 용어, 이미지를 사용했다.[43] 이들은 보통 포챈과 에잇챈, 레딧 등에서 동조자들을 모집하고 동원한 뒤 디스코드와 텔레그램, 왓츠앱 같은 암호화된 채팅방에서 대화를 나누며 외부에 들키지 않게 캠페인을 조직한다. 마지막으로 페이스북, 트위터, 인스타그램 같은 주류 소셜미디어에서 캠페인을 벌여 더 많은 사람에게 도달한다.

극우 활동가들이 가장 빈번하게 움직이는 세력이긴 하지만 이들만이 온라인 담론에 영향을 미치고 자신들의 관점을 주류로 만들고자 하는 것은 아니다.[44] 이슬람주의 집단 역시 과거에 세력을 확장하고 미디어의 주목을 받기 위해 소셜미디어에서 이런 작전을 성공시킨 적이 있다. 2018년 4월 독일 통합부에서 14세 이하의 소녀들에게 히잡 착용을 금지해야 하는가에 관한 논쟁이 벌어졌다. 전 세계적인 이슬람주의 운동인 히즈브웃타흐리르와 연결된 독일의 이슬람주의 집단 세대이슬람Generation Islam은 그에 대한 반응으로 '분노의 주말'과 '트위터 폭풍'을 촉구했다. 이들은 해시태그 #NichtOhneNeinKopftuch(히잡 없이는 안 돼)를 사용해 조직적인 캠페인을 벌였다. 전략대화연구소의 조사에 따르면 이 해시태그는 단 하루 만에 10만 개가 넘는 트윗에서 사용되었다.

《스푸트니크》와 《러시아 투데이》 같은 러시아 미디어 매체와 대안 뉴스 매체는 트롤들의 목소리를 증폭시킨다. 그러나 전통적인 미디어 매체 역시 독자들의 눈길을 끌기 위해 경쟁하다가 자기도 모르는 사이에 대안우파의 계정과 언어, 밈을 홍보하게 된다. 2018년 대안우파 트롤들은 진보 활동가들을 조롱하려는 목적에서 회색 아바타를 프로필 사진으로 올린 수백 개의 트위터 계정을 만든 뒤 이들을 '엔피시NPC'('조종 불가능한 캐릭터'라는 게임 용어로 스스로 생각하거나 결정을 내리지 못하는 사람을 의미한다 – 옮긴이)라 칭했다. 트위터가 이러한 계정 1500개를 삭제한 뒤 여러 국제 뉴스 매체가 이 이야기를 보도했고 엔피시 밈이 전 세계적인 유명세를 얻게 되었다. 오케이 제스처와 관련해서도 비슷한 일이 일어났다. 극우 인터넷 트롤들은 본질적으로 가짜인 이야기로 엄청난 미디어의 관심을 불러일으킴으로써 대중의 인식 속에서 오케이 제스처를 백인 권력을 의미하는 사인으로 바꾸는 데 성공했다.[45] 이러한 사례는 초틈새 현상에 대한 보도가 어떻게 비주류 커뮤니티에 산소를 불어넣어주는지를 잘 보여준다.[46] 미디어 선정주의의 역학을 잘 아는 대안우파 활동가들은 의도적으로 멋진 헤드라인이 될 만한 이야깃거리를 만들어낸다.[47]

2016년에서 2018년 사이에 대안우파의 악명이 점점 높아진 것은 어느 정도 언론인들 간의 세대 차이 때문일 수 있다. 포챈 게시판의 언어나 밈과 함께 자라난 (주로 젊은) 언론인과, 트롤이 뭔지도 모르는 언론인 사이에는 근본적인 간극이 있다. 데이터 및 사회 조사 연구소는 이러한 차이를 "트롤에 훈련된 기자와 훈련되지 않은 기자" 사이의 대결이라 칭한다. 지금껏 전자가 트롤링의 재미있고 별난 면을 강조했다면 후자는 지나친 선정주의로 트롤링에 접근했다. 이는 극우 트롤링에 관해 극도로 비일관적이고 과장된 보도로 이어졌으며 전통적인 미디어 매체의 신뢰도에 영향을 미쳤다.[48]

새로운 미디어 생태계는 진실과 권력을 두고 다투는 온라인 전쟁을 낳았으며 인터넷은 정보의 격전지로 바뀌었다. 토미 로빈슨과 니콜라이 알렉산더처럼 스스로를 최전방에서 싸우는 전투원으로 여기는 사람들은 시간과 자원을 들여 '주류 미디어'와의 전쟁에서 승리할 전략을 개발하고 실행한다. 이들은 한 단계씩 천천히 전통적인 정보원의 신뢰도를 떨어뜨리고 독립적인 미디어 매체의 기자들을 위협하며 자신들만의 뒤틀린 진실을 퍼뜨린다.

그러나 이들이 정교한 영향력 확대 작전만 배우고 있는 것은 아니다. 이들은 국제적인 네트워크와 연합을 구축해 자신들의 생각을 세계 무대에 소개함으로써 도달 범위와 영향력을 최대화하는 방법을 찾고 있기도 하다.

4부 네트워킹

대안 테크

전 세계 급진주의자를 연결하다

"드디어! 자신의 유산을 지키고 싶은 사람들을 위한 데이팅 사이트가 나왔습니다." 나는 세계 최초의 백인우월주의 데이팅 사이트인 와스프러브WASP Love의 발표를 응시하고 있다. 이 정체불명의 사이트에서 백인 앵글로색슨 프로테스탄트White An-glo-Saxon Protestants들은 "믿음과 국적, 정치 이념, 배경은 다양하지만 백인 인종과 백인 아이들의 이익이라는 대의명분 아래 하나로 뭉친 백인" 동료들을 만날 수 있다. 궁금하지 않을 수 없다. 와스프러브에서는 어떤 사람들을 만나게 될까? 그들은 자신을 어떻게 소개할까? 이곳에서의 대화는 평범한 데이팅 앱에서의 대화와 어떻게 다를까?

와스프러브에 들어가려면 먼저 계정을 만들어야 한다. 와스프의 프로필은 틴더나 범블, 해픈Happn 같은 주류 데이팅 플랫폼보다 훨씬 길다. 프로필을 완성하려면 긴 설문지에 답하고 자신의 정치적·종교적 관점을 자세히 설명해야 한다. '보수적인 애국자'가 일반적인 답변이지만 더 직설적인 답변들도 있다. 예를 들면 "'열네 단어'가 나의 목표입니다. 사랑스럽고 내게 충성하며 겸손한 가정주부 아내와 함께 핵가족을 꾸리고자 합니다. 우리 가족의 이름과 유산을 빛내기 위해 아이들을 많이 낳고 싶습니다"나 "교회와 주님은 오늘날처럼 사회가 타락하지 못하게 막아주는 필수 요소입니다"가 그렇다.

좋아, 한번 해보자.

"이름은 클레어이고 프랑스인 스튜어디스입니다. 전통적이고 보수적인 기독교 가정에서 자랐기 때문에 우리 아이들에게도 이러한 가치를 전해주고 싶습니다." 나는 25세에서 30세 사이의 와스프 남성을 찾는다. 371명의 남성과 이어진다.

그로부터 몇 주 뒤 클레어는 미국과 유럽의 남성들에게서 약 30개의 메시지를 받는다. 이들이 어색한 분위기를 풀거나 상대를 유혹하려고 던지는 말은 주류 데이팅 앱에서 하는 말과 그리 다르지 않다. 데이트 상대의 프로필이 '개혁주의 기독교인, 퀴버풀Quiverfull[1], 남부연합 지지자, 홈스쿨링, 기독교 정체성 Christian Identity(인종차별적·반유대주의적·백인우월주의적인 기독교 해석 방식 — 옮긴이), 백인민족주의자, 대안우파, 소버린 그레이스 싱글즈Sovereign Grace Singles(기독교 데이팅 사이트 — 옮긴이)'라는 점만 빼면.

처음에는 많은 프로필이 무난해 보인다. 그러나 약간의 실마리는 얻을 수 있다. 스페인의 전前 군인이었던 한 갈리시아인은 이렇게 말한다. "내 조상은 전부 켈트족입니다." 영국에 거주하는 한 루마니아인은 이렇게 말한다. "나는 유럽 음악만 들어요. 외국 느낌이 많이 날수록 더 싫습니다." 얼마 지나지 않아 백인성이 이들의 모든 생활방식과 취미를 결정한다는 사실이 명확해진다. 그 밖의 다른 정체성은 지워지고 백인이라는 정체성이 모든 것을 아우르며 다른 사람과의 교류에서 유일하게 중요한 요소로 기능한다.

내가 그동안 추적해온 대부분의 백인민족주의자에 따르면 백인 학살이 얼마 남지 않았다. 그러나 유럽 인종과 문화의 박멸을 뒤집기 위한 전략은 저마다 다르다. 어떤 사람은 모든 국경을 막고 이민자를 원래 살던 국가로 돌려보내는 재이주를 요구하는 반면, 어떤 사람은 성소수자 인권과의 전쟁과 낙태 금지법에 집중한다. 그밖에 본질적인 것, 즉 생식에 집중하는 사람들도 있다. 바로 이러한 점에서 백인민족주의자들의 데이팅 사이트는 확실히 사람들의 필요를 만족시킨다.

일부 와스프러브 회원들은 자신이 '주류' 데이팅 앱에서 부정적인 피드백을 받은 적이 있다고 고백한다. 그리 놀라운 일은 아니다. 틴더를 통해 데이트 상대를 만났는데 그가 유대인 권력자·은행가·언론인들이 백인을 말살할 음모를 꾸미고 있다고 말하는 당혹스러운 상황을 상상해보라. 그러나 다른 회원들은 틴더 같은 데이팅 앱을 더는 사용하지 않는 이유가 있다. 만약 이러한 앱들 또한 국제적 기득권층의 통제를 받는다면? 나와 대화를 나눈 한 회원은 틴더처럼 "시온주의자들의 스파이 역할을 하는 다른 주류 데이팅 플랫폼"에 자기 정보를 절대로 주고 싶지 않다고 말한다. 그리고 이렇게 덧붙인다. "또 한 명의 애국자를 만나니 좋네요."

"너의 인종을 사랑하고 번식하라"라는 모토를 가진 사이트이므로 이런 말들이 그리 놀랍지는 않다. 내가 대답한다. "맞아요, 저도 그래요."

스크롤을 내리며 앱 내의 여러 그룹을 살펴본다.

국가사회주의. '인종과 언어, 문화, 종교, 전통, 부족을 근거로 통일성을 배양함으로써 인도 - 유럽어족(아리아인) 사람들의 이익을 도모함.' 회원 123명.

출산으로 물리치자. '당신은 전 세계 인구의 9퍼센트입니다. 이곳은 이 추세를 뒤집고자 하는 사람들과 만나서 대화하고 싶은 이들을 위한 곳이며 피임에 반대하고 일부다처제에 찬성합니다.' 회원 7명.

'기독교 정체성'과 '게이머게이트 참전 용사'를 위한 그룹도 있다.

어떤 회원들은 지루해 보이고 어떤 회원들은 외로워 보인다. 한 명은 내게 "나도 가족을 꾸리고 싶어요. 나는 지금 캐나다의 120에이커(약 0.5제곱킬로미터) 땅에서 전기와 수도 없이 살아요"라는 메시지를 보낸 뒤 자신의 혈통을 자세히 알려준다. "잉글랜드, 아카디아 프랑스, 스코틀랜드, 벨기에, 아일랜드, 노르웨이가 섞여 있어요." 다른 사람들은 자신의 정치적 목표에 더 솔직하다. "내 꿈은 '유럽식 이스라엘'을 형성하기 위한 사회운동을 조직하는 겁니다. 이 운동이 비밀 결사에서 사교 클럽으로, 정치 정당으로, 국가로 커나가는 걸 보고 싶어요."

캘리포니아 남부에 사는 30대 중반의 루카스는 항해와 블루그래스 음악을 좋아하고 풋볼과 테크노 비트를 싫어한다. 자신을 정치적 '강경파'라 칭하지만 스스로를 '고전적 자유주의자'로 여기기도 한다. 또한 그는 '진지한 여성, 확실한 여성, 아주 여성스러운 여성'을 좋아한다고 말한다. 루카스는 나를 '여성 동지'라 부르며 '프랑스인 여성'에게 특히 관심이 많다고 설명한다. 그에게 가장 중요한 여성적 특성은 '얌전함'이다. "저는 프랑스인을 흠모하고 프랑스 문화를 공경합니다." 그는 이렇게 말하고 이제 문자로 대화를 나누는 것은 어떻겠냐고 묻는다.

미국에 사는 벤저민은 이만큼 프랑스에 감명받지 않는다. 그리고 어떻게 프랑스에 살 수 있느냐고 묻는다. 그는 마지막으로 프랑스에 갔을 때 "아프리카와 중동에서 온 수많은 이민자들이 파리의 관광지에서 싸구려 장신구 같은 것들을 파는 모습"을 보았다고 말한다. 벤저민은 역사책을 읽기 때문에 역사적 관점에서 현재 일어난 사건을 바라보는 것을 좋아한다. 그는 이렇게 말한다. "현대 서구 세계와 몰락 전의 로마는 비슷한 점이 무척 많아요. 로마의 몰락을 이끈 사건들 말이에요. 로마가 몰락한 건 공화국에서 제국으로 바뀌었기 때문이 아니에요. 인플레이션이 일어나고, 민족주의와 로마인으로서의 자부심이 부족적 사고방식으로 바뀌고, 개인의 욕구에 집중했던 것이 원인이죠." 그래서 벤저민은 동료들에게 로마에 대해 가르치고, 해군에 입대해 "서구를 무너뜨리려는 문화적 공격에 저항하는 자국의 노력에 직접 봉사하기로" 결심했다.

"그럼 당신의 예측은 뭐죠? 앞으로 무슨 상황이 벌어질 것 같아요?" 내가 벤저민에게 묻는다.

"서구의 쇠퇴를 막기 위해 내가 할 수 있는 최선은 그동안 꿈꿔왔던 일을 하는 거예요. 바로 대가족을 꾸리고 최고의 가치로 아이들을 키워내는 거죠. 나는 아이를 최소 네 명은 낳고 싶어요. 가능하다면 여섯이 좋고요. 당신은 어때요? 아이를 몇 명이나 낳고 싶어요?" 벤저민이 내게 묻는다.

여섯이 아니라는 것만은 확실하다.

나는 윌이 아이를 최소 네 명 낳고 싶어 한다는 것을 안다. 윌이 20대 초반이라는 것, 요크셔테리어의 피가 흐르는 잭러셀 견종의 강아지를 키운다는 것도 안다. 그가 차가운 12월 아침 케임브리지의 캠강 근처에 있는 식당 코트브라세리 한구석에서 날 기다리고 있다는 것도 안다.

레스토랑 건물 근처의 아무도 없는 골목에서 프랑스어 발음(그리고 스튜어디스 안내방송)을 연습하느라 내가 가진 가장 보수적이고 순진해 보이는 복장이 비에 다 젖어버렸다. 코트브라세리로 들어가자 흰 셔츠 위에 검은 스웨터를 입은 꽤 잘생긴 젊은 남자가 내게 손을 흔든다. 윌은 만나기 전에 내게 사진을 보내달라고 했다. "그냥 내가 누굴 만나게 될지 알고 싶어서요!:)" 나는 얼굴 인식 시스템을 피하기 위해 해상도가 낮은 사진을 고르고 윌에게 사진을 건네주기 전에 모든 메타데이터를 삭제했다.

"이렇게 만나게 되어 반가워요." 윌이 말한다. 수줍지만 상냥한 미소다. 정치관을 제외하면 너무나도 평범해 보인다.

"케임브리지 근처에 살아요?" 내가 묻는다.

"네, 작고 아름답고 보수적인 도시예요." 윌이 대답한다. "우리 동네에는 이민자가 없어요. 하지만 곧 바뀔지도 모르겠어요. 변화가 점점 시골로 손을 뻗치는 게 벌써 보이거든요. 몇 년 안에 아마 런던처럼 변할 거예요." 윌은 진보적 사고방식과 문화적 다양성 때문에 런던을 경멸한다. "적어도 우리 동네에 사는 내 친구들은 다 우파예요."

윌이 초콜릿 크루아상을 주문하고 우리는 둘 다 잉글리시 브렉퍼스트 티를 주문한다. "프랑스 문화와 영국 문화의 완벽한 조합이네요." 내가 말한다. 프랑스와 영국을 섞는 것은 윌도 괜찮다고 본다. 그는 자신이 유럽인이라는 사실을 자랑스러워하며 유럽이 계속 유럽인의 것이었으면 좋겠다고 말한다. "유럽을 많이 지지하는 것 같네요. 브렉시트 국민투표에서는 어느 쪽을 찍었어요?" 내가 묻는다.

"아, 음, 유럽 문화를 높이 평가하긴 하지만 그래도 탈퇴하는 쪽이 나아요."

월은 자칭 백인민족주의자이고 전통적인 가치를 선호하며 성적 타락을 싫어한다고 말한다. "백인 정체성은 제게 무척 중요해요. 그러한 도덕 정신과 관점을 공유할 수 있는 사람을 만나고 싶어요." 월은 현재 자신이 불가지론자임을 인정하면서도 이상적으로는 기독교 가치에 토대한 결혼 생활을 원한다. "기독교 가치를 좋아해서 제 믿음과 상관없이 언제나 내 삶과 결혼 생활에 그 가치를 적용하면 어떨까 생각했어요. 아마 언젠가는 저도 믿음을 갖게 될 거예요."

"와스프러브에는 어떻게 가입하게 된 거예요?" 내가 묻는다.

월은 그냥 구글에 '백인을 위한 데이팅 사이트'를 검색해봤다고 말한다. 자신과 생각이 비슷한 미래의 파트너를 만날 수 있는 장소를 찾고 있었기 때문이다. 이는 '주류' 데이팅 앱에서는 제공해주지 못하는 점이다. "와스프러브는 분명히 훨씬 더 성장할 거예요." 월이 말한다. "우리의 미래가 어둡다는 것을 더 많은 사람이 깨닫기 시작하면 모두 이런 앱을 찾아올 거예요."

"와스프러브로 다른 사람을 만나본 적도 있어요?" 내가 묻는다.

월이 약간 당황하며 시선을 내린다. "실제로 만난 적은 없어요. 하지만 와스프러브를 통해 전 세계 사람들과 연결될 수 있어서 좋아요."

우리는 케임브리지가 사랑스러운 도시라는 점에 동의한다. "비가 많이 오고 진보적인 학생도 많지만요." 윌이 말한다. 윌은 차를 다 마신 후 산책을 하자고 제안하지만 나는 너무 추워서 호텔로 돌아가야겠다고 말한다. 윌이 홀리스터 재킷을 걸친 뒤 함께 윌의 차 쪽으로 걸어간다. "케임브리지에 언제 또 와요?" 오지 않을 것이다. 적어도 클레어로서는.

어떤 사람들은 더 성공적인 데이트를 한다. 한 회원은 이렇게 말한다. "이곳 와스프러브에서 멋진 남편을 만났다는 걸 발표하고 싶어요! 너무 황홀하고 행복해요. 희망을 잃지 마세요. […] 여러분의 반쪽이 여러분을 기다리고 있답니다. 모두에게 행운이 있기를!"

와스프러브는 많은 대안 데이팅 사이트 중 하나일 뿐이다. 예를 들면 '유럽의 싱글들을 위한 백인 데이트White Date for European Singles'와 '트럼프싱글즈Trump Singles', '미국인을 위한 농부 찾기Farmer Only for Americans' 등이 있다. '트럼프싱글즈'의 모토는 "데이트를 다시 위대하게"이며, '백인 데이트'는 다음과 같이 광고한다. "우리는 강한 남자가 이끌고 우아한 여성이 기대에 부응하는 고전적인 규칙을 따릅니다." 심지어 '백인 데이트'는 가입할 때 지능지수와 성격 유형을 물어본다. 불그스름한 금발과 밝은 금발 사이에서 선호하는 머리카락 색깔에 따라 파트너를 거를 수도 있다(색깔의 스펙트럼이 참 넓다!). 또한 네덜란드 정착민의 후손인 남아프리카의 아프리카너에서부터 웨일스인과 콘월인에 이르는 스펙트럼 사이에서 선호하는 혈통을 고를 수도 있다. 그렇긴 하지만 이 앱에서 18세와 80세 사이의 웨일스인과 콘월인은 총 여덟 명뿐이다.

세대정체성은 "나치를 위한 틴더"라고 불리는 자기들만의 암호화된 앱을 개발했다. 그러나 패트리어트피어라는 이름의 이 앱은 데이트를 위한 것만은 아니다. 이 앱은 연애 관계뿐만 아니라 비연애 관계로도 백인민족주의자들을 서로 연결한다. 한 정체성주의자는 텔레그램에서 이 앱을 홍보하며 이렇게 말한다. "버스나 카페, 대학에서 옆에 앉아 있는 사람이 어떤 사람인지는 아무도 모릅니다. 익명의 군중 속에서 애국자들은 딱히 눈에 띄지 않습니다." 정체성주의자들이 만든 이 도구의 목적은 "사용자들이 애국적인 터닝포인트를 위해 서로 네트워킹하고 협력할 동기를 제공하는 것"이다.[2] 애국 행사에 참여하고 동료 정체성주의 지지자들과 관계를 맺으면 신용 점수가 쌓이고, 이를 통해 완벽한 애국주의자가 될 수 있다. "이 앱은 두려움의 방화벽을 무너뜨릴 것입니다. 애국주의자를 발견하는 레이더, 행동주의를 위한 게임화가 이 앱의 특징입니다."[3] 미국의 백인민족주의자인 리처드 스펜서의 웹사이트 AltRight.com은 패트리어트피어를 특별히 따로 소개하며 전 세계에 이 앱을 홍보했다.[4]

대안 데이트 앱은 극단주의자가 극단주의자를 위해 만든, 최근 등장한 대안적 온라인 세계의 한 차원일 뿐이다. 페이스북과 트위터 같은 주류 소셜미디어 기업이 더 엄격한 혐오 표현 금지 조치를 취하자 극단주의자들은 서로 네트워킹하고 활동을 조직하고 크라우드소싱을 받기 위해 다른 플랫폼으로 옮기거나 대체 채널을 만들었다. 논란을 일으킨 많은 활동가(우파와 좌파, 종교계의 비주류 극단주의자)가 대안 플랫폼으로 자리를 옮겼다.

> 실리콘밸리의 저 사회 정의 전사들Social Justice Warriors에게 주느니
> 차라리 푸틴에게 내 정보를 주겠다.
>
> 2018년 봄
> 세대정체성 리더 마르틴 젤너

폭력적인 언어 사용으로 대중적인 소셜미디어에서 쫓겨난 극단주의자들은 트위터를 갭으로, 페이스북을 러시아의 브콘탁테VKontakte나 마인즈Minds로, 패트리온을 해트리온으로 대체했다. 대안우파의 트위터라 할 수 있는 갭은 겨우 18개월 만에 40만 명이 넘는 회원을 모았다. 메타피디아Metapedia(백인우월주의와 극우의 관점에서 서술한 온라인 전자 백과사전 — 옮긴이)에서 홀로코스트는 오로지 "정치적으로 올바른 역사"에서만 일어난 것이며, 비트츄트BitChute와 디튜브DTube, 퓨튜브PewTube 같은 영상 공유 플랫폼은 "검열에서 자유로운 유튜브의 대안"으로서 특히 음모론자와 홀로코스트 부정자들을 끌어들이고 있

다. 이러한 사이트의 회원 중 한 명은 내게 "유튜브를 운영하는
건 유대인"이라 믿는다며 "쥬튜브JewTube(유대인을 뜻하는 쥬Jew
와 유튜브YouTube를 합쳐서 만든 단어)에서 도망치기 위해 비트츄
트로 왔어"라고 말한다. 대안 테크 플랫폼에는 세 가지 유형이
있다. 첫째, 와스프러브와 해트리온처럼 극단주의자들이 만들
어서 사용하는 플랫폼. 둘째, 갭과 마인즈, 에잇챈처럼 자유지
상주의자libertarian 또는 일반 개발자가 만든 것으로, 언론의 자
유라는 이름 아래 극단주의 콘텐츠를 용인하는 초超자유지상주
의 플랫폼. 셋째, 디스코드와 텔레그램, 저스트페이스트잇처럼
처음에는 전혀 다른 목적으로 제작되었으나 극단주의자들에게
장악된 것으로, 기업 차원에서 이들의 사용을 적극적으로 막는
플랫폼이다.

2017년 여름의 샬러츠빌 집회 이후 트위터는 수백 개의 백
인우월주의자 계정을 정지했고 게임 메신저 앱 디스코드 역시
다수의 관련 채널을 닫았으며, 세계에서 가장 유명한 네오나치
웹페이지인 데일리스토머는 24시간 뒤에 도메인을 삭제하겠
다는 통보를 받았다. 트위터에서 #DailyStormerNeverDies(데
일리스토머는 죽지 않아) 캠페인이 벌어졌고 대규모 탈퇴가 이
어졌다. 이후 특정 플랫폼 사용을 영구 금지당한 회원들과 자
유지상주의 개발자들은 실리콘밸리의 패권을 무너뜨리기 위해
동맹을 결성하고 또 다른 소셜미디어 생태계를 구축하려는 조
직적 시도를 벌이기 시작했다.

2017년 8월 대안 테크 동맹은 이렇게 선언했다. "이건 전쟁이다. […] 언론의 자유를 위한 테크 혁명이 시작되었다." 이 운동은 스스로를 "용감한 엔지니어와 제품 관리자, 투자자를 비롯해 현재의 기술 산업에 진절머리가 난 이들의 열성적 집단"이라고 규정한다.[5] 또한 스스로를 "언론의 자유와 개인의 자유 그리고 진실"의 유일한 방어자로 묘사한다.[6] 이들의 강점은 페이스북이나 트위터와는 달리 인종차별적이고 선동적이며 심지어 폭력을 유발하는 게시글을 용인한다는 것이다. 바로 이러한 점 때문에 이 운동은 주류 플랫폼에서 계정이 삭제된 극단주의자뿐만 아니라 거대한 실리콘밸리 기업들의 콘텐츠 삭제 조치에 분노한 자칭 언론의 자유를 위해 싸우는 전사들에게 매력적인 피난처가 되었다.

대안 테크 동맹이 결성되기 몇 주 전에 소셜미디어 기업에게 단속당한 이들은 샬러츠빌 집회를 연 네오나치뿐만이 아니었다. 영국의 유명 반페미니스트 유튜버인 아카드의 사르곤처럼 대중의 관심을 받는 인물들도 트위터에서 계정을 임시 중지당하면서 자유지상주의자와 일부 보수 지지자들의 분노를 일으켰다. 구글의 엔지니어 제임스 다모어James Damore가 "구글의 이념적 에코체임버"라는 제목의 메모를 작성한 뒤 해고되자 긴장이 고조되었다. 다모어는 이 메모에서 구글의 다양성 정책이 보수적인 백인 남성을 차별하는 결과로 이어졌다고 주장했다. 대안 테크 동맹의 자유지상주의자들은 이 기회를 틈타 다음과 같이 선언했다.

> 2017년 8월이 증명해준 게 있다면 그건 우리가 인터넷에서
> 자유롭게 말하기 위한 전쟁에 돌입했다는 것이다. 자유 언론 테크
> 혁명이 시작되었다. 더는 이 주제에 관해 돌려 말하지 않겠다.
> 실리콘밸리의 기업들은 외국에서 투자한 수십억 달러로 지탱되며,
> 모든 형태의 보수주의와 포퓰리즘, 민족주의를 극도로 적대시한다.
> 실리콘밸리 기업의 모든 직원과 경영진, 사용자는 권력을 독점한
> 기성 미디어의 부정하고 역겨운 통제 아래 해고되거나 창피를 당할까
> 봐 자신을 드러내기를 두려워한다.[7]

이들은 강력한 적을 골랐다. 페이스북은 월간 사용자 수가 20억 명이고 50개 이상의 기업을 사들였으며 시장점유율이 70퍼센트가 넘는다. 독점처럼 들리는가? 페이스북의 최고경영자인 마크 저커버그는 2018년 미 상원 청문회에서 상원의원 린지 그레이엄에게 "그렇지 않습니다"라고 말했다.[8] 저커버그의 답변은 사람들의 웃음을 자아냈으나 그의 말이 완전히 틀린 것은 아니다. 실제로 다른 해결책을 탐색하는 틈새 고객의 수가 점점 늘고 있기 때문이다.

거대 기술 기업들이 (미국 상원과 유럽연합, 영국 내무성, 독일 법무부에게) 점점 더 거센 비난을 받으면서 급진적인 자유지상주의자부터 극단적인 사용자까지 다양한 비국가 세력이 분노

한 고객을 차지할 흔치 않은 기회를 발견하고 있다. 케임브리지 애널리티카 스캔들로 페이스북의 점유율이 크게 떨어지고[9] 회원 수천 명이 #Deletefacebook(페이스북을 삭제하라) 캠페인에 참여했다. 특히 페이스북과 경쟁하던 다른 플랫폼이 불만족한 사용자를 두 팔 벌려 환영하며 이 캠페인을 강력하게 장려했다.

심지어 가장 극단적인 사용자들도 온라인에서 머물 방법을 찾아냈다. 영국의 테러 조직 내셔널액션National Action은 영국 트위터에서 차단되었으나 가상사설망을 이용하면 계정에 접근할 수 있다. 화이트싱글즈닷컴Whitesingles.com이라는 사이트에 들어가면 네오나치 게시판인 스톰프런트로 자동 전환된다. 데일리스토머 또한 중국('.wang')과 아이슬란드('.is')를 비롯해 말 그대로 전 세계 모든 도메인에서 금지된 이후에도 여전히 남아있다. 가상사설망에서부터 자동 전환 메커니즘, 다크넷의 토르 서비스, '.name' 같은 개인 도메인에 이르기까지, 극단주의자들이 기술을 이용해 능수능란하게 법을 우회해온 것은 분명하다.

극단주의 활동에 참여할 때 금융 거래가 안전하게 이뤄지지 않는다면 정보 거래가 독립적이고 안전해봐야 아무 소용이 없다. 네오나치 플랫폼인 스톰프런트의 한 회원은 행복감에 젖어 내게 이렇게 설명한다. "핀테크(금융 서비스와 연계된 기술이라는 뜻의 파이낸셜 테크놀로지의 줄임말 – 옮긴이)가 해결책이야!" 그는 암호화폐가 "안전하고 빠르며 익명"이라고 생각한다.

전통적인 금융 서비스를 피하기 위해 탈중앙적인 비규제 통화를 사용하는 것은 극단주의자에게 실용적인 해결책 그 이상이다. 네오나치의 비트코인 거래를 추적하는 도구를 만든 미국의 사이버 보안 전문가 존 밤베넥John Bambenek은 "그건 정치적 표현이기도 하다"라고 말한다. "유대인이 세계를 장악한다는 음모론의 헛소리에 은행도 포함된다고 믿는다면 그때는 현금 아니면 비트코인이라는 두 가지 방법으로만 금융 거래를 할 수 있다." 이런 배경에서 보면 미국의 백인민족주의자 리처드 스펜서가 비트코인 광풍이 불기도 전에 비트코인에 '대안우파의 화폐'라는 이름을 붙인 것이 놀라운 일은 아니다.

대안우파의 유명인들이 패트리온이나 고펀드미GoFundMe 같은 주류 크라우드소싱 플랫폼에서 쫓겨나고 페이팔과 애플페이, 구글페이 같은 온라인 결제 서비스에서 차단된 뒤 그중 일부가 해트리온으로 넘어갔다. 대안 크라우드소싱 플랫폼은 세계 최대의 네오나치 플랫폼인 데일리스토머와 스톰프런트를 유지하고 백인우월주의자인 위브Weev의 해킹 활동을 지원하는 등 반민주적 프로젝트의 자금 마련에 사용되었다. 밤베넥의 추적에 따르면 위브는 공개된 비트코인 지갑 주소로 180만 달러 상당의 암호화폐를 기부받았다. 어쩌면 비공개 지갑에 추가로 화폐를 모아놓았을지도 모른다.[10]

이와 비슷하게 지하디스트도 암호화폐 기부를 통해 거금을 모았다. 심지어 어떤 친이슬람국가 집단은 '사이버 지하디스트'

에게 사례를 할 수 있을 만큼 많은 돈을 마련했다. 이 집단의 한 회원은 2017년 12월 전용 채팅방에 "우리는 우리가 가진 비트코인의 일부를 교환해 우리의 지난 임무를 도와준 형제들에게 컴퓨터를 마련해주었다"라고 썼다. 텔레그램과 다크넷에서 테러리스트들이 지지자들에게 암호화폐 기부를 요청하는 경우가 점점 늘고 있다.[11] 예를 들어 알카에다 관련 조직인 알사다카al-Sadaqa는 2017년 11월 비트코인 기부를 위한 캠페인을 벌였고 인도네시아의 이슬람국가 리더 바룬 나임은 암호화폐를 사용해 추종자들에게 돈을 전달했다.[12]

그러나 비트코인 거래는 추적이 가능하며 암호화폐의 기반인 블록체인 기술의 높은 투명성 때문에 지갑 주인도 쉽게 파악할 수 있다. 그 결과 많은 극단주의자가 모네로Monero 같은 익명 암호화폐에 의존하게 되었으며 네오나치 해커인 위브는 모네로가 "우리의 사생활을 가장 잘 보호해준다"라고 말했다.

대안적인 소셜미디어와 뉴스 채널에서부터 극단주의자들의 메시지 앱과 암호화폐까지, 뉴미디어 생태계가 겪고 있는 변화는 정치 지형에서 진행 중인 변화와 유사하다. 주류에 대한 불신은 비주류 급진주의에 유리하다. 점점 더 많은 사용자가 기성 소셜미디어 매체에 등을 돌리고 있기 때문이다. 한편에는 플랫폼에 대한 불만과 환멸을 표현하기 위해 소셜미디어를 아예 그만두는 사람들이 있고 다른 한편에는 항의의 표시로 다른 플랫폼으로 이동하는 사람들이 있다.

네트워크 효과(어떤 상품의 가치가 사용자의 수에 따라 정해지는 현상 ─ 옮긴이) 때문에 모든 신규 회원은 네트워크의 가치를 크게 향상시키며 모든 탈퇴 회원은 네트워크의 가치를 기하급수적으로 떨어뜨린다. 즉 콘텐츠 삭제 정책이 일으킨 플랫폼 이동의 역학이 몇 년 내에 소셜미디어의 지형을 크게 바꿔놓을 수 있다는 뜻이다. 이 시점에서 거대 테크 플랫폼이 쇠퇴하고 그 결과 초자유지상주의 라이벌이 성장할 것인지 질문할 필요가 있다. 우리는 이미 실리콘밸리의 정점에 도달한 것일까?

대안 테크라는 평행우주의 등장은 거대 소셜미디어 기업의 패권을 무너뜨릴 수 있는 동력이다. 결국 이 힘은 인터넷의 기존 권력 관계를 바꾸고 우리 사회가 서로 연결되는 방식에 혁명을 일으킬 수 있다. 이러한 피난처에 수반되는 위험 중 하나는 이 공간들이 반사실적·반과학적·음모론적 서사를 퍼뜨리려는 사람들에게 전권을 부여한다는 것이다. 여러 개인이 서로 네트워킹하고 힘을 합치도록 장려하는 한 가지 강력한 방법은 함께 풀어야 할 수수께끼와 함께 맞서야 할 도전 과제를 제공하는 것이다. 다음 장에서는 여기에 능한 정신 나간 음모론자들의 초국가적 커뮤니티를 탐색할 것이다. 또한 대안 테크 제국이 왜 이러한 운동의 모태가 되는지도 살펴볼 것이다.

큐를 따라서

8장

음모론자들의 기괴한 세계 속으로

왜일까, 가끔 나는 아침 식사를 하기도 전에 불가능한 일을 여섯 개나 믿어.

― 루이스 캐럴, 《이상한 나라의 앨리스》

토끼 한 마리, 빨간색 엑스, 알람시계. 큐를 따라 토끼굴로 기어 내려가면 너무나도 방대해서 이 세계의 과거와 현재, 미래를 전부 설명할 수 있다고 주장하는 집단적 상상의 세계가 나타난다.[1]

성심성의껏 기록해둔 유명인사들의 혈통, 신중하게 고른 뉴스 기사와 할리우드 공상과학 영화의 레퍼런스로 가득한 사전. 이곳은 매일 새로운 이야기가 태어나는 곳, 모든 전형적인 음모론이 한자리에 모이는 곳이다. 9·11 테러와 7·7 런던 폭탄 테러는 내부 범죄이고, 다이애나 비와 케네디 대통령, 오사마 빈라덴의 죽음은 전부 조작이나 연극 아니면 거짓이며, 에이즈 바이러스의 등장 원인과 외계인의 존재는 과학자와 미디어에 의해 은폐되었다.[2]

지금 나는 수십 년간 미국을 남몰래 지배해온 정치 엘리트와 유명인사가 포함된 소아성애자 집단을 폭로하기 위해 트럼프가 조용히 힘을 쓰고 있다고 믿는 수천수만 명의 큐어넌QA-non 지지자들에게 둘러싸여 있다. 그들은 미국 법무부의 특별 검사 로버트 뮬러Robert Mueller가 사실은 트럼프를 조사하고 있는 것이 아니라고 내게 장담한다. 오히려 트럼프는 딥스테이트 Deep State(미국을 배후에서 조종하고 지배하는 세력 — 옮긴이)의 거대한 음모를 폭로하기 위해 뮬러와 미군, 미국국가안전보장국과 협력하고 있다. 대각성The Great Awakening은 트럼프가 마침내 폭풍을 일으켜 버락 오바마, 힐러리 클린턴, 클린턴의 선거운동본부장인 존 포데스타를 비롯한 정치범을 관타나모 교도소에 가두기 전의 계몽기를 의미한다.

음모론은 역사적으로 항상 존재해온 현상이다. 음모론에는 다양한 기능이 있다. 사람들은 언제나 자기 불행의 원인을 이해하고 자신의 안전을 보장하고 자기 이미지를 개선하고 싶어 한다.[3] 과학자들은 평화로운 번영의 시기보다 사회적 위기의 시기에 음모론이 더 자주 발생한다는 결론을 내렸다.[4] 예를 들어 서기 64년 로마에 대화재가 발생해 수천수만 명의 주민이 집을 잃자 네로 황제가 직접 도시에 불을 질렀다는 소문이 불길보다도 더 빠르게 번져나갔다. 그러자 네로는 인류를 증오하고 세계의 종말을 바라는 기독교인들이 로마를 무너뜨리려는 음모를 꾸민 것이라며 비난의 화살을 돌렸다.[5]

2015년의 난민 위기 이후 음모론은 유럽 전역에서 엄청난 호응을 얻고 있다. 2018년 음모론에 관해 대규모의 국가 간 연구를 진행한 결과 영국·독일·프랑스 인구의 3분의 1이 자국의 권력자가 이민에 관한 '진실을 감추고 있다'고 믿는 것으로 드러났다. 빅토르 오르반 총리가 억만장자인 유대인 자선가 조지 소로스를 비롯한 '국제적 기득권층'에 관한 음모론을 부채질했다는 비난을 받는 헝가리에서는 이 수치가 전 인구의 절반에 가깝다. 또한 영국인의 60퍼센트는 최소 한 가지의 음모론을 믿는다.[6]

여러 연구에 따르면 인터넷은 이야기와 거짓말을 빠른 속도로 퍼뜨릴 뿐만 아니라 음모론의 논리와 문화를 부채질한다. 먼저 인터넷은 지식을 확산시킴으로써, 인터넷 시민에게 스스로 연구하고 공개출처정보를 조사할 능력을 제공한다. 이들이 출처를 확인하는 방법을 알지 못하더라도 말이다. 둘째, 넘쳐나는 온라인 정보는 현실을 왜곡하는 인지적 필터링과 패턴 인식을 부추긴다. 인간 정신은 혼란 속에서 패턴을 찾아내어 불완전한 이야기와 시각 자료 속의 부족한 정보를 메우려 한다. 그 결과가 논리적으로 전혀 말이 안 되더라도 말이다. 착시가 좋은 사례다.[7] 인간은 서로 관련이 없는 것들을 마음대로 연결하는 경향이 있다. 심지어 과학자들에게는 이러한 현상을 설명하는 단어(아포페니아apophenia)도 있다. 이 용어는 독일의 신경과 및 정신과 의사로 1940년에 나치의 국가사회주의 독일노동자당에 가입한 클라우스 콘라트Klaus Conrad가 만든 것이다. 아포페니아는 그림을 그리거나 시를 쓸 때 창조성을 불러일으키는 원동력이 될 수도 있지만 음모론과 도박 중독을 조장할 수도 있다. 셋째, 인터넷은 공동으로 창작한 허구의 이야기를 세상에 내보내는 수단이 되어 정치 역학과 자연현상 등 현실 세계에서 관찰한 내용에 대한 대안적 설명을 널리 퍼뜨린다.[8]

"대각성을 할 준비가 됐어?" 한 어넌(큐어넌 지지자들은 스스로를 이렇게 부른다)이 내게 묻는다. 그에게 테러 사건은 위장술책이고 비행기 추락은 계획된 것이며 질병은 사람들을 죽이기 위해 고안된 것이다. "그렇다면 흰 토끼를 따라가." 채팅방에는 이상한 나라의 앨리스가 빨간 약을 먹고 있는 밈이 있다. 루이스 캐럴의 이야기를 워쇼스키 자매의 영화《매트릭스》와 합친 것이다.

탐사보도 언론인과 정보 장교처럼 어넌들도 밤낮으로 이른바 '증거'를 모은다. 이들이 정보와 영감을 얻는 출처는 큐가 공유하는 수수께끼 같은 시구로, '빵가루'라 불린다. 자신이 딥스테이트 관련 기밀 정보에 접근할 수 있는 미군 정보기관 관계자라고 주장하는 큐는 극우 활동가, 트럼프를 지지하는 복음주의 기독교인, 기후변화 부정자, 심심한 10대로 이루어진 기묘한 집단의 관심을 끈다. 이들은 스스로를 큐의 빵가루를 모아 '도우', 즉 (허위)정보의 합성물을 만드는 '제빵사'로 규정한다. 그중 한 명은 이렇게 선언한다. "우리는 진실을 찾기 위해 이곳에 모였다."

뼈아픈 진실

- 유전자변형 식품이 당신을 죽이고 있다.
- 당신이 마시는 물은 오염되었다.
- 백신은 유해하다.
- 은행가들은 전쟁을 조직하고 있다.
- 미디어는 당신을 세뇌시킨다.
- 정부는 기업이다.
- 정치인 중에 실제로 소아성애자가 있다.
- 그들은 모두를 감시하고 있다.
- 정부는 지구를 파괴하고 있다.
- 그들은 수익을 내려고 당신을 계속 아프게 한다.
- 그들은 전쟁의 양 당사자를 다 지원한다.
- 그들은 땅을 쪼개서 갈등을 유발한다.
- 테러 집단은 엘리트 집단이다.
- 그들은 가짜 테러 공격을 지어낸다.
- 유일한 테러는 대부분의 사람들이 관심을 두지 않는 엘리트가 일으키는 테러다.

큐가 글을 올리기 시작한 2017년 10월 이후 이 수수께끼들이 여러 헌신적인 어년의 삶을 장악했고 때로는 이들의 모든 여가 시간을 차지했다.[9] "그 폭풍이라는 게 언제 일어나는지 알아?" 내가 앤드루라는 활동적인 회원에게 묻는다.

"폭풍은 코앞에 다가왔어. 노란 조끼 시위가 '더 의식 수준이 높은 전 세계 우리 편 사람들'을 보여주잖아." 2018년 12월 앤드루가 내 질문에 거의 즉시 대답한다. 두 달 전 프랑스에서 발생한 민중 저항 운동인 노란 조끼 시위는 에마뉘엘 마크롱 대통령이 유류세 인상을 발표하자 다양한 이념을 가진 시민들이 함께 일으킨 것이었다.

종말 판타지는 허구의 이야기와 실생활 사이에 다리를 놓아준다는 점에서 매력적일 수 있다.[10] 영국의 역사가 노먼 콘은 유명한 저서 《천년왕국의 추구》에서 지대한 사회 변화가 일어날 것이라는 천년왕국설의 기대는 종종 중세의 사회적 불안과 동시에 발생했음을 보여주었다.[11] '세계 종말apocalypse'이라는 단어는 '적발, 폭로, 발각'을 뜻하는 그리스어 단어 아포칼립시스 apokalypsis에서 나왔다.[12] 그러나 이러한 폭로가 이미 수차례 연기되었다는 사실은 부정하기 힘들다.[13] 어떤 사람은 극우와 음모론 지지자들이 많이 모이는 웹사이트 에잇챈에 다음과 같은 조롱의 글을 올렸다. "글이 5453개나 되는데 아직도 폭풍이 안 왔네ㅋㅋㅋ. 나라 전체가 너네를 비웃고 있어, 이 큐 루저들아."

폭로의 내용이 계속 연기되면 상상과 현실 사이의 충돌이 정신적 불편감인 인지부조화를 일으킬 수 있다. 사실 정보를 재해석하고 경험을 재구성하려는 동기는 일어나지 않은 세계 종말에 시간과 돈을 많이 투자할수록 더 커지는 경향이 있다.[14] 최후의 심판일을 준비하는 사람들을 떠올려보라. 이들은 미국 텔레비전 프로그램 〈서바이벌 푸드〉의 진행자 짐 바커Jim Bakker 같은 텔레비전 전도사들이 예측을 주 단위로 연기하고 있는 '피할 수 없는 좀비 대재앙'에서 살아남기 위해 냉동식품과 건조식품 5만 인분 준비에 6000달러를 쓴다[15] (이 좀비 대재앙 키트와 비교하면 치킨 티카와 소고기 감자스튜로 구성된 15킬로그램 상당의 브렉시트 생존용품 세트는 꽤나 합리적으로 보인다).[16]

아무리 터무니없고 반사실적이어도 음모론은 현실 세계에서 위험한 행동을 불러일으킬 수 있다. 2018년 6월 중무장한 차로 후버댐 근처의 고속도로를 가로막은 서른 살의 네바다 주민 매슈 P. 라이트Matthew P. Wright는 큐어넌의 모토 "우리 하나 되어 함께 가자"를 신봉했다.[17] 이보다 2년 전에 사우스캐롤라이나에 거주하는 소방관이자 아이 아빠로서 피자게이트(민주당원들이 워싱턴D.C.의 피자 가게 코밋핑퐁Comet Ping Pong에 있는 본부에서 대규모 아동학대 네트워크를 운영하고 있다는 큐어넌 이전의 음모론)의 신봉자였던 에드거 웰시Edgar Welsh는 존재하지도 않는 아이들을 구출하기 위해 피자 가게를 향해 총기를 난사했다.[18] 2019년 1월 한 큐어넌 지지자는 자기 형제가 도마뱀이라 생각해 칼로 형제를 살해했다.[19]

"군인들, 우리에겐 사악한 악마를 폭로할 계획이 필요하다." 2018년 말 맥스가 말한다. "나와 내 동지들이 런던에 있는 엠16 디브이디앤지오투MI6 DVD & GO₂ 사무실을 그냥 급습하면 안 될까?" 또 다른 어넌의 댓글이다. 맥스는 자신이 베트남전쟁 당시 일급비밀 인가를 받았다고 주장한다. 그는 '엘리트'들이 목소리와 얼굴 인식을 이용해 모든 사람을 분류하고 감시한다고 확신한다. "차라리 내가 피해망상이면 좋겠어." 그가 말한다. "지난 2000년간 사탄의 지능지수가 크게 낮아진 게 아니라면 악마가 그렇게 멍청하게 패배할 것 같지 않거든."

큐의 모토인 "사고를 확장하라"와 그의 수수께끼 같은 지시사항은 현실에 맞지 않는 종말론적 믿음을 유지하는 데 도움이 된다. 다음은 큐가 뿌리는 빵가루를 무작위로 뽑은 것이다.

2017년 11월 22일 16:52:24
세 면은 무슨 모양을 만들지?
사고를 확장하라.
빵가루를 다시 읽어라.
큐

2017년 11월 23일 22:21:46
무슨 뉴스가 터졌고
어디에 미국의 하청업자들이 있지?
거꾸로 매달려서

쓰레기더미를 다시 읽어라.

이게 무슨 관련이 있을까?

뉴스에서 지도가 드러난다.

사고를 확장하라.

큐

2017년 11월 24일 01:14:46

'시체가 묻힌 곳'을 누가 알까

지도는 너의 앞에 있다.

재독하라.

사고를 확장하라.

이곳에서 보내는 시간의 목적.

큐

음모론은 대개 기원이 불확실하다. 심지어 어떤 것들은 농담이나 장난에서 시작된다. 큐의 초기 메시지를 모은 "큐의 책"은 큐어넌이 포챈 역사상 "가장 오래 이어진 라이브액션롤플레이(즉 장난)"라고 말했다.[20] 여러 미디어 매체와 위키리크스 또한 큐어넌이 통제를 벗어난 거짓말에서 시작되었다고 추측했다.[21] 심지어 버즈피드는 "큐어넌은 트럼프 지지자들을 놀리려는 좌파의 장난일 가능성이 상당히 높아 보인다"라는 제목의 기사를 내보내기도 했다.[22] 어나니머스Anonymous는 해커 집단에

서 축출된 트롤인 0hour1을 큐로 지목한다.[23]

몇 가지 힌트가 있다. 1990년대 중반 좌파 자유지상주의 사이버 혁명가들과 볼로냐의 지하 예술가들이 1980년대에 잉글랜드 축구 국가대표팀에서 뛰었던 유명 스트라이커의 이름을 따서 루서 블리셋Luther Blissett 프로젝트라는 것을 시작했다.[24] 그때부터 유럽과 미국의 예술가 수천 명이 루서 블리셋의 이름으로 미디어 사기와 문화적 저항 계획을 실행했다. 큐어넌은 소설 《큐》의 줄거리와 언어를 많이 차용하는데, 소설 《큐》는 1999년에 루서 블리셋이라는 필명으로 출간되었다.

나는 디스코드에서 '무기화된 기후'와 '장기 적출', '페도게이트Pedogate' 작전팀에 합류한다. "클린턴과 관련 없는 게 있긴 한 거야?" 한 회원이 묻는다. 조사는 영국, 스웨덴, 마케도니아에서부터 미국, 러시아, 멕시코에 이르기까지 다양한 지역에서 다양한 언어로 진행된다.

"난 뭘 하면 돼?" 내가 관리자 중 한 명에게 묻는다.

맥스가 대답한다. "이 서버에 덧붙일 보고서를 작성해주면 좋겠어. 새로운 정보가 더 많이 들어오도록. 특히 큐와 관련이 있는 시사 문제나 믿기 힘든 진실이 좋아. 현재 상황에서 아무도 안 믿을 것들도 괜찮아. 네가 특히 강하다고 느끼는 분야가 있어?" 맥스는 큐 유럽, 큐엔엔QNN(큐어넌의 축약형), 오퍼레이션 네임 앤드 셰임Operation Name and Shame, 밈 전쟁, 프리덤파이터스The Freedom Fighters를 비롯한 여러 팀의 회원이다. "너 같은 사람은 정보를 퍼뜨리는 데 유용해. 우리 서버에 들어와." 나는 맥스를 따라 큐오피스로 간다. 그는 이미 뉴스채널 봇이 내추럴뉴스Naturalnews와 사우스프런트Southfront, 노어젠다No Agenda, 제로헤지Zerohedge, 에스지티리포트SGT Report를 포함한 다섯 개 출처에서 뉴스를 제공한다고 설명한다.

"여기에 시간을 얼마나 쏟아야 해?" 내가 묻는다.

"정해진 건 없어. 그냥 네게 있는 능력을 쓰면 되는 거야. 나는 기록 관리자에 가까워."

솔직히 말하면 큐어넌의 아카이빙 시스템은 매우 인상적이다. 웬만한 정부 부처보다 큐어넌 지지자들이 기록 정리를 더 잘할 것 같다. 나는 스크롤을 내리며 가짜뉴스와 터무니없는 그래픽, 말도 안 되는 혐의가 일제히 일련번호를 달고 서로 다른 구역에 분류된 아카이브를 바라본다. 대부분의 채널은 유튜브 뉴스피드만 모아놓은 채널, 엄선된 트위터 계정을 모아놓은 채널, 밈 전쟁의 자원을 모아놓은 채널 등 더 특화된 채널로 연결된다. 게다가 이 모든 자료와 끝없는 약어 목록의 한가운데에 음악을 추천하는 리듬 봇까지 있다. 이들의 '최애 뮤지션'은 엘비스 프레슬리와 핑크플로이드, 밥 딜런이다.

시선이 닿는 곳마다 빨간색 엑스가 보인다. '우리는 검열당하는 중이다'라는 뜻이다. 이 부호는 원래 이모티콘 관리 게시판(그렇다, 이모티콘 관리 게시판이라는 것이 있다)인 유니코드 6.0에서 반대나 경고의 의미로 승인되었으나 그동안 대안우파가 페이스북과 트위터, 구글 등의 반사이버혐오 캠페인을 비난하는 데 사용되었다.[25] 큐어넌의 세상 속에서 거대 기술 기업은 전부 거대한 음모의 일부다.

큐어넌 집단 내에서는 어떤 흥분이 느껴진다. 조는 50대 남성으로 자신이 10대 때부터 "매우 각성되어 있었다"고 주장한다. 조는 이렇게 말한다. "너희가 너무 좋아. 이 많은 것들 중 어디에 껴야 할지는 모르겠지만 어쨌거나 몸을 풀고 있어. 왠지 여기에 참여해야겠다는 느낌이 들었어. 마침내 대화를 나눌 수 있는 사람들을 만나서 정말로 너무 기뻤거든. 일터에서나 집에서나 내 주위에는 각성하려는 사람이 아무도 없었어."

'혈통' 카테고리에서 어넌들은 중국의 리李씨 가문과 록펠러가, 케네디가, 클린턴가, 디즈니가, 맥도날드가, 왕실을 비롯해 의심스러운 모든 인물의 가계를 조사한다. "영국 여왕은 예언자 무함마드의 후손이야." 한 어넌이 주장한다. "무함마드의 43번째 증손녀지." 이들은 사우드Saud 가문과 로스차일드 가문, 소로스 가문이 전 세계를 지배하는 신세계질서의 국제 도당이라고 믿는다. 이 가문들은 수 세대에 걸쳐 부를 쌓아왔으며 사람들이 쉽게 떠올리는 강력한 정부와 공공·민간 기관을 전부 통제한다.

"건강한 잠재의식만이 그들의 기만에서 스스로를 보호할 수 있는 유일한 방어 수단이야." 조가 주장한다. "우리는 그들의 통제하에 있어. […] 그들은 언어와 관점, 진실을 왜곡하고

[…] 우리가 우리의 유산을 보지 못하게 해. 우리가 놀라운 신체적·지적 성과를 낼 수 있다는 걸 상상조차 못 하게 만들지."

어넌들은 지이GE와 뉴스코프News Corp, 디즈니, 바이어컴Viacom, 타임워너Time Warner, 시비에스CBS로 구성된 여섯 개의 뉴스 기업이 정보 공간 전체를 통제하고 있다고 믿는다. "더는 독약을 마시지 마. 미디어의 거짓말과 왜곡이 진실을 가리고 있어. 음식과 물에 들어 있는 화학물질이 우리의 몸과 마음을 독살하고 있고." 조가 경고한다.

무엇이 우리에게 더 좋을까? 그들에게 돈을 갖다 바치는 거? 생존에 필요한 도구와 가족에게 먹일 좋은 음식에 우리의 노예 전표를 쓰는 거? […] 많은 것이 가능해. 그중 어떤 것을 선택할래? 들고일어나. 자기 이야기의 영웅이 되라고. 다음 시간까지. 어넌들이여, 이름이 뭐가 중요해? 가치 있는 인물이 되어야 해. 애국자들.

조는 동부 시간으로 새벽 4시에 하루를 시작할 것을 권한다. 그때가 미국의 방송 시스템이 시작되는 시간이기 때문이다. "필요한 모든 것을 수집해서(증거와 자료 등) 오전 4시 전에 모든 주류 미디어에 보내야 해." 이들은 다음 단계에 따라 하루 일과를 네 시간 단위로 조직한다. ①법적 고지 사항 ②뉴스 ③기도문 ④금지된 주제를 비롯한 그날의 관리 규칙 ⑤네 시간 동안 있었던 일에 대한 '진행자' 발표. 이 그룹 내에 머물려면 상세한 역할 설명에 따른 능력 평가로 역할을 부여받아야 한다. 회원이 맡을 수 있는 역할로는 진행자, 제작자, 스케줄 멘토, 기자 멘토, 연구 멘토, 관리자가 있다.

"새로운 큐맵QMap이 막 구워졌어. 어떻게 생각해?" 조가 내가 여태까지 본 것 중 가장 복잡한 순서도를 공유한다. 이 순서도에 비하면 도쿄의 지하철 노선도는 단순해 보일 정도다. 화살표가 무작위로 고른 것처럼 보이는 단어들을 연결한다. 오바마와 클린턴은 '손수건', '피자', '요리 파티'와 연결되고 다시 이 단어들은 '비밀 코드 언어'와 '기묘한 예술', '악마 숭배', '인신매매'로 이어진다.

어렸을 때 나는 연상 게임을 좋아했다. 이렇게 정신을 연마하면 머릿속에서 한 아이디어가 바로 다음 이미지를 불러일으킨다. 관계가 더 독특하고 생각의 사슬이 덜 진부할수록 이야기는 더 재미있어진다. 그러나 나는 이것이 상상 속의 활동임을 언제나 인지하고 있었다.

"흥미롭네!" '전 세계 부패 네트워크 지도'의 복잡성과 상세함에 아직 마음을 빼앗긴 채로 내가 마침내 대답한다. 어떤들은 시아이에이와 엠16MI6을 로스차일드 가문과 바티칸, 페이스북, 할리우드, 나치, 일루미나티, 외계인과 연결해 세계 전쟁과 기후변화, 테러 공격뿐만 아니라 백신 접종과 소아성애, 식인을 설명할 방법을 찾아냈다. 오늘날의 정치 역학에 관해 가장 복잡한 설명을 선택할 수 있는데 왜 굳이 가장 단순한 설명을 택하겠는가?

음모론은 어떤 논리도 따를 필요가 없으며 심지어 음모론 지지자들은 서로 완전히 모순되는 주장을 믿기도 한다. 예를 들어 다이애나비가 죽음을 위장했다고 믿는 사람들은 다이애나비가 살해당했다고 생각하는 경향이 더 높다. 또한 2011년 미국 특수부대가 아보타바드에 있는 빈라덴의 은신처를 급습했을 때 빈라덴은 이미 사망한 상태였다고 생각하는 사람은 빈라덴이 여전히 살아 있다고 생각할 확률 또한 높았다.[26] 이 사람들은 심리학자들이 말하는 '음모론적 사고방식'의 소유자다. 하나의 음모론을 믿으면 다른 음모론을 믿을 확률도 높다. 그것들이 서로 모순될지라도 말이다.[27]

교육 기간이 짧은 사람일수록 음모론을 믿을 확률이 높다. 어떤 주제에 관해 아는 바가 별로 없으면 자신의 지식과 판단에 지나친 자신감을 가질 가능성이 있다. 이러한 현상은 더닝 크루거 효과Dunning-Kruger Effect 또는 '무식의 정점Mount Stupid'이라는 이름으로 알려져 있다.[28] 물론 (비)논리적인 추론은 끝없이 이어질 수 있고 음모론도 무한히 확장된다. 심지어 음모론에 관한 음모론도 있다. 스위스계 독일인 역사가 다니엘레 간저Daniele Ganser에게 '음모론'이라는 용어는 시아이에이가 발명한 '정치적 슬로건'이다. 그러나 시아이에이가 창설되기 7년 전인 1940년에 오스트리아 출신의 철학자 칼 포퍼가 이 단어를 사용했음을 고려하면 이는 불가능한 시나리오다.[29]

에잇챈 사용자들은 신탁을 받듯이 큐에게 질문을 올린다.[30]

남극의 가장 큰 비밀이 뭐야?

주식 시장이 폭락할까?

보리스 존슨은 믿을 만한 사람이야? 메이는 좋은 사람이야 나쁜
사람이야?

시간 여행이 가능해?

뮬러는 우리 편이야?

미셸 오바마는 남자야?

언젠가는 큐와 나도 입을 다물 거야. 제트오지/MARX는 둘 다
사라질까?

일부 어넌은 다른 음모론 분파에 분노한다.[31]

지구 평평이들을 입 다물게 하려고 그러는데, 지구는 평평해?

아니. 큐.

존 에프 케네디 주니어가 정말 살아 있어?

아니. 큐.

큐어넌의 성공은 당황스러울 정도다. 큐어넌은 포챈과 에
잇챈의 변두리에 있던 음모론에서 시작해 주류 소셜미디어 채
널뿐만 아니라 친트럼프 집회까지 정복한 대중 운동이 되었다.

전략대화연구소의 소셜미디어 감시 요원들은 2018년 한 해 동안 트위터와 유튜브, 여러 블로그, 레딧이나 포챈 같은 게시판에 '큐어넌'이라는 단어가 거의 3000만 번 사용되었음을 확인했다. 유튜브에서 큐어넌 영상은 보통 조회수가 수십만 회가 넘고, 자칭 '제빵사'의 수도 수만 명에 달하며, 미국과 유럽의 거의 모든 지역에 큐어넌의 지부가 있다. 영향력 있는 21세기 뉴스 웹사이트 복스Vox의 분석에 따르면 큐어넌 추종자들은 대안우파가 가장 선호하는 교류 장소인 레딧의 r/The_Donald 게시판 사용자와 상당히 많이 겹친다. 2018년 8월 큐어넌의 주요 음모론자인 마이클 레브론Michael Lebron이 대통령 집무실을 방문해 트럼프를 만난 사진이 소셜미디어에 등장하면서 논란을 일으키기도 했다.[32]

심지어 배우 로잰 바Roseanne Barr와 야구팀 레드삭스의 전 투수였던 커트 실링Curt Schilling 같은 유명인사들도 큐어넌에 영합해 대중화에 일조했다.[33] 한때는 유튜브에 '톰 행크스'를 검색하면 큐어넌 영상이 제일 먼저 뜨기도 했다.[34] 유튜브 검색창에 '진실'이라는 단어를 넣으면 스웨덴에 이슬람 법률로 다스려지는 지역이 가득하다거나 백신이 암을 유발한다거나 유대인 은행가들이 세계를 장악할 음모를 꾸미고 있다는 거짓말의 가상 우주에 빠져들 수 있다. 앨릭스 존스Alex Jones 같은 정치 선동가들은 수년간 유튜브를 이용해 의도적으로 거짓말을 퍼뜨렸다. 세계적으로 유명한 음모론 플랫폼인 인포워스Infowars의 설립자 앨릭스 존스는 웹사이트를 방문하는 월 1000만 명에게 2012년 발생한 샌디훅 초등학교 총기 난사 사건은 거짓이며 모든 것이 '연출'된 내부 범죄라고 거듭 주장했다. 2018년 그는 이 사건으로 사망한 20명의 아이들 중 한 명인 여섯 살 노아의 부모 레니 포즈너Lenny Pozner와 베로니크 드라 로사Veronique De La Rosa에게 명예훼손으로 고소당했다. 두 사람은 존스의 거짓 주장 때문에 혐오 캠페인의 타깃이 되어 일곱 번이나 이사해야 했다.[35]

솔직히 말하면 모든 악의 근원을 설명하기 위해 각종 '증거'를 잡다하게 모아 자기들만의 우주를 만들어내는 은밀한 커뮤니티의 회원이 되는 데에는 언짢게도 스릴 넘치는 면이 있다. 댄 브라운(《다 빈치 코드》,《천사와 악마》 등의 소설을 쓴 작가 — 옮긴이)의 소설에서처럼 중요한 퍼즐 조각을 맞추기 위해 온정신을 집중할 수 있는 세계로 도피하는 것과 같다. 모든 과학적 발견이 사소해지고 개연성은 불필요한 변수로 간주된다. 이로써 모든 것이 가능해지고 그 무엇도 증명이 불가능해진다.

대다수 어넌의 제1 목표는 큐의 국제 네트워크를 구축하고 더 많은 사람을 설득해 '흰 토끼를 따라가게' 만드는 것이다. 이 모든 대안 테크의 우주는 동원에 활용된다. 큐가 에잇챈에 '빵가루'를 흘리면 어넌들은 '제빵'을 한 뒤 갭과 레딧, 디스코드에서 다음 단계를 계획한다. 또한 인스타그램과 트위터, 페이스북, 유튜브에 퍼뜨릴 밈과 영상을 제작하기도 한다.

"이 그림을 네 소셜미디어에 공유해주지 않을래?" 큐어넌 운동의 영국 지부인 큐브리타니아Q Britannia의 레이븐이 내게 묻는다. 나는 큐브리타니아의 목표가 "네트워킹하고 정보를 공유·보관하고 조국을 되찾을 방법을 알아낼 공간을 영국인에게 제공하는 것"임을 알게 된다. 큐브리타니아의 관리자는 이렇게 설명한다.

> 언제나 집중의 대상은 부패를 드러내고 사람들을 각성시킬 수 있는 정보를 파헤치는 것이어야 합니다. 곧 큐가 영국에 도착하리라 믿어 의심치 않습니다. 그때가 되면 충격적인 폭로와 함께 우리 모두를 위한 쓰디쓴 약이 등장할 것입니다.

다양한 음모론을 한곳에 모으는 데에는 실용적인 측면이 있다. 인터넷 전역에 있는 음모론자를 단결시켜서 운동의 도달 범위를 늘릴 수 있기 때문이다. 큐어넌은 서로 다른 집단에 맞게 자신들의 이야기를 수정하는 상당한 이념적 (그리고 논리적) 유연성을 보여주었다. 이들은 노란 조끼 시위를 끌어들여 강경한 브렉시트 캠페인과 토미 로빈슨의 시위에 힘을 실었다. 이러한 운동에 자신들의 음모론 서사를 끼워 넣음으로써 이미 존재하는 네트워크를 자신들의 정치적 노선에 활용하는 것이다.

영국에 큐어넌 지부가 생긴 이후 어넌들은 적극적으로 브렉시트 캠페인을 벌였다. 큐브리타니아의 회원들은 노동당 정치인 앤드루 아도니스Andrew Adonis 경 같은 잔류파가 악마를 숭배하며 인신매매에 연루되어 있기 때문에 국경을 폐쇄하지 않으려는 것이라고 비난했다. 아이티브이ITV와 공동으로 실시한 조사에서 나는 #BrexitBetrayal(배신의 브렉시트)와 #StandUp-4Brexit(브렉시트를 지지하라) 같은 캠페인이 큐어넌 및 대각성 해시태그와 짝지어졌음을 발견했다.[36]

한 연구는 브렉시트와 트럼프 지지자들이 유럽연합 잔류나 힐러리 클린턴을 택한 사람들보다 음모론을 믿을 확률이 더 높다는 사실을 보여주었다. 예를 들어 유럽연합 탈퇴에 투표한 사람의 30퍼센트가 대전환 음모론을 믿은 반면 잔류에 투표한 사람은 그 비율이 6퍼센트였다.[37] 음모론자들은 공통적 특징 같은 것은 없지만 세계화가 자신에게 부정적인 영향을 미친다고 생각하는 사람들과 크게 겹치는 경향이 있다.[38]

1960년대에 미국의 사학자 리처드 호프스태터는 '유사 보수주의자'의 피해망상적 수사법에 "열띤 과장과 의심, 음모론적 판타지"가 뒤섞여 있다고 말했다.[39] 그러나 오늘날의 음모론은 인터넷이 등장하기 전보다 훨씬 다양하고 만연해졌다.[40] 더비대학교의 사회학자 앤드루 윌슨은 대안우파의 온라인 활동가들이 새로운 '유사 보수주의자'가 되었다고 주장한다. 이들은 음모론을 소셜미디어에서의 해시태그 활동과 결합해 극단주의적 시각을 주류화한다.[41]

음모론을 퍼뜨리는 온라인 전략은 갈수록 창의적으로 바뀌고 있다. "모두에게 빨간 약을 먹이는 것에 관하여: '진실은 큐어넌에' 메시지를 퍼뜨리자." 레이븐이 디스코드에 올린 글이다. "방금 전에 얼마나 다양한 전 세계 사람들이 생방송 앱 페리스코프Periscope를 사용할지 생각해봤어. 지금처럼 중요한 논의를 나눌 때 각자의 페리스코프 계정을 사용해서 우리 논의를 전 세계에 생중계하면 어떨까? 일종의 급습처럼 말이야."

일부 어넌은 큐 슬로건·디자인을 넣어서 명함 같은 것을 제작한다. "큐 명함 견본을 모아둘 폴더가 필요해." 레이븐이 말한다. "밈하고 비슷한 건데 카드 형태라고 보면 돼. '진실은 큐어넌에' 유튜브 채널 링크나 웹사이트 주소, 아니면 해시태그를 넣어서 어넌들과 연결되게 하는 거야. 가장 괜찮은 디자인 한두 개를 골라서 비스타프린트에 맡기려고."

큐어넌은 영국에만 상륙한 것이 아니다. 독일, 네덜란드, 프랑스, 스웨덴, 발칸 반도는 물론, 그 밖의 여러 국가에도 큐어넌의 지부가 있다. 네덜란드와 유럽 정치 기관의 비밀을 폭로한다고 주장하는 플랫폼 더치리크스Dutch Leaks의 설립자는 큐어넌에게 영감을 얻어 '진실은 큐어넌에'를 모델로 네덜란드 디스코드 채널을 만들 수 있었다며 감사를 표한다. 그는 이렇게 말한다. "우리는 이런 식으로 정보를 공유하고 네트워크를 키울 수 있습니다. 각성한 사람들을 더 많이 끌어들이기 위해 소셜 미디어 플랫폼에서 열심히 네트워크를 구축하고 홍보하는 활동을 벌이고 있습니다."

극단주의 운동과 그 활동가들이 오늘날만큼 전 세계적으로 연결된 적은 없었다. 인터넷의 게시판과 만남의 장소들(연애를 위한 것이든 집단적인 탐정 게임을 위한 것이든) 덕분에 주변부에 위치하던 집단이 훨씬 더 규모 있는 온라인 커뮤니티로 탈바꿈하고 있다. 이러한 커뮤니티의 강점은 생각이 비슷한 전 세계 개인들 사이에 유대 관계를 조성한다는 것이다. 그 관계는 음모론에 대한 믿음이나 이른바 백인의 멸종을 막고 싶다는 바람처럼 기괴한 공통점에 근거할 수 있다. 이처럼 네트워크로 연결된 온라인 커뮤니티는 급진화의 입구이자 가속기 역할을 한다. 그러나 가장 중요한 것은 이 네트워크가 국지적 운동의 영향력을 초국가적 수준으로 끌어올린다는 것이다.

이제 국제적 네트워크는 현실 세계에서의 동원에 활용될 수 있다.

5부 동원

우파여 결집하라

대안우파의 샬러츠빌 집회 모의를 지켜보다

"흰 셔츠, 카키색 바지. 투명한 얼굴 가리개, 검은 장갑, 검은 헬멧." 네오나치가 마침내 합의한 드레스코드다. "마가MAGA 모자를 가져와. 그러면 안티파(안티파시스트)한테 평범한 트럼프 지지자처럼 보일 거야." 매드디멘션이라는 닉네임을 쓰는 제이슨 케슬러Jason Kessler가 우리에게 권고한다. 그는 남부연합군 로버트 E. 리 장군의 동상 철거에 항의하는 뜻에서 2017년 8월 11일과 12일에 샬러츠빌에서 열릴 예정인 백인민족주의자 집회의 조직자다. 나는 미국인처럼 보이는 아바타를 써서 6월에 그의 비밀 디스코드 채팅방에 들어간 후 인터넷 한구석의 백인우월주의자들 사이에서 이 행사가 뜨거운 감자가 되고 있음을 알게 되었다.

제이슨 케슬러의 목표는 대안우파의 다양한 하위 커뮤니티와 다른 유용한 동맹 집단을 한데 모아 디지털 대안우파 운동에 매력적인 오프라인 이미지를 제공하는 것이다. 조직팀은 백인우월주의 단체인 국가정책연구소 대표 리처드 스펜서와 반유대주의 팟캐스트 '데일리쇼아The Daily Shoah'의 진행자인 마이크 이닉Mike Enoch 같은 대안우파의 유명인사가 이 행사에 참여할 것이라 발표했다. 이들은 디스코드 채팅방에서 브이아이피 지위를 받았고 그동안 네오나치 집단에서 이 행사를 홍보해왔다. 조직팀에 속한 한 회원이 이렇게 말한다. "《나의 투쟁》 한 부에 리처드 스펜서의 사인을 받아서 상으로 줄 거야."

나는 역겨움과 호기심을 동시에 느끼며 조직팀의 내부 논의를 지켜본다. 논의 내용은 셔틀버스와 카풀 같은 이동 문제에서부터 이른바 '안티파 감시' 같은 시위 전략까지 다양하다. 집회가 있기 몇 주 전부터 디스코드 채팅방의 회원들은 평범하고 정당해 보일 만한 가장 좋은 전략을 두고 토론을 벌인다. 데일리스토머의 설립자 앤드루 앵글린의 말에 모두가 동의한다. "평범해져야 해. 일반인처럼 보여야 한다고."[1]

베인브욘은 패션을 통한 정상화 전략의 가장 적극적인 지지자 중 한 명이다. 그는 고문당하는 유대인 아기 사진 옆에 "너에겐 가스실이 필요 없어"라고 쓰인 밈과 스와스티카 이미지를 비밀 채팅방에 올리면서도 대외적으로는 사람들에게 좋은 인상을 주고 싶어 한다. 그는 이렇게 주장한다. "사람들의 생각은 매우 중요해. 북유럽 나치들이 그걸 잘하고 있지. 모두가 자기 멋대로 꾸미고 나타나면 흔한 양아치들처럼 무질서해 보일 거야."

심지어 조직팀은 외모가 별로인 사람에게 나오지 말고 집에 있으라고 권하기까지 한다. 다음은 '우파여 결집하라' 시위의 공식 규칙 중 하나다.

> 외모를 꾸며라: 광대나 라이브액션롤플레이를 하는 사람처럼 입지 말고, 깔끔하게 차려입어라. 네가 우리 운동을 대표한다는 것을 기억하라. 외모가 심각하게 못생겼다면(직설적으로 말하자면, 병적인 비만이거나 신체가 훼손되었다면) 집회에 오지 말고 집에서 혼자 할 수 있는 일을 하라.

마스크와 쿠클럭스클랜Ku Klux Klan 모자, 나치 상징은 금지다. 마스크 대신 선글라스와 모자를 착용하고, 총과 칼, 배턴 대신 깃대와 피켓, 얼굴 가리개만 소지하라는 권고가 내려온다. "전반적으로 투명 얼굴 가리개가 보기 좋아." 베인브욘이 말한다. "그러면 우리가 방어하는 쪽처럼 보이거든. 전부 스스로를 보호하기 위한 것들이지. 사람들이 우리를 너무 몰아붙일 때를 대비해서 말이야." 총을 가져오면 운동 전체와 운동의 대의가 위험에 처하며 아직은 전쟁을 벌일 때가 아니라는 것이 베인브욘의 주장이다. "우리가 '급진적 어젠다' 게시판에서 나누는 폭력적인 아이디어를 절대 실행에 옮기지 말 것." 데일리스토머가 경고한다. "[…] 이번 주말에 혁명을 시작한다면 그건 우리가 기대한 혁명이 아닐 거라고 장담할 수 있다. 자신이 전사임을 증명하고 싶다면 그전에 먼저 자제력을 증명하라."[2]

세련되고 당당하고 무해해 보이는 것은 대안우파 집단의 최우선 과제다. 현대적인 상징과 스타일을 택함으로써 과거의 이념을 숨기고 이미지를 쇄신하는 것이 이들의 핵심 전략이기 때문이다. 어떤 사람들은 바로 이러한 이유에서 대안우파를 숨은 파시스트라고 부른다. 최근 연구에서는 극우 집단이 오늘날의 청년 문화에 어울리도록 페이스북에서의 시각적 의사소통을 대폭 수정한 것으로 드러났다. 1980년대 이후 극우는 크나큰 미적 변화를 목격했다.[3] 이제 여성의 이미지는 전통적 옷차림을 한 국가사회주의의 어머니 같은 과거의 젠더 고정관념보다는 오늘날 청년 문화의 '이상적인 여자친구'의 모습을 반영한다. 이들은 섹시한 미니스커트에서부터 오버사이즈 후드와 스케이트 모자까지 모든 스타일의 옷을 입으며 보통 야심찬 운동 계획과 활발한 인스타그램 계정을 갖고 있다.[4]

외모에 대한 극우의 집착은 정당해 보이고 싶은 욕망과 주류 대중에게 더욱 호소하고 싶은 욕망에서 기인한다. 극단주의 운동에서 패션과 라이프스타일은 이들의 정치 이념으로 향하는 입구 역할을 한다.[5] 그러나 이처럼 외모에 크게 집중하는 것이 극우뿐만은 아니다. 대안우파처럼 이슬람국가도 주류적 사고에 저항하는 반문화와 라이프스타일 브랜드를 지향하는 동시에 가장 최근의 문화적 기준도 놓치지 않으려 한다.[6] 강렬한 브랜드는 대중의 상상력을 사로잡으며 주변에 신자들의 커뮤니티를 구축한다. 이야기, 신념, 아이콘, 의례, 고유의 어휘

는 브랜드가 감정적 애착을 일으키는 데 필요한 핵심 요소들이다.[7]

'우파여 결집하라' 시위의 조직팀은 이 모든 구성 요소를 결합해 능숙하게 '우리 대 그들'이라는 브랜드를 만들어내고 있다. 이 행사의 페이스북 공식 페이지에는 이렇게 쓰여 있다. "우리는 두렵지 않다. 너희는 우리를 분열시키지 못한다." 그러나 당연히 다음과 같은 의문이 떠오를 수밖에 없다. 지하디스트에 반대하는 시오니스트와 반유대주의 백인우월주의자가 도대체 어떻게 힘을 합친단 말인가? 전통적 보수주의자와 초자유지상주의자가 한 팀이 된 이유가 뭐란 말인가? 그 답은 바로 영향력의 확장이다. 이념적으로 서로 모순되는 대안우파의 하위 커뮤니티들은 친트럼프 캠페인을 통해 이미 서로를 알고 있었다. 그러나 이들이 현실에서 함께 활동을 전개하는 것은 이번이 처음이다. 일부 대안우파 인물이 말한 것처럼 "역사적인 순간"이다.[8]

"이렇게 많은 집단 사이에 의견 차이가 있는 것은 당연한 일입니다." 대안우파 활동가인 헌터 월리스Hunter Wallace가 말한다. 이어서 남부의 문화유산 활동가와 대안우파, 백인민족주의자, 반공산주의자, 토착문화 보호주의자, 트롤, 애국자가 결집해야 하는 이유를 설명한다. 그는 온라인과 오프라인에서 공통의 적에 대항해 힘을 합침으로써 더욱 강해질 수 있다고 말한다. "우파가 좌파를 내몰 수 있으며 대중 소셜미디어 환경 속에서 정치적 올바름의 저주를 풀어낼 수 있습니다. 온라인 공간에서의 문화 전쟁을 거리로 끌어내 싸움에서 승리할 수 있습니다."[9] 데일리스토머 역시 같은 생각을 드러냈다. "최대한 많은 사람이 집회에 참석할 수 있도록 가능한 모든 것을 해야 한다. 집회에 나온 사람들 간에 어떤 차이가 있든 그건 중요치 않다. 중요한 건 사람들에게 우리의 신념을 보여주는 것이다."[10]

'우파의 통합'이라는 설득력 있는 브랜드를 만들어내려는 조직팀의 노력에도 불구하고 서로 다른 극우 커뮤니티 간의 이념 차이가 주기적으로 표면에 떠오른다. "분리는 아름다운 거야." 한 백인분리주의자가 "모든 인종은 안전한 공간을 가질 자격이 있다"라고 쓰인 무지개 깃발 이미지를 올리며 말한다. "그게 무슨 개소리야?" 백인우월주의자가 불만을 표한다. 앞의 백인분리주의자는 "우리가 무지개 깃발을 용인하는 건 각 색깔이 분리되어 있기 때문이야."라고 대답한다. 그사이 바이스미디어 Vice Media의 공동설립자였다가 극우 블로거로 변신한 개빈 매키니스Gavin McInnes 같은 초자유지상주의자와 토착문화 보호주의자들은 집회의 틀을 백인 정체성이 아니라 언론 자유에 관한 것으로 수정해야 한다고 조직팀을 설득한다.

다양한 하위문화에 도달하기 위해 조직팀은 이념 스펙트럼을 가로지르는 서로 다른 타깃에 맞게 캠페인의 메시지를 수정한다. 이들은 페이스북, 트위터, 포챈, 레딧, 그 밖의 다른 극우 웹사이트와 게시판에서 집회를 열심히 홍보한다. 플랫폼에 따라 선전의 어조와 서술 방식은 다르다. 주류에 가까운 타깃에게는 주로 정체성과 문화유산, 언론의 자유에 관한 메시지를 전달하고 스펙트럼의 극단에 있는 플랫폼에서는 주로 백인 말살 서사와 반유대주의 음모론에 관한 자료를 홍보한다.[11]

집회 지지 트윗을 올린 사람의 거의 3분의 1이 인종 문제, 특히 '반백인 정책'과 '백인 학살'에 관한 불만을 표현한다. 이와 거의 비슷한 수의 사람들이 좌파, 특히 안티파에 관한 불만을 드러낸다.[12] 안티파 운동은 1920년대와 1930년대까지 거슬러 올라간다. 당시 이 운동의 참여자들은 유럽 파시스트들과 맞서 싸웠다. 1980년대 이후 안티 레이시스트 액션Anti-Racist Action 같은 안티파 집단은 극우 활동가와 맞서 싸우고 있으며 때로는 폭력을 사용하기도 한다. 최근 백인우월주의 운동이 다시 부흥하면서 지난 몇 년간 안티파는 더욱 강력한 반대 활동을 펼치고 있다.[13] 샬러츠빌 집회 온라인 지지자들의 또 다른 불만은 언론 자유의 침해와 남부 유산의 상실, 기득권층에 대한 분노와 관련이 있다.[14]

그러나 이것은 빙산의 일각에 불과하다. 진짜 문제는 다른 곳에 있다.

"콘보, 데이트한 지 얼마나 됐어?" 니케포로스가 묻는다.

"4년." 콘보가 대답한다.

"말도 안 돼. 지금 농담하는 거지?"

콘보는 고등학교 때 여자친구를 보호하려다가 친구들을 잃고 집단 괴롭힘을 당했다. 그러나 대학교 1학년 때 여자친구가 자신을 만나는 내내 "서른 살 먹은 늙다구니 털북숭이"와 바람을 피웠다는 사실을 알게 되었다. "그래서 5년 동안 친구가 없었어. 4년 동안 데이트를 못 했고." 콘보가 정리한다.

지금 콘보는 스물한 살이며 캘리포니아에 있는 전문대 2학년생이다. 그는 캘리포니아를 떠나 박사 학위를 딸 예정이다. "그 후에는 나치가 되어도 잃을 게 전혀 없을 거야." 콘보가 말한다.

"흠. 여기 있는 사람 대부분이 커리어가 위태로운 상태야." 뉴욕에 사는 파토스가 말한다. "내가 보기에 박사를 따도 달라지는 건 없을 것 같은데."

콘보의 마지막 데이트는 그리 만족스럽지 않았다. "10점 만점에 4점짜리 동양 여자애가 나왔는데 자기 엄마 얘기를 끝도 없이 하더라고." 콘보가 말한다. "두 달 전에 만났고 걔는 나랑 더 이야기하고 싶어 했는데 내가 '하하, 나중에 전화할게' 하고 끝냈어. 그런데 난 걔 번호 몰라!"

"몇 년 동안 그냥 틴더에 있는 잡년들이랑 자면 어때?" 파토스가 제안한다.

그러나 콘보는 자신이 섹스를 그다지 좋아하지 않는다고 대답한다. "섹스는 나한테 큰 동기부여 요인이 아냐." 그리고 자신은 기억력이 좋기 때문에 "너저분한 애들이랑 자고 나면 몇 달간 우울할 거"라고 덧붙인다. 콘보의 온라인 친구들이 프리스비팀이나 남자들만의 클럽 같은 사교 모임에 가입하라고 설득하자 콘보는 불쑥 화를 낸다. "난 저능아가 아냐. 사람들을 만나고 싶으면 만날 수 있다고."

외로움과 불안의 원인을 정치·문화·사회 트렌드 같은 외부 상황으로 돌릴 때 진짜 문제가 발생한다. 개인의 고난은 집단의 고난이 되고 집단의 갈등은 개인의 갈등이 된다. 개인이 자신의 불만과 충격적 경험을 서로 공유할 때 개인의 정체성은 집단의 정체성과 결합되기 시작한다.[15] 집단과 내가 하나 되었다는 생각은 집단의 이념과 비전, 명예를 위해 기꺼이 자신을 희생하는 결과로 이어질 수 있다.[16] 바로 이런 식으로 자살 테러범이 탄생한다. 테러범의 모습은 이슬람국가 순교자일 수도 있고 네오나치 총기 난사범일 수도 있다.

집회 날짜가 다가오면서 나는 미국으로 건너가 집회에 참여할지 고민한다. 그러나 회원 다수가 어떤 종류의 총을 가져갈지 얘기하는 것을 보고 가지 않기로 결정한다. 모두가 공격 금지 원칙을 따를 것 같지는 않다. "총기 은닉 소지 면허가 있으면 괜찮을 거야. 그 지역 법을 확인해봐야겠지만 우선 버지니아는 총기 문제에 매우 우호적이야." 제이슨 케슬러가 열렬한 총기 소지 지지자들을 안심시킨다.

북미 전역의 백인우월주의자와 극우 지지자들이 참가를 알린다. 심지어 캐나다나 미국 서부 해안에서 비행기를 타고 오는 사람들도 있다. 집회에 참여하지 못하는 사람은 기부하라는 권고를 듣는다.[17] 데일리스토머는 전 세계 2000명의 기부자로부터 15만 달러를 모았다고 자랑스럽게 발표한다.

2017년 8월 11일 저녁, 수백 명의 네오파시스트가 버지니아대학교 캠퍼스에 모여든다. 디스코드는 축제 분위기다. 신중하게 조율된 시위는 정확히 조직팀이 원하는 결과를 낳았다. 땅거미가 질 무렵 티키 토치(대나무로 만든 커다란 횃불 — 옮긴이)를 들고 행진하는 백인민족주의자들의 당당한 얼굴이 전 세계 신문에 실리는 것과 샬러츠빌 집회 관련 해시태그 및 사진이 소셜미디어에 트렌드로 오르는 것. 실제로 이 광경에 미디어의 관심이 얼마나 많이 쏟아졌는지, 티키 토치 제작사는 가족 바비큐 모임과 수영장 파티, 하와이 테마의 레스토랑 같은 핵심 사업 부문을 잃지 않기 위해 백인민족주의자들과 거리를 둬야 한다고 느낄 정도였다.[18]

다음 날 아침 시위대 약 500명이 이제는 '해방 공원'으로 이름이 바뀐 리 공원에 도착한다. 대부분이 나치 상징과 반자동 소총을 들고 있다. 전통주의노동자당Traditionalist Worker Party과 국가사회주의운동National Socialist Movement, 미국수호대Vanguard America, 유로파정체성, 대안 기사단 형제회Fraternal Order of Alt-Knights, 쿠클럭스클랜 등 여러 우익 무장 단체가 한곳에 모인 것은 흔치 않은 광경이다. 모든 시위대가 공공연한 반유대주의자인 것은 아니다. 일부는 정체성을 숨긴 나치이고 일부는 심지어 친이스라엘파다. 예를 들어 레블미디어의 페이스 골디Faith Goldy 같은 반지하디스트 논객과 미국의 영향력 있는 극우 웹사이트 게이트웨이펀딧Gateway Pundit의 전 백악관 출입 기자인 루치안 빈트리히Lucian Wintrich도 시위에 와 있다. 소셜미디어에서는 유럽의 정체성주의자들과 영국의 극우 인사들이 #UniteTheRight(우파여 결집하라) 캠페인을 홍보하고 응원한다.[19]

공식 집회는 오후 12시에 시작될 예정이다. 그러나 오전 11시에 버지니아 주립 경찰이 집회를 불법으로 규정하며 공원에서 사람들을 몰아내기 시작한다. 샬러츠빌 시장은 "소요 사태와 불안, 시민의 부상, 공공 재산과 사유 재산의 파괴가 발생할 가능성이 상당하다"며 비상사태를 선포한다.

온라인과 오프라인에서 점점 긴장감이 높아지는 것을 느낄 수 있다. 디스코드 대안우파 서버에서 분노한 일부 회원들은 시위 참여자들에게 경찰과 반시위대에게 반격하라고 강력 촉구한다. 시위대 한 명이 이렇게 말한다. "우선 나가서 재정비한 뒤 더 효과적으로 반격에 나설 거야. 최악의 상황에서 일어날 수밖에 없는 가벼운 문제야. 이게 유대인이 우리를 두려워한다는 것과 우리가 실질적인 위협임을 안다는 것을 보여주는 구체적인 증거야. 우리는 절대 지치지 않아. 우리는 절대 풀어지지 않아. 하일 빅토리! 하일 우파!"

나는 백인우월주의자인 소셜미디어의 유명인사 팀 지오넷

Tim Gionet, 닉네임은 베이크드 알래스카의 라이브 방송에 들어간다. 네오나치인 팀 지오넷은 몇 달 전 수만 명의 지지자들에게 코미디 드라마 〈친애하는 백인 여러분〉을 발표한 넷플릭스를 불매하자고 촉구한 적이 있다.

내가 방송을 켠 직후 베이크드 알래스카가 시위대 쪽으로 향하다 반시위대에게 최루가스를 맞는다. 나는 시간이 흐를수록 온라인 시청자들이 더 흥분하는 모습을 지켜본다. 내가 모니터하는 다른 생방송 채팅방과 마찬가지로 점점 더 많은 시청자가 폭력을 사용하라고 간청한다. 어떤 이들은 시위대가 너무 나약해서 경찰 및 반시위대와 싸우지 못한다고 비난한다. 다음은 생방송 채팅방에 올라온 댓글의 일부다.

경찰 안티파 깜둥이 유대인 뒈져라!

새까만 새끼들 죽어버려.

저 폭력배들을 막아야 해.

깜둥이들 다 불태워버려.

다시 목매달아 죽여버려.

이건 전쟁이다.

안티파에게 죽음을!

적군의 차를 박살내.

공산주의자와 깜둥이들이 전쟁을 원한다면 원하는 걸 진짜 주자고.

따라오는 저 깜둥이 목을 매버려.

너무 나약해.

솔직히 말하면 깜둥이들이 이기고 있잖아.

더 이상 점잖게 굴지 말고 폭동을 일으킬 때야, 이 겁쟁이들아.

이 저능아들.

겁쟁이들만 모였어.

폭력은 폭력으로 응해야 할 때가 있는 거야! 다 조져버려!

깜둥이들에게 죽음을!

아직 모른다면, 이제 백인 인종의 적들을 다 죽여야 할 때야.

블루스브라더스Blues Brothers(자동차가 대량 충돌하는 장면으로 유명한
영화 — 옮긴이)를 데려와서 저 잡년들을 차로 다 쳐버려야 해.

안티파를 죽여!

이로부터 얼마 지나지 않은 오후 1시 45분경 시위대 중 한
명인 제임스 앨릭스 필즈James Alex Fields가 차를 몰고 반시위대
무리에게 돌진한다. 헤더 헤이어라는 이름의 32세 여성이 사망
하고 19명이 부상당한다. 헤더 헤이어가 페이스북에 올린 마지
막 글은 다음과 같다. "분노하지 않는다면 그건 관심을 기울이
지 않고 있다는 뜻이다."[20]

헤더 헤이어의 죽음이 시위 중에 발생한 가장 비극적인 사
건이긴 하지만 유일한 폭력 사태는 아니다. 디안드레 해리스
DeAndre Harris라는 이름의 20세 흑인 남성도 백인우월주의자들
에게 공격당한 뒤 머리와 척추에 부상을 입었다. 그는 샬러츠

빌에 있는 주차장에서 금속 파이프와 나무판자를 든 남성 여섯 명에게 두드려 맞았다.[21] 이 사건들은 온라인에서의 혐오와 폭력 선동이 얼마나 순식간에 현실 세계에서의 실제 행동으로 이어질 수 있는지를 보여주었다.

자동차 사고 뉴스가 보도된 후 나는 다시 대안우파 디스코드 서버로 돌아간다. 회원들 사이에서 격렬한 논쟁이 벌어지고 있다. "오늘 일어난 일로 의기소침해지지 마." 한 회원이 촉구한다. 그는 "적이 완전히 패배할 때까지 계속해서 더욱 강하게 반격할 것"이라 약속한다. 일부 회원은 "내 차 마음에 들어?" 같은 불쾌한 글과 함께 자동차 사진을 올리며 시위에서 벌어진 사고에 대해 농담을 한다. 심지어 자동차 공격을 찬양하는 사람들도 있다. 한 회원은 이렇게 말한다. "누군진 몰라도 그 사람은 영웅이야. 경의를 표합니다."[22]

샬러츠빌 집회의 여파로 전 세계 대안우파의 기세가 약화되었다. 자동차 공격으로 이미지가 크게 훼손되었고 평범한 미국인에게 도달하는 능력도 크게 감소했다. 집회 이후 몇 주간 대안우파의 소셜미디어 계정과 디스코드 서버 대다수가 폐쇄되었다. 동시에 이질적 이념을 가진 하위 집단 간의 균열도 더욱 커졌다. 주류 극우 인사들은 더 극단적인 부류의 주장 때문에 전체 운동에 대한 반발이 일어났다고 비난했다.

그럼에도 샬러츠빌 집회는 극우의 온라인 동원에 대한 선례를 남겼다. 집회 조직팀과 참여자들은 공동의 목표를 더 강력하게 밀어붙이기 위해 이념적·지리적 차이를 좁혔다. 집회 이후 모든 우익 스펙트럼을 통합하려는 시도가 미국과 유럽 전역에서 이어졌다. 우파연합The Right Wing United 서버가 그 사례 중 하나다.

내가 가입한 2018년에 우파연합의 회원 수는 총 400명이다. 샬러츠빌 집회가 있고 몇 달 뒤에 설립된 이 국제 단체는 "보수주의자와 전통주의자, 반좌파 집단을 하나로 모아 안전하고 건전하고 효과적인 행동주의로 이끄는 데 전념"한다고 주장한다.

이 단체의 규약은 이들이 어떤 원칙을 따르는지를 보여준다.

우리는 총기 소지 합법화에 동의한다. 우리는 민주주의에 반대하는 시끄럽고 불쾌한 소수 집단에 저항해야 한다고 믿는다. '사회 정의 전사들'과 공산주의자, '안티파' 같은 집단이 우리의 조국을 내부에서부터 해체하려 하고 있다. 서구의 전통주의는 사람들의 기억 속에서 사라졌다. 현대의 청년 문화가 근시안적인 원시적 행동을 장려하면서 도덕적 가치는 땅에 떨어졌다. 여러분의 도움으로 그러한 가치들을 부활시켜 서구를 다시 위대하게 만들 수 있다. 자유지상주의자와 민족주의자, 무신론자와 기독교인이 모두 한자리에 모였다. 이제 하나의 대가족이 되어 좌파에 맞설 때다.

우파연합 회원들의 정치적 견해와 목표에 대해 더 자세히 알고 싶어서 설문조사 방에 들어간다.

- 여성에게 투표권이 주어져야 하는가?
  그렇다 8명, 아니다 23명.
- 남성은 자기보다 어린 여성과 결혼해야 하는가?
  그렇다 28명, 아니다 5명.
- 이질적인 구성원으로 구성된 사회는 실패할 운명인가?
  그렇다 39명, 아니다 6명.
- 사람들이 자기 인종을 자랑스러워해도 괜찮은가?
  그렇다 67명, 아니다 2명.

우파연합은 모든 면에서 전통주의를 추구한다. 낙태죄에 찬성하고, 성소수자 인권·이슬람·사회주의에 반대하고, 총기 소지에 찬성하고, 다양성에 반대한다. 대다수의 영국 우파연합 회원은 영국국민당BNP을 지지한다. "영국독립당도 괜찮지만 충분히 엄격하지가 않아." 한 회원이 말한다. 그는 더 나아가 현재의 토리tory(영국에서 보수주의자를 칭하는 용어 – 옮긴이)는 '토리'나 '보수주의자'라고 불릴 자격이 없다고 주장한다. "걔네는 전혀 보수가 아니야. 적어도 사회 문제와 이민 문제에 관해서는."

미국 우파연합의 정책은 계속 트럼프를 지지하되 지나치게 트럼프에게 의지해 어젠다를 밀어붙이지는 않는 것이다. "트럼프는 우리를 구해주지 못할 거야. 우리를 구할 수 있는 건 우리 자신뿐이거든. 그렇다 해도 트럼프가 일을 개판으로 하거나 목표를 완수하지 못했다고 그를 악마화해선 안 돼." 미국의 우파 연합 회원들은 현재의 보수주의·민족주의적 사고가 트럼프와 지나치게 얽혀 있다고 생각한다. "그러니까 트럼프의 대외 이미지를 개선하고 2020년 대선에서 승리할 수 있게 뭐든 해야 해."

이들은 만약 트럼프가 대선에서 지거나 불명예를 얻으면 대중의 마음을 얻으려는 전쟁에서 민족주의와 보수주의가 패배할 것이라 생각한다. 이러한 이유로 이들은 민족주의와 전통주의를 트럼프와 분리하려는 계획을 세우고 있다. 재선에 성공하더라도 트럼프가 백악관에 머물 수 있는 시간은 지금 이 책을 쓰고 있는 시점부터 겨우 6년뿐이다. "그보다 더 오래 지속될 제도가 필요해. 트럼프가 패배하거나 외부 요인으로 끌려나오더라도 사라지지 않을 제도 말이야. 즉 우리의 운동이 트럼프보다 더 거대해. 우리가 원하는 바를 이루기 위해 트럼프를 이용할 수는 있지만 트럼프가 우리를 만든다거나 없앤다는 생각은 하면 안 돼."

우파연합이 목표로 하는 사회 모델은 전통주의적일지 몰라도 이들이 계획하는 전략은 미래적이다.

• 인간의 유전자를 변형해야 할까?
  그렇다 12명, 아니다 9명.

- 인터넷은 탈중심화되어야 해?

  그렇다 37명, 아니다 3명.

- 어떤 소셜미디어 플랫폼을 사용해?

  페이스북 27명

  마인즈 16명

  트위터 34명

  갭 24명

  인스타그램 35명

  콤보 2명

  레딧 22명

　인터넷과 소셜미디어를 비롯한 기술 발명품은 이들의 활동에 매우 편리한 도구로 간주된다. 이들의 온라인 운동은 밈 아카이브를 구축하고 봇 계정을 만들고 페이스북과 유튜브, 마인즈, 레딧, 갭, 텔레그램, 트위치 등 모든 종류의 소셜미디어를 활용함으로써 캠페인을 벌이고 거리 시위를 조직할 준비를 갖추고 있다.

　우파연합의 달력에는 극우 행사뿐만 아니라 반대하고 싶은 좌파 행사도 기록되어 있다. 예를 들어 2019년 1월 달력에는 멜버른의 세인트킬다비치에서 열린 정치 집회(시위대와 반시위대의 충돌로 격화되었다)와 워싱턴D.C.에서 열린 낙태 반대 행진 및 여성들의 행진이 적혀 있다.[23] 미국에서 열린 보수정치행동

회의The Conservative Political Action Conference와 핀란드·리투아니아·벨기에·포르투갈·유럽의회 선거도 이들의 레이더 안에 있다.

우파연합의 집회 참여 지침은 '우파여 결집하라' 조직팀이 제시한 것과 상당히 유사하다.

> 본인의 모습이 자기 자신뿐만 아니라 주위 사람까지 대변한다는 것을 기억하라. 구린 외모로 나타나거나 구린 행동을 하면 우리 편에 있는 모든 사람뿐만 아니라 우리의 가치까지 나쁜 평판을 얻게 된다. 외모와 행동은 중요하다.[24]

다시 우파연합의 설문조사방으로 돌아가 보자.

> 평판이 무너진 정치 집단이나 개인이 다시 명성을 되찾는 것이 가능할까?
> 그렇다 3명, 아니다 18명.

샬러츠빌 집회 이후 많은 극우 집단이 공개된 채널에서 나치 상징과 파시스트 언어를 사용하는 것을 자제하고 있다. "일부 백인민족주의자는 우월이라는 단어의 사용을 신중히 삼간다."[25] 이제 페이스북은 관리자들에게 극단주의자들의 미묘한 언어 사용을 파악하는 방법을 교육한다. 여기에는 '칼리파(칼리프의 나라)'와 '쿠프르(비신자)', '다르알하릅(전쟁의 땅)'처럼 지하디스트 감시 목록에 오른 단어를 피함으로써 발각을 면하려는 이슬람주의자들의 노력이 반영되어 있다.

2019년 5월에 실시될 유럽의회 선거는 우파연합의 중요 안건 중 하나다. 이들은 2019년 초부터 선거 운동에 사용할 자료를 준비하기 시작했다.

> 우리는 유럽회의주의Euroscepticism(유럽 통합에 반대하는 이념 ―
> 옮긴이)와 민족주의를 주제로 밈 경연대회를 열기로 결정했다. 올해
> 5월에는 유럽에서 유럽의회 선거가 치러지며 우리는 유럽회의주의
> 시각이 담긴 밈을 최대한 많이 만들어서 공유해야 한다. 최고의
> 오리지널 콘텐츠에는 상금이 수여될 예정이며, 상금은 경연에
> 참여하는 밈의 개수와 수준에 따라 달라진다. 질문이 있으면 내게
> 다이렉트 메시지를 보내고 #shitposting-and-memes 대신
> #activism 해시태그를 달아서 밈을 게시한 뒤 내게 메시지를
> 보내면 저장해서 평가하겠다. 한 달의 시간을 줄 테니 최고의 밈을
> 만들어내도록. 행운을 빈다.

우파연합의 모든 회원은 관리자와 조정자, 부장, 차장 등의 직위를 부여받는다. 우파연합은 자신들이 "일종의 확대 가족이라 할 수 있는 친목 단체"라는 사실을 자랑스러워한다. 전투에 참여하고 충성심을 표현하지 않는 회원은 직위가 하락하거나 추방된다. "너의 형제자매가 곤궁에 빠져 있으면 그들의 이

익을 위해 자신을 바쳐야 한다." 캠페인 부대가 매력적인 마케팅 자료를 만들 수 있도록 관리자들은 각 젠더와 연령대가 가장 선호하는 색상에 관한 설문조사 결과뿐만 아니라 사람의 심리에 영향을 미치는 레이아웃과 폰트 정보까지 공유한다.

유럽 전역에서 계속되는 정치경제적 혼란은 악의적 캠페인을 벌이는 자들에게 절호의 기회로 여겨진다. 전 세계 극우 활동가들은 만연한 분노를 자신들의 저항 운동으로 전환하려는 목적에서 현 상태에 반대하는 주류 시위를 자기편으로 끌어들이기 시작했다. 우파연합 회원들은 노란 조끼 시위를 이른바 '유럽의 봄' 개시를 향한 첫 번째 단계로 여긴다. 2018년 11월 마크롱 대통령의 유류세 인상에 항의하는 일련의 시위로 시작된 노란 조끼 운동에서는 좌파와 우파 모두가 거리로 쏟아져 나왔고 권위주의자와 무정부주의자가 서로 어깨를 맞댔다. 이 있을 법하지 않은 동맹을 만든 것은 경제적 불만과 정치적 기득권층을 향한 분노였다.[26]

이미 초기부터 노란 조끼 시위는 이슬람과 동성애를 혐오하고 유대인에 반대하는 무리를 끌어모았다.[27] 2018년 12월 노란 조끼 포스터와 그라피티는 마크롱 대통령을 '유대인의 개'와 '유대인 쓰레기'라 칭했으며, 한 설문조사에 따르면 시위대에서 가장 인기 있는 정당은 마린 르펜의 민족전선이었다.[28] 우파연합과 유러피언내셔널European National, 큐어넌 같은 온라인 극우 집단은 이 운동을 다른 지역으로 확대했다. 노란 조끼 운동에서 파생되어 2019년 1월 영국에서 발생한 폭동에서 시위대는 센트럴런던에 있는 다리를 막고 의회 밖에 있는 하원의원들을 공격했다.[29] 일부 시위대는 반무슬림 집단인 영국수호연맹과 오딘의 늑대Wolves of Odin 배지를 달고 있었다. 캐나다와 유럽 전역의 큐어넌 활동가들은 큐가 새겨진 조끼를 착용함으로써 이 시위에 음모론의 기미를 더했다. 런던에서 열린 집회에서 한 시위자는 "그들이 전쟁을 원하면 전쟁을 줄 것이다. 빌어먹을 전쟁을 선사해주자"라고 외쳤으며 한 여성은 리즈에서 열린 시위에서 히틀러식 경례를 했다. 레딧의 대안우파 트롤들은 노란 조끼 시위대의 영상과 사진을 밈으로 만들어 주류 채널에 메시지를 퍼뜨렸다.

이제 대규모 동원은 단 몇 시간 내에도 가능해졌다. 2018년 8월의 어느 일요일 아침, 독일 작센주에 있는 도시 켐니츠의 탄생을 기리는 축제에서 쿠바계 독일인 남성 다니엘 H.가 칼에 찔려 사망했다. 체포된 용의자들이 이라크와 시리아에서 온 난민이라는 사실이 알려지자 겨우 몇 시간 만에 전국에서 6000여 명이 켐니츠의 구시가지로 몰려나와 이민 반대 시위를 벌였다. 시위는 순식간에 폭동으로 변했다. 극우 활동가들은 이민자를 뒤쫓으며 신체적 폭력을 가했고 시위대 10명이 히틀러식 경례를 한 혐의로 기소되었다.[30] 시위가 몇 주 동안 이어지면서 이민자를 향한 폭력이 독일의 다른 지역으로 퍼져 나갔다. 최초의 시위가 벌어지고 며칠 뒤 독일 북동부에서 세 명의 남성

이 쇠사슬로 시리아 이민자인 21세 남성을 폭행해 심각한 부상을 입혔다.[31]

샬러츠빌 집회에서처럼 켐니츠 시위대도 서로 다른 극우 분파를 한자리에 결집시켰다. 극우 포퓰리즘 정당인 프로켐니츠Pro Chemnitz와 독일을 위한 대안당 지지자들이 폭력적인 네오나치 및 훌리건과 함께 행진했다. 심지어 정치인과 언론인, 좌파 활동가에 대한 공격을 계획했던 우익 테러 단체 켐니츠혁명Revolution Chemnitz의 회원들도 시위에 참가했다.[32]

그러나 샬러츠빌 집회와 달리 켐니츠 시위는 몇 달 전부터 계획된 것이 아니었다. 켐니츠 시위는 뉴스 보도에 대한 즉각적인 반응으로 발생했다. 심지어 시위가 시작되기 몇 시간 전에도 시위를 조직하겠다는 발표나 거리를 점거하자는 주장을 찾아보기 힘들었다. 켐니츠 시위를 동원한 것은 콘텐츠였다. 살인 사건 조사가 아직 진행되는 와중에 극우 인사들이 잘못된 시각을 퍼뜨려 지지자들의 분노를 일으킨 것이다. 왓츠앱과 텔레그램, 디스코드에 있는 많은 암호화된 극우 채팅방이 두 남성이 살해되었으며 피해자들은 괴롭힘당하는 여성을 보호하려 했던 것이라는 잘못된 사실을 주장했다. 극우 유튜버들은 이러한 허위 정보를 이용해 근거 없는 혐오 발언을 생중계했다. 정체성주의 래퍼인 크리스 아레스Chris Ares는 독일 유튜브에서 열네 시간 동안 트렌드 1위에 올랐다.[33]

스마트폰 시대는 생중계와 인스턴트 메시지 앱을 이용하는 새로운 형태의 동원 방식을 낳았다. 소셜미디어, 특히 다크소셜은 급진 활동가들이 결정적 사건을 즉각적인 동원의 구심점으로 활용하는 것을 가능하게 한다. 독일의 반파시스트 단체인 아마데우 안토니오 재단Amadeu Antonio Foundation은 이를 "분노 관리"라 칭했다.[34] 저항의 생중계는 파리의 《샤를리 에브도》 본사와 바타클랑 극장에서 테러 공격이 일어난 후 #jesuischarlies(내가 샤를리다)와 #noussommesunis(우리는 하나다)라는 구호 아래 연대 행진이 일어났던 것처럼 긍정적인 결과로 이어질 수 있다. 스웨덴의 기후 활동가인 그레타 툰베리가 이끈 #TheFridaysForFuture(미래를 위한 금요일) 운동도 긍정적인 온라인 동원 사례 중 하나다. 그러나 이러한 방식은 적으로 간주되는 대상을 향해 혐오를 드러내는 폭동으로 이어질 수도 있다.

전 세계 극우의 궁극적 목적은 온라인의 청년들을 세계화와 리버럴리즘에 맞서는 자신들의 '저항 운동'에 합류시키는 것이다. 이를 위해 극우는 기술과 소셜미디어를 능숙하게 활용하는 부대를 만들었으며 어쩌면 이들이 변화의 주역이 되어 유럽과 미국의 정치 제도와 권력 관계를 재구성할 극적인 전환점을 마련할 수도 있다. 샬러츠빌 집회처럼 주도면밀하게 조직된 것이든 켐니츠 시위처럼 즉흥적으로 일어난 것이든, 급진 활동가들의 느슨한 네트워크는 이러한 대규모 시위를 일으키기 위해 모든 스펙트럼의 소셜미디어와 온라인 홍보 수단을 사용한다.

방패와 검

10장

네오나치 음악 페스티벌에 가다

동독. 섭씨 9도, 비가 옴. 나는 독일과 폴란드 국경 근처에 위치한 오스트리츠라는 작은 도시에서 반년에 한 번 열리는 유럽 최대의 네오나치 록페스티벌에 입장하려고 줄을 서 있다. 실트 앤드 슈비어트Schild & Schwert가 열린 것은 이번이 두 번째다. 올해 초, 처음 열린 이 네오나치 행사에 참여하기 위해 유럽 전역에서 1000명 이상의 백인우월주의자가 이곳을 찾았다. 히틀러의 생일인 4월 20일이었다. 실트 앤드 슈비어트는 '방패와 검'이라는 뜻이다.

11월 주말에 열린 이번 행사의 의제는 정치 토론과 종합마셜아츠, 록이며, 전부 나치가 테마다. 다음 중 무엇이 가장 최악일지 모르겠다. 독일 민족민주당의 부대표인 호전적 네오나치 토르스텐 하이제Thorsten Heise의 연설일까, 최후의 인종 전쟁에 대비해 훈련하는 캄프데어니벨룽겐Kampf der Nibelungen의 시범 경기와 마셜아츠 수업일까, 아니면 버닝 헤이트Burning Hate와 페인풀 라이프Painful Life, 테루아스파라Terrorsphära 같은 민족사회주의

밴드가 아리아인의 생존을 노래하는 음악 공연일까.

"우리도 한 시간째 기다리고 있어요." 옆에 있는 키 작은 여자가 갑자기 내게 말을 건다. 초록색 눈 주위를 새까맣게 칠했고, 귓불에 2유로짜리 동전만 한 구멍이 있다. 여자가 자신을 제인이라고 소개한다. "테루아스파라 공연을 놓치면 안 되는데! 들어가는 속도가 너무 느려요." 제인이 조급해하며 오른쪽 발끝으로 아스팔트 도로 위를 긁는다. 운동화에 유명한 '엔N' 마크가 붙어 있다. 제인 앞에 있는 사람도, 그 앞에 있는 사람도 마찬가지다. 나는 줄 서 있는 사람 중 10여 명의 운동화에서 엔을 발견한다.

뉴발란스는 네오나치가 가장 선호하는 신발 브랜드가 되었으며 이는 미국 밖에서도 마찬가지다. 보스턴에 기반을 둔 뉴발란스는 해외 공장에 생산을 맡기지 않는 미국 유일의 운동화 브랜드다. 뉴발란스 공공사업 부문의 부사장인 매슈 리브레턴 Matthew LeBretton이 《월스트리트저널》과의 인터뷰에서 트럼프가 "올바른 방향으로 나아가고 있다고 생각한다"라고 말한 뒤, 트럼프에 반대하는 상징적 행위로서 자신의 뉴발란스 신발을 불태우는 영상들이 소셜미디어에 올라왔다. 백인우월주의 운동은 이 기회를 틈타 뉴발란스 브랜드를 장악했고 앤드루 앵글린은 뉴발란스가 '백인의 공식 신발'이라고 선언했다.

내 검은색 아디다스는 군중 속에서 눈에 띄는 유일한 아이템이다. 신발을 제외하면 검은색 점프수트 위에 검은색 가죽재킷을 걸친 내 모습은 사람들 사이에 쉽게 섞여든다.

앞줄에 있는 남자가 경찰관과 함께 한쪽으로 걸어간다. 경찰관들이 도로 건너편에 있는 대형 주차장으로 모두를 한 명씩 데려가고 있는 것 같다. "저기서 뭘 하고 있기에 이렇게 오래 걸리는 거예요?" 내가 제인에게 묻는다.

"개인 정보를 물어보고 무기 같은 게 있나 확인하는 거예요." 제인의 친구 올리가 대답한다. 올리는 머리카락보다 수염이 더 많고 짙은 파란색 청바지와 바람막이를 입고 있다.

"무기요?" 내가 묻는다.

올리의 밝은 푸른빛 눈이 내 쪽을 향한다. "네, 무기요. 어떤 멍청한 놈들이 여기에 칼을 들고 왔었거든요."

"저런." 내가 말한다.

"그러니까요. 안에서 무슨 칼이 필요하다고. 들어가면 우리끼리일 텐데 말이에요. 외부인은 못 들어가요. 안티파도 기자도요. 우리 동지들만 있는 거죠."

"흠, 루마니아인하고 폴란드인은 그런 데 익숙하지 않아." 제인이 말을 보탠다. 독일 민족사회주의 록페스티벌은 백인우월주의 집단에게 전 세계 최대 규모의 네트워킹 행사로 간주된다. 심지어 4월에 열린 행사에는 블러드앤드어너Blood & Honour와 폭력적인 동맹 조직 컴배트18 Combat 18처럼 금지된 단체에 속한 과격분자들도 참여했다.[1] 컴배트18은 회원들에게 살인 명부를 작성하고 소규모로 움직이며 이민자에게 못 폭탄을 던지라고 지시하는 단체다.

"다른 나라 사람들도 많이 오나요?" 내가 묻는다.

"엄청요." 제인이 말한다. "우리 앞에 있는 두 사람도 확실히 독일인은 아니에요. 내가 보기엔 영국인인 것 같은데." 두 사람이 사용하는 언어는 폴란드어 같지만 제인의 말을 수정하지는 않기로 한다.

"어, 저기 봐봐. 토르스텐이다!" 올리가 키 큰 중년 남성을 가리키며 외친다. 경찰 두 명이 토르스텐의 양팔을 꽉 붙잡고 주차장으로 데려간다. "경찰이 아직 내 체포 영장을 안 받은 거면 좋겠는데." 경찰이 자기 정체를 알 수도 있다는 생각에 반은 염려하고 반은 짜릿해하는 듯한 목소리로 올리가 덧붙인다.

"아, 난 걱정 안 해. 경찰 추적 시스템은 엄청 느리거든. 업데이트에만 몇 주는 걸릴걸." 제인이 말한다. "빨리 못 도망쳤나 봐?" 제인이 올리에게 윙크를 하며 농담을 던진다. "난 경찰이 오면 보통 도망가거든. 몇 주 전에 경찰이 나를 심문하려고 하는 거야. 아무것도 잘못한 게 없는데. 그냥 술 취해서 길가에 있는 컨테이너를 발로 걷어찬 것뿐이라고. 그래서 막 뛰기 시작했지. 그렇게 많이 취하진 않았었나 봐."

"이번엔 못 도망쳤어. 경찰이 나를 붙잡아서 체포하고 이것저것 물어봤어." 올리가 말한다.

"뭐 때문에요?" 내가 묻는다.

"상해." 올리가 자랑스럽다는 듯이 씨익 웃으며 대답한다.

"왜요? 무슨 일이 있었는데요?" 내가 올리에게 묻는다.

"왜 있잖아요, 신체 상해." 올리가 이거면 충분하다는 듯이 같은 말을 반복한다. 나는 아무 말 없이 고개를 끄덕인다. 제인이 깔깔 웃는 틈을 타서 심호흡을 한다. 또 다른 경찰관과의 일화를 말하는 제인의 큰 손동작을 쳐다보는데 손가락 마디에 숫자 9 두 개와 하트 모양, 다이아몬드 모양이 그려진 것을 발견한다. 텍사스홀덤 포커의 '독일 처녀' 상징이다. 적어도 '하일 히틀러'의 앞 글자를 조합한 네오나치의 상징 숫자 '88'은 아니다.

우리 앞의 도로에 경찰차가 더 도착한다. 전국 각지의 번호판이 달려 있다. 무장한 경찰 트럭과 특수부대도 와 있다. 적어도 나는 안전한 느낌을 받는다. 어느 정도는. 독일 경찰은 극우 운동과 연줄이 있는 것으로 알려져 있다. 2011년 다수의 경찰관과 비밀정보 요원이 테러 조직인 국가사회주의지하당National Socialist Underground의 지지 모임에 관여해온 사실이 드러났다. 국가사회주의지하당은 2000년에서 2007년 사이 이민자 아홉 명과 여성 경찰관 한 명을 살해했고 폭발물 공격을 비롯해 총 40차례의 공격을 계획했다.[2]

"진짜 짜증나. 콘서트 앞부분을 놓치고 싶지 않단 말이야. 오늘을 위해 월차도 냈는데." 제인이 말한다. 제인은 독일의 유명 자동차 공장의 조립 라인에서 일한다. 비정규직은 원할 때 월차를 내는 것이 쉽지 않다고, 제인이 내게 말해준다. "그런데도 월차를 냈다고. 그러니 지금 당장 페스티벌에 들어가야 해!"

우리 뒤에는 긴 금발의 예쁘장한 20대 여성이 서 있다. 여자는 청바지와 검은색 트렌치코트를 입었다. 외모에서 특히 눈에 띄는 점은 핏발 선 두 눈뿐이다. 두 눈에 드리운 깊은 슬픔이 바라보기 힘들 정도라서 염려가 된다. 그때 똑같이 평범한 차림을 한 키 크고 잘생긴 남성이 여자와 합류한다.

"혼자 왔어요?" 지금껏 눈치채지 못했는지 불현듯 제인이 내게 묻는다.

"아뇨. 남자친구는 이미 안에 들어가 있어요. 이렇게 사람을 붙잡아둘 줄은 몰랐거든요."

제인이 고개를 끄덕이며 올리 쪽을 향해 말한다. "우리 짝지어서 들어갈래?" 제인이 내게 같이 가자고 제안하지 않아서 다행이다. 경찰관에게 내 진짜 이름을 말해야 한다는 걸 알기 때문이다.

"이쪽으로 오시죠." 그때 단호한 목소리가 내게 말한다. 경찰관을 따라 주차장으로 가자 경찰 수십 명이 자리에 서서 눈앞의 광경을 지켜보고 있다. "무기나 다른 위험한 물건을 소지하고 계십니까?"

나는 고개를 젓는다.

"뭐라고요?"

"아니요, 소지하고 있지 않습니다."

"신분증 좀 보여주세요." 나는 신분증을 건넨다. "태어나신 날짜가?" 경찰관이 묻는다.

"1991년이오." 내가 대답한다. "1991년 7월 24일이에요."

"알겠습니다. 잠깐만 기다려주세요." 경찰관이 이렇게 말한 뒤 내가 떨고 있음을 알아채고 덧붙인다. "이렇게 추운 날씨에 기다리게 해서 죄송합니다. 여기 인터넷 속도가 너무 느려서요." 제인의 말이 옳았다. 경찰 시스템은 속도가 그리 빠르지 않다.

"구글에 제 이름을 검색해보시는 건가요?" 내가 살짝 놀라서 경찰관에게 묻는다. "아니요, 혹시 체포 영장이 내려와 있는지만 확인하는 겁니다." 내가 고개를 끄덕인다. "이런 페스티벌이 처음이신가요?" 나는 다시 고개를 끄덕인다. 경찰관이 씨익웃는다. "그래 보여요."

페스티벌 장내로 들어간다. 경찰관 수가 확연히 적다. 바깥쪽을 순찰 중인 경찰관 몇 명만 보일 뿐이다. 제인 친구의 말마따나 이곳은 '우리들끼리'다.

"메인 콘서트홀이 어디죠?" 내가 작은 맥주 텐트의 바에 앉아 있는 두 중년 남성에게 묻는다.

"발음을 보니 바이에른 사람인 것 같네." 그중 한 명이 내질문을 무시하고 말한다. "우린 뮌헨 출신이에요."

"전 오스트리아인이에요." 내가 말한다.

"같이 한잔하지 그래요?" 남자가 제안한다. "여긴 남부 독일인 모임인데."

"그쪽도 남부 독일인이잖아요." 다른 한 명이 덧붙인다. 두 사람은 껄껄 웃음을 터뜨린다. 지금은 80년 전 나치 독일의 오스트리아 병합에 대해 논쟁을 벌일 때가 아니라고 판단한다. 나는 1938년이 아닌 2018년 이들의 생각에 더 관심이 있다.

"무엇 때문에 뮌헨에서 여기까지 온 거죠?" 내가 묻는다.

"테루아스파라요." 테루아스파라는 오늘 밤의 하이라이트다. 공연은 밤 1시에 시작한다. 티롤 출신의 이 하드코어 밴드는 2013년에 결성되어 5년 만에 페이스북에서 '좋아요' 8000개를 얻었다. 유튜브에 있는 테루아스파라의 공식 뮤직비디오는 조회수가 수만 회 이상이다.[3] 테루아스파라는 자신들의 음악 장르를 "비순응적이고 무자비한 비트다운 데스코어"라 칭한다.

두 남부 독일인에게 교통체증과 열차의 연착에 대한 이야기를 들은 후 나는 옆에 앉은 여자 쪽으로 몸을 돌린다. 여자는 몇 분 전 이 남자들과 합류했다. 나는 여자가 막 함부르크에서 왔다는 말을 듣고 묻는다. "두 분하고는 어떻게 만난 거예요?"

"작년에 한 콘서트에서요. 그때 이후로 이 페스티벌에서 만나고 있어요." 여자가 잠시 말을 멈추고 햄버거를 한 입 먹은 뒤 내게 묻는다. "이름이 뭐예요?"

"안나요." 내가 즉시 대답한다.

"한나라고요?" 여자가 소리를 지른다. 텐트 안에 있는 사람 몇 명이 우리 쪽을 쳐다본다. 한나는 히브리어 이름이고 안나는 주로 기독교도의 이름이다.

"아뇨, 안나요." 내가 차분함을 잃지 않으려 애쓰며 대답한다.

"재밌는 농담이네." 여자가 웃음을 터뜨리며 말한다. "좋은 이름이네요. 이름이 한나였으면 정말 안타까웠을 거예요."

외부와 차단된 부지에 현재 네오나치 약 250명이 모여 있다. 10여 명과 대화를 나눈 뒤 나는 정치적인 이유에서 온 사람도 있고 음악이나 마셜아츠를 즐기러 온 사람도 있지만 모두가 공동체의식을 공유하고 있음을 깨닫는다. 한 명도 빠짐없이 백인이라는 점을 제외하면 배경은 저마다 다양하다. 어떤 사람은 나이가 많고 어떤 사람은 갓 열여덟 살이 된 것 같다. 어떤 사람은 궁핍한 환경 출신으로 저임금 육체노동을 하지만 어떤 사람은 값비싼 브랜드의 옷을 입었고 교육 수준도 높아 보인다. 대략 20퍼센트가 여성이고 나머지는 남성이다.

주위 사람 중 일부는 머리를 밀고 피부나 티셔츠 위에 자랑스럽게 파시스트 상징을 드러낸 전형적인 스킨헤드처럼 생겼다. 그러나 나머지 사람들은 너무 평범해서 지하철에서 우연히 만나도 딱히 눈에 띄지 않을 것 같다. 정치나 기업 쪽에서 중책을 맡은 것 같은 사람도 몇 명 있다. 이들은 말쑥하게 차려입고 값비싼 시계를 찼으며 깔끔하게 머리를 빗어 넘겼다. 대부분 극우 정당인 독일 민족민주당이나 우파당의 지도부인데, 두 정당 모두 이 페스티벌에 대변인과 홍보 전단을 보냈다.

민족사회주의 테마의 티셔츠를 더 자세히 살펴보려고 기념품점 옆을 지나는데 한 상인이 선반에서 모형 전함처럼 보이는 것을 꺼낸다. "이 독일 군함은 어때요?" 가격표를 보니 120유로다.

"아, 전 괜찮아요."

상인이 엠 사이즈와 엘 사이즈 티셔츠는 전부 팔렸다고 말한다. "올여름에 종합마셜아츠 셔츠를 사려는 사람이 얼마나 많았는지 몰라요. 정말 대단했다니까요."

'나는 에이치티엘알HTLR을 사랑해', '레콘키스타', '88 크루'라고 적힌 티셔츠가 선반에 쌓여 있는 다른 기념품점을 지나간다. 심지어 민족사회주의 상징이 박힌 베개와 침대 시트도 있다.

"뭘 살지 정했어요?" 나는 뒤를 돌아본다. 금발을 깔끔하게 빗어 넘긴 30대 남성이 선반 옆에 서 있다. "그 싸구려 가죽재킷 대신 이 후드티를 입으면 좋겠는데." 대학교 경영관리 수업에서 옆자리에 앉아 있을 법한 사람이다. 그러나 패트릭 슈뢰더Patrick Schröder는 2015년 히틀러식 경례를 한 혐의로 유죄 선고를 받은 독일의 유명 네오나치다.[4] 그는 민족민주당의 지역 대표이자 2008년 창립한 극우 패션 브랜드 안스가아리안Ansgar Aryan의 최고경영자이기도 하다. 2016년까지 슈뢰더의 온라인 의류 쇼핑몰은 총 46만 유로의 수익을 올렸다.[5] 심지어 독일을 위한 대안당의 운동가들도 그의 티셔츠를 입는다.[6]

"저는 그냥—." 내가 입을 연다.

"내일 다시 오겠다는 말은 하지 말아요. 내일은 없을 수도 있으니까." 슈뢰더가 내 쪽으로 걸어와 카탈로그 하나를 건네준다. "자, 여기요. 숙녀용 셔츠는 이쪽에 있고요." 그가 아래쪽에 있는 매대를 가리킨다. 그리고 덧붙인다. "매대의 높이가 젠더 평등에 대한 내 태도를 보여주죠." 본능적으로 나는 다음에 이어질 농담을 기다렸지만 곧 그의 말이 거기서 끝났음을 깨닫는다. 나는 여성 코너 쪽으로 걸어간다.

오늘 패트릭 슈뢰더는 '좋은 나치'의 태도를 집에 두고 나온 것 같다. 네오나치 집단 내에서 그는 이미지 컨설턴트로 유명하며 '좋은 네오나치'가 되는 법에 대한 워크숍을 열기도 한다. "사람들이 더 나은 모습을 할 수 있도록 교육해야 합니다. 옷뿐만 아니라 사람들에게 주는 인상에 대해서도요."[7] 패트릭 슈뢰더 본인도 전형적인 백인우월주의자가 되지 않기 위해 열심히 노력한다. 그의 패션 브랜드 안스가아리안은 '닙스터' 카테고리로 분류된다.

극우 패션 브랜드는 법적 회색지대에서 사업을 벌이는 방식으로 생존한다. 민족사회주의 상징을 금지하는 독일 법을 피하기 위해 안스가아리안 같은 브랜드들은 살짝 변형된 상징을 사용하거나 기존 상징과 비슷하지만 법에 저촉되지는 않는 새로운 상징을 개발한다. 이러한 이유로 슈뢰더 같은 네오나치 기업가들은 기소를 피하려고 암호와 약어, 농담을 즐겨 사용한다. 안스가아리안에서 가장 인기 있는 티셔츠 중 하나에는 'HKN KRZ'라고 쓰여 있는데, 이는 하켄크로이츠Hakenkreuz(독일어로 스와스티카를 의미한다)의 약자다. 슈뢰더는 슈피겔 티브이와의 인터뷰에서 다음과 같이 자신의 티셔츠를 변호했다. "용인되는 것을 넘어서는 겁니다. 래퍼들도 그렇게 하고 패션 브랜드도 그렇게 해요. 좌파도 마찬가지고요. 대중을 도발하고 싶어 하는 사람들은 전부 그렇게 합니다. 그게 우리의 취지예 요. 젊은 사람들을 '도발'하는 거요."[8]

'도발'이라는 단어, 극단주의 이념을 무해해 보이게 만들려 는 풍자와 사회 위반의 활용. 모든 것이 대안우파와 유사하다. 실제로 슈뢰더가 영감을 얻는 인물 중 한 명은 리처드 스펜서 이며 스펜서는 슈뢰더의 온라인 라디오 방송국 에프에스엔 티 브이FSN TV(에프에스엔은 '자유로운 민족사회'를 의미한다)에 주기 적으로 출연한다. 슈뢰더의 트위터 프로필 배경은 '우파여 결 집하라' 캠페인의 배너다.[9] 그는 일요일에 하는 자신의 생방송 에서 이렇게 말했다. "우리의 목표는 부드럽고 고통스럽지 않 고 재미있게 우리의 정치적 태도에 입문하게 만드는 것입니 다." 슈뢰더가 벌이는 캠페인의 주요 타깃이 청년층이기에 그 의 핵심 수단은 청년 문화, 즉 음악과 패션이다.[10] 그는 슈피겔 티브이에서 이렇게 말했다. "젊은 사람들에게 다가가고 싶다면 제2차 세계대전에 대해 말해봐야 아무 소용이 없어요. 차라리 〈심슨 가족〉의 최신 에피소드 같은 걸 얘기하는 게 낫죠. 그게 훨씬 더 효과적이에요."[11]

"이건 어때요?" 슈뢰더가 카이네 그나데Keine Gnade(무자비)라 고 쓰인 여성 상의를 가리킨다.

"됐어요."

슈뢰더는 내 대답에 실망을 드러내며 몇 걸음 멀어져간다. 그리고 "유럽을 방어하라"라고 쓰인 셔츠를 입은 남자와 악수를 하더니 다시 내 쪽을 돌아본다. "자, 힌트를 좀 줘봐요. 어디 출신이에요?" 내가 오스트리아 출신임을 알게 된 그가 말한다. "오, 좋네요. 거기 마르틴 젤너가 있잖아요. 좋은 사람이죠."

"그 사람을 알아요?" 내가 묻는다.

"네, 몇 번 만났어요. 가끔 맥주 한잔했죠." 내가 슈뢰더를 빤히 쳐다본다. "그래요, 맞아요. 여기선 이 말을 입 밖에 내선 안 되죠. 사람들이 세대정체성에 동의하지 않으니까요. 그래도 난 그들의 방식이 마음에 들어요. 그들이 실질적 영향을 미치기 위해 정확히 필요한 일을 하고 있다고 생각해요."

우리 뒤에서 잘 차려입은 남자들 무리가 맥주를 마시고 있다. 그중 한 명이 이렇게 말하는 소리가 들린다. "난 독일을 위한 대안당 캠페인에도 참여했어."

"좋네." 다른 사람이 말한다. "민족민주당에 투표해봐야 아무 소용없어. 그럴 가치가 없다고. 절대 성공하지 못할 거야. 반면에 독일을 위한 대안당은 가능성이 있지."

메인 콘서트홀 안으로 들어서자 종합마셜아츠 시범 경기가 한창이다. 검은 옷을 입은 두 민머리 남성이 무대 위에서 포효하고 있고 사람들 수십 명이 싸움을 지켜보며 응원한다. 매 라운드가 끝날 때마다 선수들은 자기 코너로 돌아가고 진행자가 무대 위로 올라온다. 그러고는 복싱 클럽에 가입해 싸움을 배우라고 사람들을 설득한다. 진행자가 말한다. "독일인으로서 튼튼한 몸을 가꾸는 것, 무기 다루는 법을 아는 것은 매우 중요합니다. 저희가 도와드리겠습니다. 공간을 빌리고 싶으면 바로 연락주세요. 독일 전역에 네트워크가 있으니까요."

진행자가 이 말을 하며 붐비는 공연장을 둘러본다. 모두가 체육관이나 종합마셜아츠 훈련장에서 여가 시간을 보낼 것 같은 인상을 풍기진 않는다. "엉덩이를 떼고 운동 좀 해요. 복싱 클럽에 가입할 수 없다면 실내 운동 기구를 빌려요. 길거리에서 훈련하면 더욱더 좋고요." 진행자는 문화 간 전쟁이 불가피하며 목전에 닥쳤다고 믿는다. 그는 이렇게 말한다. "빨리 준비할수록 좋습니다. 결국에는 싸우는 것 말고 다른 선택지가 없을 겁니다. 그러니 지금 바로 시작해야 해요."

캄프데어니벨룽겐의 종합마셜아츠 운동은 현재의 지배적 제도 및 자유민주주의와 맞서 싸워야 할 필요성을 암시하기도 한다. 종합마셜아츠 운동의 강령은 다음과 같다.

독일 전역에서 열리는 대부분의 '경기의 밤'에 선수들은 자유롭고 민주적인 기본 질서에 대한 신념을 선언해야 참여가 가능하지만, 캄프데어니벨룽겐은 이러한 규율을 그릇된 정치 제도의 일부로 보지 않으며 대안 정치의 기본 요소로 확립하고 주류화하고자 한다.[12]

캄프데어니벨룽겐은 독일의 극우 단체 및 훌리건과 좋은 관계를 맺고 있을 뿐만 아니라 전 세계적 지지층도 탄탄하다. 러시아 훌리건인 데니스 '니키틴' 카푸스틴Denis 'Nikitin' Kapustin(유창한 독일어를 구사하며 한때 자기 방에 요제프 괴벨스의 액자를 걸어둔 적이 있다[13])도 자신의 극우 브랜드 화이트렉스White Rex를 통해 이들을 후원한다.[14] 니키틴은 모스크바에 기반을 두고 있으며 원래 보로네시와 리페츠크, 노보로시스크 같은 러시아의 도시에서 행사를 주최하기 시작했으나 2013년 이후로는 민족사회주의 훌리건의 유럽 네트워크를 구축하며 이탈리아와 프랑스, 헝가리, 독일, 그리스에서 토너먼트와 무기 훈련 캠프를 후원하고 있다.

니키틴이 지난 실트 앤드 슈비어트 페스티벌에 참석했었기에 그가 오늘도 이곳에 와 있을지 궁금해지기 시작한다. '투와이티포유2yt4u'('너에겐 너무 하얘too white for you')가 니키틴의 브랜드 모토이며 이 브랜드는 티셔츠와 함께 도끼와 칼도 판매한다. 그의 온라인 쇼핑몰과 종합마셜아츠 행사는 소셜미디어에서 대대적으로 홍보되며, 그는 소셜미디어를 통해 전투 훈련을 받고 싶어 하는 영국과 유럽 대륙의 축구 팬들에게 적극적으로 접근한다. 유튜브의 교육 영상[15]에서 페이스북의 행사 안내에 이르는 다양한 콘텐츠가 훌리건 커뮤니티의 동족 중심 사고방식과 호전적 정신에 호소하도록 맞춤 제작된다.[16]

오늘 밤 이곳에 온 모든 사람이 전前 훌리건, 현現 종합마셜아츠 전사인 것은 아니다. 그날 저녁 나는 루마니아에서 온 타투 아티스트와 대화를 나눈다. "타투를 하고 싶으면 내일 다시 오셔야 해요. 오늘은 예약이 다 찼거든요." 러시아에서 온 그의 친구가 옆에 서서 나를 노려보고 있다. 루마니아인 남자는 실트 앤드 슈비어트 페스티벌에 참여하는 것이 이번이 두 번째라고 말한다. "지난 4월에 처음 왔어요. 그런데 솔직히 말하면 난 여기랑 잘 안 맞아요." 남자가 내 눈을 피하는 것 같다.

"그럼 왜 여기에 온 거죠?" 처음으로 완전히 미치지 않은 사람을 만났다고 생각하며 내가 묻는다.

"일 때문이죠."

"여기 있었네!" 바로 그때 키 큰 남자가 소리치며 내 쪽으로 걸어온다. 움찔하고 놀라서 막 도망가려는 그때 등 뒤에서 무언가가 느껴진다.

"마이클!" 뒤쪽에서 여자 목소리가 들려온다. 뒤를 돌아보니 아까 줄 서 있을 때 만난 슬픈 눈의 금발 여자가 보인다. 남자가 다가오자 여자가 남자에게 말한다. "밖에서 경찰이 데려간 줄 알았어." 나는 안도의 한숨을 내쉰다.

다시 메인홀로 돌아가자 페헤르 퇴르비니Fehér Törvény가 공연을 하고 있다. 부다페스트 출신의 극우 하드코어 밴드인 페히르 토르비니는 1995년부터 활동 중이다. 나는 가사나 멜로디를 전혀 이해하지 못하지만 다른 사람들은 강렬한 드럼 소리조차 조신하게 들리게 하는 공격적인 외침을 신나게 즐기고 있는 것 같다. 내 옆에 있는 커플은 미친 듯이 춤을 추고 있다. 경찰 모자를 쓴 여자가 남자의 안스가아리안 청바지에 엉덩이를 비빈다. 나는 민족사회주의 록 음악에 맞춰 어떻게 춤을 춰야 할지 몰라 가만히 서서 주위를 쳐다본다.

"불안해 보이는데, 혼자 왔어요?" 목이 두껍고 어깨에 타투가 가득한 남자가 내 귀에 대고 소리친다. 종합마셜아츠를 상당히 오래 해온 사람처럼 보인다. 심지어 두 눈에서도 전투에 대한 갈망 같은 것이 느껴진다.

"아, 아니요. 남자친구랑 같이 왔어요." 내가 남자에게 말한다. "그런데 싸웠어요. 절 바깥에 한 시간 동안 세워뒀거든요."

대화를 조금 나눈 뒤 남자는 내게 자신이 민족민주당 당원이지만 독일을 위한 대안당에 투표했다고 말한다. "전략적으로 보면 그게 유일한 선택지예요. 민족민주당은 현실적으로 권력을 얻을 가능성이 없거든." 내가 막 깨닫기 시작했듯이, 이러한 생각은 네오나치 사이에서 드물지 않다. 남자가 내 팔을 붙잡고 말한다. "어쨌거나 우리는 망했어. 정치로 문제를 해결하기엔 이미 너무 늦었단 말이야." 남자는 화이트렉스 셔츠를 입고 있다.

"그게 무슨 뜻이에요? 무슨 문제가 일어나는데요?" 내가 묻는다.

이제 남자는 내 얼굴에서 겨우 몇 밀리미터 떨어져 있다. "우린 전부 혼혈이 될 거야."

"아." 내가 말한다. "그때까지 시간이 얼마나 남았을까요?"

남자는 자신의 종말론적 미래관에 관해 정확한 시점을 제시해줘야 할 줄은 몰랐다는 듯이 나를 쳐다본다. 마침내 남자가 대답한다. "5년. 길어봤자 10년. 어쨌거나 아주 오래전부터 계획된 일이야."

내 꾸며낸 순진함으로 얼마나 더 버틸 수 있을지 걱정이 된다. "누가 계획했는데요?"

나는 남자의 가부장주의가 얼마나 순식간에 공격적인 조급함으로 바뀔 수 있는지를 과소평가했다. "왜 이렇게 멍청한 질문을 하는 거야?" 남자의 두 눈이 가늘어진다. "당연한 질문의 답을 모르는 것처럼 굴잖아."

나는 살짝 겁이 나서 땅바닥을 쳐다본다. "그러니까……이…… 이 분야에 들어온 지 얼마 안 돼서요." 내가 중얼거린다.

남자가 마음을 가라앉히고 어린아이에게 단순한 수학 계산을 설명해주듯 단어 하나하나를 끊어 말한다. "우리. 모두가. 그게. 누군지. 알아. 안 그래? 콜과 고르바초프잖아." 1990년 7월 서독 총리였던 헬무트 콜은 모스크바에서 소련의 지도자인 미하일 고르바초프를 만나 20세기 역사상 가장 중요한 합의를 이끌어냈다. 바로 독일의 통일이었다.

"당신 몇 살이지?" 남자가 나를 몇 초간 빤히 쳐다보다가 묻는다.

"스물셋이오." 내가 주저하며 대답한다.

"그럼 다 목격하게 될 거야. 난 마흔다섯인데 아마 나도 그 걸 다 겪어야 할걸." 남자는 내가 맥주 냄새를 맡을 수 있을 정 도로 자기 얼굴 가까이 나를 끌어당긴다. 내 어깨에 두른 남자 의 팔에 힘이 들어간다. "절대 바깥에 혼자 다녀선 안 돼, 알아 들어?" 남자의 숨이 내 귀에 닿는 것이 느껴진다. "이제 바깥에 서 여자는 더는 안전하지 않아." 나는 속으로 정말 아이러니하 다고 생각한다. 오히려 지금 이곳에 있는 것이 더 불안하다.

이제 할 만큼 했다. "나 나가." 나는 폐쇄된 부지 바깥에서 차를 대고 기다리고 있는 친구에게 문자를 보내고 아무 말 없 이 자리를 뜬다. 아직도 심장이 뛴다. 트래드와이브즈의 유혹 에는 쉽게 넘어갈 것 같았다면 오스트리츠의 축제장에 모인 사 람들의 일원인 척하는 것은 너무나도 힘들었다. 네오나치와의 실제 만남은 내가 그들의 현실을 이해하는 데 아무런 도움도 주지 못했다. 반유대주의 농담에 웃고 백인우월주의 록에 맞춰 춤추는 것은 나와는 거리가 너무 멀다. 인간적인 차원에서 그 들과 교류하고 역사에 대한 그들의 무지를 모른 척하는 것은, 그들이 세상을 인식하는 방식을 아주 조금이나마 이해하는 것 은 결코 쉬운 일이 아니다.

내가 명확히 이해하게 된 유일한 사실은 온라인 공간이 동 원의 양상을 매우 혁명적으로 바꿔놓았다는 것이다. 이제는 급 진 활동가들의 코어 집단이 너무나도 쉽게 조직을 꾸리고 자금 을 모으고 대규모 시위와 행사를 홍보할 수 있다. 이들은 온라인으로 네오나치 관련 상품과 힙스터 의류를 판매하고 암호화폐를 통한 크라우드소싱으로 시위 자금을 모은다. 이들의 공격적인 확장 캠페인은 백인우월주의 록과 신스웨이브(일렉트로닉 뮤직의 하나 – 옮긴이) 음악에서부터 종합마셜아츠 커뮤니티에 이르는 다양한 인터넷 하위문화를 활용한다. 이들이 행사 생중계와 현장 리포트, 맞춤 광고로 주류 대중에게 손을 뻗친다면 구체적인 실행 준비는 보통 암호화된 채팅방의 보이지 않는 한 구석에서 벌어진다.

그리고 많은 경우 암호화된 채팅방은 적을 향한 공격을 계획하는 공간이기도 하다.

6부 공격

블랙햇

11장

이슬람국가와 네오나치 해커에게 교육받다

대부분의 사람들처럼 나도 블랙햇 해킹 수업에서 무엇을 배우게 될지 전혀 몰랐다. 불법적이고 악의적인 목적으로 해킹하는 방법을 배우는 것은 내 삶의 우선순위에서 그리 높지 않았다. 그렇기에 2017년 가을 친이슬람국가 해킹 집단인 무슬림텍MuslimTec에 처음 합류했을 때 나는 해킹 경험이 거의 없다시피 했다.

바이와 마헤드는 신입을 편하게 해준다. 두 사람은 우리에게 기초 중의 기초부터 가르치기 시작한다. 바이가 해킹 개론 수업에서 다음과 같이 설명한다. "우리의 첫 번째 목표는 디지털 시스템의 취약점을 찾아내는 방법을 배우는 거야." 수업은 대부분 영어로 이루어지지만 관리자와 일부 회원은 가끔 독일어와 프랑스어, 이탈리아어를 사용하기도 한다. 나는 바이와 마헤드가 독일인이라는 인상을 받지만 두 사람은 텔레그램 비밀 채팅방에 있는 약 100여 명의 학생에게도 자신의 정체성을 꼭꼭 숨긴다. 회원 대부분이 유럽에 거주하는 것 같지만 가상사설망과 프록시, 토르를 사용해 모든 디지털 발자국을 없앤다.

학생들의 지식과 능력 수준은 매우 다양하다. 기술이 매우 능숙한 어린아이도 있고 나 같은 초짜도 있다. "살람 알레이쿰." 새 회원이 들어올 때마다 이슬람텍이 바로 환영 메시지를 보낸다. 막 들어온 신입이 환하게 웃는 스마일 이모티콘과 함께 대답한다. "알레이쿰 앗살람 야 아키." 신입이 묻는다. "아랍어 할 줄 알아?" "아키(형제), 이슬람텍은 봇이야! 네 메시지에 답할 수 없어." 다른 회원이 가상의 웃음을 터뜨리며 무미건조하게 말한다.

우리의 읽기 목록 맨 위에는 인도의 보안 컨설턴트인 사잘 베르마Sajal Verma가 사이버 안보 전문가를 교육하기 위해 작성한 "재미와 영리를 위한 쇼단 검색Searching Shodan for Fun and Profit"이 있다. 쇼단은 '해커들을 위한 구글'로 알려져 있으며 이 쇼단을 이용해 라우터와 웹사이트, 프린터, 감시카메라, 신호등, 주유소와 전력망, 원자력발전소에 이르기까지 인터넷과 관련된 모든 것을 찾을 수 있다. 위치정보 필터로 특정 지역에 있는 아이템을 검색할 수도 있다. 예를 들어 뉴욕에 있는 웹캠과 프랑스 시골에 있는 풍력발전소, 아이슬란드에 있는 비트코인 서버를 찾을 수 있다. 2018년 2월에는 해커들이 젠킨스 서버[1]를 이용해 암호화폐인 모네로를 엄청나게 많이 채굴함으로써 2년도 되지 않아 약 300만 달러를 벌어들인 사실이 드러났다.[2]

"이제 여길 봐봐." 바이가 해킹 수업을 계속하며 기본 암호를 모아놓은 데이터베이스를 공유한다. "연습을 해야 해. 한번 직접 해봐." 나는 곧 사용자명이 '관리자Admin'이고 비밀번호가 '1234'인 경우가 생각보다 훨씬 흔하다는 사실을 알게 된다. 개인 기기든 공공장소에서 사용하는 프로그램이든, 너무 많은 사람들이 사용자명과 비밀번호를 기본 설정 상태로 유지한다.

마헤드는 학생들을 테스트하는 것을 좋아한다. "수업을 잘 들었는지 확인해보자. 이 사이트의 관리자 계정에 로그인할 수 있어?" 마헤드가 캘리포니아에 있는 부동산 관리업체의 웹사이트 링크를 공유한다. "그리고 시합 하나 더! 여기 관리자 계정에는 어떻게 로그인할래?" 인도 마테란에 있는 인기 리조트다. 나는 시합에 참여해볼까 고민하다가 연구를 한답시고 이슬람국가의 지시에 따라 웹사이트를 해킹하는 것은 도를 넘는 행동이라는 판단을 내린다.

"그다음으로는 뭘 배우고 싶어?" 마헤드가 기기 해킹과 온라인 정체성 숨기기 등의 선택지가 있는 짧은 설문조사를 실시한다. 어떤 회원은 상당히 구체적인 질문을 던진다. "파키스탄 라호르에 있는 지역 포르노 웹사이트를 해킹하고 싶어. 도와줄 사람?"

깜짝 놀랄 수도 있겠지만 인터넷 포르노는 지하디스트 운동이 성공하는 데 매우 중요한 역할을 했다. 1995년 월드와이드웹이 처음 등장한 이후 알카에다의 모집원들은 수천 명의 젊은 남성을 성적 타락에서 구원하고 지도해주었다. 알카에다는 무료 포르노 시청이 서구의 유해한 가치가 청년들의 삶을 얼마나 타락시켰는지를 보여주는 한 사례라고 주장했다. 전 시아이에이 요원인 맬컴 낸스와 사이버 안보 전문가 크리스 샘슨은 《해킹 이슬람국가》에서 "포르노허브닷컴Pornhub.com에서 포르노 영상을 시청하는 젊은 남성 100명 중 한두 명은 알카에다의 일원이 된다"고 말했다.[3] 사이버 문해력은 이렇게 지하디스트가 된 젊은 남성이 조직에 보태는 반가운 부산물이었으며 아이러니하게도 이 문해력은 인터넷 포르노와 온라인 게임에 대한 집착에서 생겨난 것일 때가 많았다.[4]

"좋아, 기기 해킹 기술에 대해 알고 싶구나." 마헤드가 말한다. 그는 에스큐엘 인젝션SQL injection이 가장 흔히 사용되는 해킹 기술이라고 설명한다. 에스큐엘 인젝션은 시스템에 코드를 심어 데이터베이스 서버를 통제하는 방식이다. 이를 통해 데이터를 훔치거나 편집할 수 있고 데이터베이스를 파괴할 수도 있다. 우리의 두 선생님은 데이터베이스 스크린샷을 보여주며 시스템이 다음과 같은 개인 정보와 금융 정보를 뱉어내게 만들수 있다고 설명한다.

- 성명
- 주소
- 이메일 주소
- 신용카드 번호

- 카드 유효기간
- 카드 보안코드

    이로부터 며칠이 지난 2017년 11월의 몹시 추운 월요일 나는 최근 뉴스를 확인하려고 《인터내셔널 비즈니스 타임스》를 펼치다 컴퓨터 키보드에 뜨거운 커피를 쏟는다. "친이슬람국가 해커가 800개의 미국 초등학교 사이트를 해킹해 사담 후세인 사진과 '나는 이슬람국가를 사랑해' 메시지를 띄우다"라는 헤드라인이 있다. 애리조나 투손, 코네티컷 뉴타운, 버지니아 글로스터카운티, 뉴저지 블룸필드에 있는 학교의 웹사이트가 공격을 받았다. 팀 시스템 디제트Team System DZ라는 이름으로 활동하는 친이슬람국가 집단이 자신들의 소행이라고 주장했다. 기사에 따르면 "에프비아이는 이번 해킹의 배후를 밝혀내려고 노력하고 있다."[5]

    공격받은 웹사이트의 호스트인 스쿨데스크는 공식 발표에서 이번 공격이 에스큐엘 인젝션 방식을 사용한 것 같다고 추측했다.

> 저희 기술 스태프는 범인이 스쿨데스크의 한 웹사이트 루트에 작은 파일을 심어 약 800개 학교의 웹사이트를 아랍어 음성 메시지가 나오는 유튜브 영상과 확인 불가능한 글귀, 사담 후세인의 사진이 있는 페이지로 강제 이동시켰음을 발견했습니다.

며칠 뒤 같은 집단이 프린스앨버트 경찰서의 웹사이트를 해킹한다. 그날 아침 이 웹사이트 방문자들은 이슬람국가 깃발과 함께 "팀 시스템 디제트에게 해킹됨. 나는 이슬람국가를 사랑해"라는 메시지가 있는 페이지로 이동했다.[6]

다시 무슬림텍으로 돌아가니 바이가 블룸필드 학군의 여러 웹사이트 사진을 공유해놓았다. 해킹된 이 웹사이트들에는 수 시간 동안 이슬람국가 모집 영상이 떠 있었다. "앞으로 더 많은 사이트가 해킹될 거야.☺☺" 바이가 말한다. "다음에는 학교가 아니라 발전소를 해킹하면 어떨까?" 마헤드가 덧붙인다. "비신자의 땅에 어둠을 내리는 거야." 마헤드가 독일의 전력회사인 슈타트바커 보른Stadtwerke Borken의 에스에스엘SSL 보안 인증서를 공유한다.

더는 무슬림텍을 지켜보며 연구할 수만은 없다. 나는 에프 비아이와 접촉해 무슬림텍에서 관찰한 내용을 전달한다. 학교 웹사이트에 대한 해킹은 이른바 '깃발 탈취' 작전의 한 사례로, 이 작전은 전혀 복잡하지 않지만 공공 기관의 운영을 방해하고 사기업에 크나큰 재정적 부담을 안기고 전 세계의 관심을 끌고 무엇보다 수천 가구를 공포에 떨게 만들 수 있다. 막 이슬람국가에게 해킹당한 학교에 아이를 보내는 것은 불안한 일이다.

2015년 에프–시큐어F-Secure의 연구 책임자 미코 히포넨Mikko Hyppönen은 "이슬람국가는 확실한 사이버 공격 능력을 갖춘 최초의 극단주의 집단"이라고 경고했다.[7] 알카에다는 해커와 트롤의 느슨한 커뮤니티인 어나니머스의 아랍 구성원을 모집하려 했으나 역량을 끌어올리는 데는 실패했다. 대부분의 전문 해커들은 에이큐 전자 지하드 조직AQ Electronic Jihad Organisation과 성전 해커팀Holy War Hackers Team을 기껏해야 '사이버 그라피티'나 할 수 있는 아마추어로 묘사하곤 했다.[8]

2018년 헤르츨리야 국제대테러연구소Herzliya International Institute for Counter-Terrorism의 사이버데스크는 이슬람주의 사이버 테러리스트들이 그동안 능력을 개선하고 해커들을 고용해왔다고 경고했다. 재조직된 사이버칼리파연합 해커 집단 또한 여성 해커들을 교육했다. 이들은 먼저 소셜네트워크 계정을 노리다가 교육기관과 중요 사회기반시설로 사이버 공격의 방향을 돌렸다.[9]

문제는 실제 능력이 테러의 전부가 아니라는 것이다. 테러는 사람들이 인식하는 역량, 사람들에게 공포를 주입하는 능력에 관한 것이기도 하다. "'가짜 깃발' 작전, 또는 우리가 미디어를 트롤링한 방법에 대하여!" 2018년 12월 마헤드가 다음과 같이 발표한다. "우리는 포토샵으로 유명 툴 '슈퍼스캔'을 멋지고 위험한 지하디스트의 사이버 무기로 바꿔서 멍청한 쿠프르 미디어에 복수하기로 결정했어. 그리고 정확히 우리의 기대처럼 멍청한 트롤들이 우리 이야기에 넘어갔지."

이슬람국가만 해킹과 트롤링의 조합을 사용하는 것은 아니다. 2016년 3월 미국 여러 대학의 프린터들이 갑자기 스와스티카 문양이 있는 전단을 인쇄하기 시작했다. 캘리포니아대학교와 프린스턴대학교를 비롯한 여러 대학의 학생들은 다음과 같이 쓰여 있는 종이를 발견했다.

> 백인들이여, 유대인이 집단 이주와 타락으로 자국을 파괴하는 것이 지겨운가? 데일리스토머에 합류해 백인의 국제적 우월성을 지키기 위해 싸우자.

캐나다 빅토리아대학교의 연구원 에드 위비Ed Wiebe는 다음과 같은 트윗을 남겼다. "프린터에서 방금 나온 것을 믿을 수가 없다. 프린터를 인터넷과 더 분리할 필요가 있다. #인종차별 #쓰레기."

이 해킹의 배후에 있던 앤드루 아우언하이머Andrew Auernheimer(위브라는 이름으로 활동한다)는 자신을 "국제적 악명을 떨치는 해커이자 트롤"이라 소개한다. 그는 이슬람국가 해커들과 유사하게 쇼단을 이용해 미국 대학에 있는 비보호 기기를 찾아냈다. '깃발 탈취' 및 디오에스DOS(denial of service: 서비스 거부) 작전은 지하디스트가 즐겨 사용할 뿐만 아니라 대안우파가 가장 선호하는 전략 중 하나이기도 하다. 이러한 대부분의 해킹 활동을 개척하고 옹호한 것은 어나니머스로, 이들의 모토는 단순하다. "규칙은 없으며 목표는 상대보다 더 깊이 생각해 한수 앞서 해킹하는 것." 점점 더 많은 수의 어나니머스 회원이 정치화·양극화·급진화되면서 일부는 지하디스트가 되고 일부는 백인민족주의로 기울었다.

위브는 블로그에 올린 글 "해커들이 반드시 민족주의자가 되어야 하는 이유"에서 해킹 커뮤니티에게 우익 활동가들과 연합할 것을 촉구한다. 위브의 영상과 팟캐스트 시리즈 "아이프로펫iProphet"은 한동안 수만 명의 주간 시청자를 끌어들였다. 2009년 7월에 올라온 첫 번째 에피소드 "죽은 유명인들에 관하여"에서 위브는 에드 맥마흔과 파라 포셋, 마이클 잭슨의 사망을 축하하며 이렇게 주장한다. "신이 불만을 드러내려고 유명인들을 죽이고 있어. 유대인 미디어 권력자들이 아끼는 유명인사들 말이야." 그러나 위브가 '박멸'하고 싶어 하는 것은 유명인만이 아니다. "다 인터넷을 끊었으면 좋겠어." 위브는 이렇게 말한다. "블로거들은 다 쓰레기야. 다 죽여야 돼. 블로그는 저능아 무리의 일원이 된다는 환상을 주거든. […] 그런 놈들은 다 오븐에 넣어버려야 해!"

2009년 위브는 아마존을 해킹해 온라인몰에서 게이와 레즈비언 로맨스 소설을 전부 삭제했고 그 결과 아마존 주가가 급락했다. 위브는 자신이 게이와 레즈비언을 주제로 한 도서를 전부 찾아내는 스크립트를 작성했다고 말했다. 그다음 아마존 웹사이트의 불만 신고 기능을 이용하기 위해 웹사이트에 광고를 삽입할 때 쓰는 도구인 아이프레임iFrame을 활용했다. 위브에 따르면 이는 "엄청난 수의 방문자가 자기도 모르는 사이에 게이와 레즈비언 소설을 부적절한 것으로 신고"하는 결과를 낳았다. 이 사건이 일어난 직후 트위터에서 #amazonfail(아마존 낙제) 캠페인이 벌어졌고 보이콧 요구가 이어졌다.[10]

이로부터 1년 후 위브와 그의 동료 고츠 시큐리티Goatse Security는 더 심각한 해킹을 저질렀다. 위브는 에이티앤티AT&T 서버의 보안상 허점을 이용해 아이패드 소유자 수십만 명의 개인 정보를 훔쳤다. 그리고 뉴욕 시장이었던 마이클 블룸버그와 전 백악관 비서실장 람 이매뉴얼을 비롯한 고위 관료와 공무원의 이메일을 미국 블로그 고커Gawker에 넘겼다.[11] 그러나 이번에는 문제가 커졌다. 에프비아이가 수색영장을 발부해 곧바로 아칸소에 있는 위브의 집에서 그를 체포했으며 그곳에서 코카인, 엘에스디, 엑스터시, 2급과 3급 규제 약물을 발견한 것이다.

결국 위브는 신원 도용과 해킹 혐의로 유죄 판결을 받고 징역 3년 6개월을 선고받았다.[12] 2013년 위브는 선고를 하루 앞두고 레딧에 다음과 같은 글을 올렸다. "하나 후회되는 게 있다면 내가 자료를 고커에 넘기기 전에 친절하게도 에이티앤티에 보안을 개선할 기회를 줬다는 거야. 다음번에는 이만큼 친절하게 굴지 않을 거야."[13] 항소심에서 선고가 뒤집혀 1년 뒤 출소한 위브는 데일리스토머의 기술책임자가 되었다. 데일리스토머에 처음 쓴 글 "내가 교도소에서 배운 것"에는 그가 가슴팍에 스와스티카 문신을 새긴 사진이 있다.[14]

위브는 결국 트란스니스트리아로 이주했다. 트란스니스트리아는 러시아의 지원을 받으며 독립을 주장하는 지역으로, 우크라이나에 인접한 몰도바에 있다. 위브는 이 이야기에 약간의 반전을 추가했다.

> 에프비아이는 내게 테러 혐의를 씌웠고 나는 내 직업을 완전히 잃었어. 하지만 사실 나는 침묵을 지키지 않고 계속 제트오지를 찔러대고 있었던 거고, 내 합법적인 정치 연설에 대한 보복으로 2011년 6월 에프비아이가 나를 해외 관할권으로 납치해서 컴퓨터 범죄의 누명을 씌운 거야. 내 삶을 황폐하게 만든 값비싼 항소심을 치르고 감옥에서 출소한 뒤 나는 정치적 망명자 신분으로 미국을 떠나 크라우드펀딩을 받으며 인종 문제에 전념하는 블로거가 되었어.[15]

위브는 그때부터 차단이 시작되었다고 말한다.[16] 2014년 그의 계정은 크라우드소싱 플랫폼인 패트리온에서 처음으로 정지 처분을 받은 계정이 되었다. 얼마 지나지 않아 그라티페이 Gratipay 계좌도 막혔다. 위브는 은행 계좌뿐만 아니라 페이팔 계좌, 증권 계좌까지 사라졌다고 주장한다. 그는 이렇게 말한다. "에프비아이는 내 모든 소득원을 없애려고 최선을 다했어."[17] 내가 시청한 '무엇이든 물어보세요' 생방송에서 그는 자신이 "전 세계에서 가장 철저하게 검열되는 사람"이라고 말했다.

어디에 머물든 간에 위브는 계속해서 사람들의 이목을 끌고 자금을 지원받을 새로운 방법을 찾아냈다. 얼마간 위브는 대안우파의 크라우드소싱 사이트인 해트리온에서 자기 활동을 "파시스트 논객, 트롤, 해커, 시 낭독, 뭐든 재미있는 것"이라고 선전하며 자금을 모았다. 2018년까지 49명의 후원자가 평균 532달러를 지원했다. 즉 이 플랫폼에서만 약 2만 5000달러를 벌었다는 뜻이다.[18] 2017년 말 데일리스토머가 닷컴 도메인을 상실했을 때 위브는 샬러츠빌 집회의 조직자인 크리스토퍼 캔트웰Christopher Cantwell이 진행하는 팟캐스트에 출연해 샬러츠빌 집회가 폭력 행위로 비화된 것은 '유대인' 탓이라고 주장했다. "우리가 평화롭게 반대하게 놔두지 않는다면 우리의 유일한 선택지는 너희를 죽이는 거야. 너희 아이들을 죽이고 너희 가족 전체를 죽일 거야." 심지어 위브는 피해자 헤더 헤이어의 장례식에 나치를 보낼 계획을 세우며 다음과 같은 글을 올렸다.

> 내가 원하는 건 그저 죽기 전에 내 고향 땅에서 [유대인이] 고통의
> 구덩이에 빠져 울부짖는 걸 보는 거야. […] 부자가 되고 싶진 않아.
> 권력자가 되고 싶지도 않아. 그저 유대인의 딸들이 그들 앞에서
> 고문당했으면 좋겠어. 그들이 울부짖는 동안 웃으면서 그들의 얼굴에
> 침을 뱉고 싶어.

그러나 위브는 믿을 수 없을 만큼 망가진 외로운 사람처럼 보인다. 2018년 1월 위브는 자신이 매일 미국을 그리워한다고 썼다. 또한 돈도 있고 여자도 만날 수 있지만 러시아어로 대화

를 하지 못하며 진지한 토론이 몹시 그립다고 말했다. "사는 게 존나 힘들어." 그가 말한다. "영상에서는 안 힘든 척하지만 그 건 어린 사람들 앞에서 불안해 보이지 않고 강해 보여야 할 의 무가 있기 때문이야. 대다수가 그런 짧은 영상을 보는데 어린 애들이 추방당한 내 삶이 절망뿐이고 내가 비참하다고 생각하 는 건 싫거든. 하지만 내 삶은 정말 절망뿐이고 나는 비참해. 존나 외롭고 외로운 게 정말 싫어."[19]

위브에 대해, 그의 동기와 영감의 원천에 대해 더 알고 싶 다. 2018년 9월 인터넷의 밑바닥에서 그의 이메일 주소를 찾 은 뒤 나는 다음과 같이 메일을 쓰기 시작한다. "안녕하세요." 조금 우습다는 생각에 타자를 멈춘다. 네오나치 해커를 뭐라고 불러야 하지? 언론인처럼 보이지 않으려면 뭐라고 써야 하지? 다른 아바타를 사용할 때 거의 그렇듯이, 나는 절반의 진실에 만족하기로 한다. 다음 메일이 대략 한 단어 걸러 진실이듯이.

> 저는 남부 프랑스에 사는 애국 활동가로 반문화와 사회 위반 행위,
> 언론의 자유에 관한 책을 쓰고 있습니다. 당신의 블로그를 쭉
> 구독해왔고 당신을 인터뷰하고 싶습니다. 디스코드나 바이버Viber로
> 통화를 할 수 있으신가요?

보통은 유명인사의 이름을 들먹이는 것이 도움이 되므로 다음과 같이 덧붙인다.

저는 유튜버인 니콜라이 알렉산더와 연락을 지속해오고 있습니다. 프랑스에 레콘키스타 게르마니카(들어보신 적이 있을지)와 유사한 단체를 만들려고 노력 중이기 때문입니다.

위브는 자기 거처를 알아내려는 사람들, 즉 언론인과 정보 장교, 반인종차별 활동가들에게 익숙하다. 그러므로 당연히 내가 자기 위치를 캐내려는 것은 아닌지 두려워한다. 솔직히 말하면 위브가 내 위치를 알아낼 수도 있다는 사실이 나도 썩 마음에 들지 않았기에 그가 다음과 같이 답장을 보내왔을 때 무척 기뻤다. "기꺼이 당신과 대화를 나누고 싶지만 안타깝게도 익명으로 통화를 할 수 있는 좋은 방법이 없고 인터넷에서 만난 사람에게 해킹당할 수 있는 브이오아이피 애플리케이션 정보를 줄 수가 없어요." 브이오아이피(Voice over Internet Protocol: 인터넷 전화) 앱은 인터넷으로 전화 통화나 멀티미디어 통신을 할 때 이용되는 기술이다. 위브 본인이 2016년 몬태나에 거주하는 한 유대인 여성에게 남긴 음성메일에서 그 여성을 "빌어먹을 유대인 창녀"라고 부르고 "이게 바로 트럼프의 미국이야"라고 말할 때 그런 위험성을 고려했는지 의문이다.[20] 위브의 이메일은 다음 문장으로 끝난다. "질문이 있다면 기꺼이 답해드리겠습니다."

우선 그가 트롤링과 해킹을 어떻게 생각하는지 알고 싶다. 이것들을 강력한 정치 수단으로 여기는 걸까, 아니면 그저 재미를 위해, 아니면 지루해서 장난을 치는 걸까? 놀랍게도 위브는 정치철학이나 반문화 운동에는 관심이 없다고 말한다. 자신의 활동이 먹히는지 아닌지도 걱정하지 않는다며 이렇게 말한다. "수량화할 수 있는 그 어떤 기준으로 봐도 나와 내 크루들의 활동은 먹히고 있지만요. 그쪽이 어떻게 생각할진 모르겠지만." 그는 이렇게 덧붙인다. "나는 그저 인터넷에서 유대인을 열 받게 하고 깜둥이 농담을 하는 걸 즐기는 거예요. 나한테 중요한 건 그거예요." 정치적 영향력이 전혀 없다고 해도 그럴까? "성과 없는 노력이었어도 아마 계속했을 거예요." 위브는 말한다.

그러나 위브는 "알린스키 읽기에 열광"하고 "개인적으로 엄청난 성공을 거둔" 자신의 친구 앤드루 앵글린에게 연락해보라고 권한다. 사울 알린스키Saul Alinsky는 미국 공동체 조직 운동의 아버지이자 《급진주의자를 위한 규칙》Rules for Radicals의 저자로서 오바마와 힐러리 클린턴의 선거 캠페인에 영감을 주었으며 힐러리 클린턴은 그를 주제로 대학 졸업논문을 쓰기도 했다. 20세기의 좌익 이론가였던 알린스키는 오랜 시간 우파의 미움을 받았으나 대안우파 운동가들이 어쩌면 현대의 좌파보다 더 효과적으로 그의 전략을 이용하기 시작했다.[21]

위브는 자신이 통제 불가능한 사건은 예측하지 않지만 도널드 트럼프가 선거에서 승리하고 승승장구할 것이라 예측한 것은 좋은 결정이었다고 말한다. "말 그대로 비트코인에서 대박이 났거든요." 위브는 대부분의 일을 비트코인으로 거래하지만 가끔은 모네로를 사용한다고 설명한다. 위브에 따르면 모네로는 기술적 측면에서 비트코인보다 낮다. 비트코인과 달리 모네로는 투명하지 않고 거래 추적이 불가능하다. 위브는 이렇게 말한다. "지금은 모네로를 사용하는 사람이 적지만 앞으로 바뀔 거예요."

계속해서 위브는 자신이 이전 반문화 운동에서 영감을 얻지는 않으며 반문화를 만들려고 애쓰지도 않는다고 설명한다. "나는 주류 문화를 바꾸려는 거예요." 그는 "과거의 독재자들이 어떻게 권력을 쥐었는지를 공부하는 것이 다변량 테스트(여러 변수를 테스트해 가장 효과적인 방법을 찾아내는 것 - 옮긴이)와 선택 모델링choice modeling 같은 마케팅과 광고 산업의 정량 기법을 연구하는 것만큼이나 중요"하다고 말한다.

그는 자신에게 큰 영향을 미친 운동은 전부 해킹 세계의 운동이라고 말한다. 아마도 초기 어나니머스의 '프리에스제이더블유pre-SJW/시아이에이 전복', 프랙최고평의회Phrack High Council, 고블스GOBBLES, 지엔에이에이GNAA, 비포비제로B4B0, 밴타운Bantown에서 큰 영향을 받았을 것이다. 그는 기술에 능통하고 메모리 오염memory corruption을 알아야 이 사건들을 이해할 수 있다고 경고한다. 메모리 오염은 소프트웨어 메모리의 콘텐츠를 변형하는 해킹 방식이다. 위브는 다음과 같이 덧붙인다. "80년대 말과 90년대 초의 인터넷 논객들이 내게 큰 영향을 미쳤지만 그렇다고 그 사람들을 연구해야 하는지는 모르겠습니다. 현대 논객들이 훨씬 더 유익하고 수준이 높으니까요."

나는 위브에게 해킹을 배우고 싶다고 말하고 혹시 팁 같은 것이 있냐고 묻는다. 확실히 내가 이런 질문을 한 첫 번째 사람은 아닌 것 같다. 위브는 이제 1990년대의 해킹 문화와 해킹의 전성기, 자유소프트웨어 운동을 더 깊이 이해할 방법이 없다고 설명한다. 그때의 공동체들이 남아 있지 않기 때문이다. 위브는 이에 관한 기록이 대부분 기술적 측면에 관한 것이라고 말한다. 위브에 따르면 정식 해커가 되는 것은 보통 10년 이상 전념해야 하는 어려운 일이다. "하고 싶다고 쉽게 할 수 있는 일이 아니에요."

위브는 해커가 가장 먼저 습득해야 할 기술 목록을 다음과 같이 제시한다.

- 시C언어를 배워라.[22]
- x86 어셈블러assembler를 조금이라도 배워라.[23] 처음부터 잘할 필요는 없지만 대충 무슨 일이 벌어지는지 정도는 알아야 한다.
- 에릭슨의《해킹: 공격의 예술》을 읽어라.[24]
- 자바스크립트를 배워라.
- 대규모 공격 아카이브를 탐독하라. 1990년대부터의 공격을 훑어라. 공격이 어떻게 가능했는지를 파악하라. 과거에서부터 현대로 이동하면서 새로운 공격 기술에 천천히 익숙해져라.

- x86 어셈블러에 능숙해지면 아이디에이 프로IDA Pro와 올리디버그OllyDbg를 배워라.

이러한 기술 외에도 위브는 해킹만으로는 해결 불가능한 보안 경계를 넘기 위해 다양한 침투와 위조 기술을 습득할 것을 권한다.

- 장차 있을 공격에 유용할 만한 업무를 하는 직업을 구하라. 예를 들면 시스템 관리자나 헬프데스크 등이 그렇다. 또한 시스템 관리자로 고용되면 회사의 모든 것을 파악할 수 있다. 말을 잘해서 계속 시스템 관련 업무를 맡게 되면 제로데이[25]가 필요 없게 되며 모든 것의 열쇠를 얻을 수 있다.
- 추심 업계에서 전문 추적가skiptracer[26] 일자리를 얻으면 독싱 능력에 강력한 엔진을 달아줄 자료에 접근할 수 있다.
- 널리 사용되는 오픈소스 제품의 버그 해결 방법과 자신이 원하는 기능에 깃풀git pull[27] 리퀘스트를 제출해서 더 유능한 프로그래머가 되어라. 개발자 일자리를 구하라.
- 말을 잘해서 아무 제한 구역에 들어가라. 또는 아무 고객지원 서비스에 전화한 뒤 잘 구슬려 민감한 고객 정보를 얻어내라. 매우 유용한 기술이다.
- 출입 허가를 받은 건물의 잠긴 문을 따고 들어가는 법을 익혀라(허가가 있으면 보안을 피해 잠긴 문을 통과하는 경험을 안전하게

해볼 수 있다).

- 증명서 위조하는 법을 자주 연습하라. 포토샵과 인쇄소를 이용하라.
- 시, 특히 19세기 시와 아주 오래된 서사시, 북유럽 신화와 전설을 읽어라. 이상하게 들리겠지만 언어로 사람들을 다루는 것에 대한 크나큰 통찰을 얻을 수 있다.
- 같은 이유로, 다변량 테스트를 실행하는 광고업계에서 교열 일자리를 구하는 것도 도움이 된다. 최면술과 콜드콜cold call 판매(전화로 상품 판매를 권유하는 것 — 옮긴이) 같은 것들도 배울 수 있다.

기술적인 측면은 혼자서 배우고 연습하는 것이 가능하지만 추천 내용 중에는 책임을 분담하고 기술과 성공을 공유할 해커 크루 없이는 실행이 불가능한 것들도 있다. 위브의 설명에 따르면 복잡한 메모리 오염 공격 같은 일부 해킹 방식에는 많은 사람이 필요하다. 이러한 시나리오에서 해커들은 컴퓨터의 메모리 공간에 있는 버그를 이용해 프로그램을 수정하거나 아예 통제한다. "그래서 인맥을 형성하고 해커 크루를 만드는 게 중요한 거예요." 위브는 이렇게 말을 끝맺는다. "진짜 멋진 짓을 벌이려면 함께 일할 다양한 사람들이 필요해요. 예를 들어 크루 중 한 명이 전문 추적가 일자리를 구하면 갑자기 크루 전체가 어큐린트Accurint처럼 법 집행이나 금융과 관련해서만 접근할 수 있는 광장한 데이터베이스에 접속할 수 있게 되는 거죠."

젠녹스는 2000년대 초반에 해킹의 세계에 입문했다. 나는

2017년 1월 워싱턴D.C.에 있는 태국 레스토랑 뒤쪽에서 그를 처음 만났다. 짧은 갈색 머리 여자가 시내의 구석진 바에서 칵테일 한 잔을 들고 나를 기다리는 모습을 믿지 못하겠다는 듯이 바라볼 때만큼 나의 젠더 편견을 생생하게 인식한 적은 없었다. 그러니까 지난 1년 동안 내게 해킹과 사이버 보안에 대해 알려주고 이슬람국가 텔레그램 링크를 보내준 사람이 저 여자라고? "뭘 하든 내 실제 정체성을 가상의 정체성과 연결시키진 말아요." 젠녹스가 내게 처음 한 말 중 하나였다. 미국 정부에서 위조를 조사하는 젠녹스의 본업도 결코 지루한 일은 아니었지만 밤에 하는 일은 그보다 훨씬 더 짜릿했다.

"내가 누군지 알면 이슬람국가가 날 죽이려 할 거예요." 6개월 후 런던 빅토리아역 근처에 있는 작은 펍에서 만난 젠녹스가 말한다. 젠녹스는 매년 라스베이거스에서 열리는 세계 최대 규모의 해킹 콘퍼런스 데프콘에 다섯 번째로 방문하고 돌아온 참이다. 흰색 후드티를 입었고 손톱에는 검은 매니큐어를 칠했다. 젠녹스의 보라색 가방에 작은 고릴라 인형이 매달려 있다. 2018년 8월 사이버칼리파는 이슬람국가의 여러 선전 사이트와 소셜미디어 채널을 내린 캠페인의 배후에 있는 어나니머스 해커들을 죽이겠다고 맹세했다. 이 인터넷 지하디스트들은 관타나모 교도소의 죄수복을 참조해서 만든 이슬람국가의 주황색 죄수복 위에 어나니머스의 상징 가면을 합성했다.[28]

몇 시간 뒤, 나는 젠녹스를 비롯한 데프콘 참가자들과 함께 블랙허트라는 캠던의 붐비는 술집에 와 있다. "이번 주에 데일리스토머를 'qwn'할 방법을 알아낼 거야." 라이브 록 공연이 시작되길 기다리는 동안 무리 중 한 명이 퇴근한 사람들의 재잘거리는 목소리 너머로 외친다. 게임 용어로 'qwn'한다는 것은 누군가에게 패배를 안기거나 굴욕을 준다는 의미다. 내가 막 이해하기 시작한 여러 가지 이유로 이곳에 있는 모든 해커들은 서로를 가명으로 부른다.

트롤링처럼 해킹도 본질적으로 나쁜 행위는 아니다. 해킹은 그저 "어떤 장치나 과정에 특이하거나 즉흥적인 수정"을 가하는 행위일 수 있다.[29] 예를 들어 프랑스 해킹 커뮤니티인 르루프Le Loop나 샌프란시스코에 기반을 둔 해커원HackerOne 보안 네트워크의 화이트햇 해커들은 시스템을 점검하고 '윤리적 해킹'을 수행한다. 해킹은 그저 하나의 행위가 아니라 주위의 모든 것을 의심하는 태도다. 샌프란시스코에서 활동하는 유명 해커이자 개발자인 미치 올트먼Mitch Altman은 이렇게 말했다. "모든 것을 해킹할 수 있고 모든 것을 해킹해야 합니다. 모든 것을 더 좋게 개선할 수 있으니까요. 기술뿐만 아니라 음식과 예술, 공예, 음악, 사진, 영상, 소프트웨어, 과학, 우리 자신을 비롯해 사회를, 지구를 해킹할 수도 있습니다. 지구도 분명 개선이 필요하거든요."[30]

"전 세계 해킹 커뮤니티는 작은 세상이에요." 젠녹스가 말한다. 젠녹스에 따르면 중요 사회기반시설을 해킹할 능력이 있는 유능한 해커는 전 세계에 200명이 채 안 된다. "내 생각에 진짜 위험한 해커는 20여 명 정도예요. …… 누구도 그들을 막을 수 없다는 점에서요." 젠녹스가 말을 잇는다. "그들은 우리가 읽는 것보다 더 빨리 코드를 작성해요. 여섯 살 때부터 컴퓨터 앞에서 살았던 애들을 말하는 거예요." 젠녹스가 잠시 말을 멈추고 맥주를 한 모금 마신 뒤 휴대전화의 잠금 상태를 푼다. 화면이 밝게 빛나자 젠녹스가 다시 입을 연다. "그 사람들 눈에는 그냥 보여요. 웹사이트건 프로그램이건 그냥 열어서 스크롤을 내리는 거예요. 엄청 빨리. 그 사람들 눈동자가 이리저리 움직이는 걸 볼 수 있죠. 그러다 허점을 찾아내고 순식간에 해킹이 끝나요."

젠녹스는 한국이 일류 해커들을 키워낸다고 말한다. 북한도 그렇지만 한국만큼은 아니다. 중국인도 매우 실력이 좋다. 러시아인은 열심히 노력하긴 하지만 아직 중국만큼 수준이 높지는 않다. 이스라엘인은 방어에 훨씬 뛰어나다. 이들은 회복 능력이 뛰어난 시스템과 최첨단 보호 메커니즘을 갖추고 있다. 그러나 가장 훌륭한 방어 메커니즘도 해킹을 완벽하게 막아주지는 못한다. 젠녹스가 말한다. "사람들은 그냥 중요 사회기반시설 주위에 벽을 쌓으면 된다고 생각해요." 젠녹스는 사이버 보안 조치를 벽이 아닌 돌담에 비유한다. 돌담에는 언제나 틈이 있다. 돌담 바깥에 있다가 그 안에 있는 귀중한 것을 손에 넣으려면 적절한 도구도 필요하고 담을 뚫을 방법도 알아야 하지만 이론상으로는 누구나 안에 들어갈 수 있다. "100퍼센트 확실한 사이버 보안이나 정보 보안은 없어요." 심지어 이스라엘인도 이 사실을 인정한다.

사이버비트Cyberbit는 세계 최고의 사이버 보안 기업 중 하나다. 이스라엘의 도시 라아나나 외곽에 위치한 본사에 들어가면서 유럽과 중동, 북아프리카 지부의 부사장 요차이 코렘Yochai Corem이 내게 설명한다. "사이버 공격을 파악하는 데 들어가는 평균 시간은 206일입니다. 그 공격을 막는 데 평균 69일과 380만 달러가 들어가죠." 사이버비트에 합류하기 전에 요차이 코렘은 이스라엘 정보군 장교였다. 요차이가 내게 말한다. "사이버 공격을 막을 때 가장 중요한 요소는 탄탄한 인프라입니다. 국가 세력이 테러리스트 같은 비국가 세력보다 훨씬 더 위험합니다. 물론 비국가 세력이 국가의 지원을 받을 수도 있지요." 국가의 지원을 받는 비국가 세력 해커들은 현재 그 어느 때보다도 창의적이다. 2018년 7월 하마스는 수백 명의 이스라엘 방위군을 타깃으로 가짜 데이팅 앱을 만들고 훔친 여성 프로필 뒤에 악성 소프트웨어를 숨겨놓았다. 이스라엘 정보 부대는 이른바 '무너진 마음' 작전으로 미인계의 성공을 막아냈지만 이 앱의 존재를 통해 신원 도용과 해킹이 야기하는 새로운 위험이 드러났다.[31]

지난 몇 년간 그리 복잡한 기술은 필요치 않지만 엄청난 영향력을 발휘한 다양한 해킹 사건이 발생해 사회기반시설의 취약점을 파고드는 것이 얼마나 쉬운지를 보여주었다. 2015년 독일 연방의회가 해킹당한 데 이어[32] 2016년 경선을 앞두고 힐러리 클린턴의 선거운동본부장이었던 존 포데스타의 이메일이 해킹되었고[33] 2017년 프랑스 대선에 앞서 마크롱의 자료가 유출되었다.[34] 2017년 발생한 워너크라이WannaCry 피싱 사건은 비교적 단순한 악성 소프트웨어인 크립토웜cryptoworm을 이용해 전 세계 23만 대의 컴퓨터를 감염시켰다. 이때 감염된 유명 타깃으로는 영국 국민보건서비스와 독일의 철도회사 도이치반, 러시아 정부 부처, 프랑스의 자동차 제조업체 르노, 미국의 물류업체 페덱스 등이 있었다.[35] 아이러니하게도 (웹 도메인을 등록하는 단순한 방식으로) 워너크라이의 확산을 막은 스물두 살의 마커스 허친스Marcus Hutchins는 몇 달 뒤 데프콘 콘퍼런스에서 돌아오는 비행기에서 대규모 해킹을 일으킨 또 다른 악성 소프트웨어인 크로노스 뱅킹 트로이목마를 만든 혐의로 체포되었다.[36] 2019년 4월 허친스는 크로노스를 만들고 배포한 혐의를 인정했으며 이로써 최대 10년의 징역형을 받을 수도 있었다.[37]

보안 전문가들은 다양한 사이버 전쟁 중에도 위험 물질을 대량으로 처리·저장·운송하는 화학단지와 산업기반시설 공격을 가장 염려한다.[38] "하지만 웹사이트 수십 개를 동시에 다운시키는 것도 힘든 일이에요." 젠녹스가 말한다. 그다음 단계는 통신을 도청하고 데이터를 빼내고 시시티브이 카메라나 투표시스템을 해킹하는 것이다. 오늘날에는 10대도 이런 일들을 할 수 있다. 에밋 브루어Emmett Brewer가 데프콘에서 10분 안에 플로리다의 가짜 투표소를 해킹했을 때 그의 나이는 열한 살이었다. 브루어는 2018년 8월 미국의 가짜 선거 웹사이트를 해킹한 8세에서 16세 사이의 어린이 50명 중 한 명이었다.[39]

정치적 목적을 지닌 해킹이 점점 잦아지고 있다. 2019년 1월 4일 독일 국가사이버방어센터의 책임자가 내 사무실로 전화를 걸어와 이렇게 묻는다. "안녕하세요. 혹시 해킹 관련 정보가 더 있습니까?" 나는 해커들이 자주 출몰하는 디스코드 채널의 스크린샷과 메시지를 전송한다. 가해자를 체포해야 한다는 압력이 커지면서 해커들의 신원 조사도 빠른 속도로 진행된다. 몇 시간 지나지 않아 해킹 스캔들이 전 세계에 대대적으로 보도된다. "해커들, 메르켈을 비롯한 독일 정치인의 정보를 대규모로 유출하다"는 블룸버그의 헤드라인이고[40] "독일 정치인, 대규모 정보 공격의 타깃이 되다"는 비비시의 헤드라인이다.[41] 금요일 오후다. 나는 주말 계획을 취소해야 한다는 것을 직감한다.

2018년 11월 에바 폰 안게른Eva von Angern은 동료에게서 자신의 이름으로 이상한 메일이 왔다는 전화를 받았다. 얼마 지나지 않아 페이스북과 인스타그램, 스냅챗, 핀터레스트의 비밀번호가 변경되었다는 알림이 울리기 시작했다. 그러나 독일 작센안할트주의 좌파당 의원인 폰 안게른은 곧 여성 폭력에 관한 토론에 패널로 참여해야 했다. 토론이 끝난 뒤에는 그 어떤 소셜미디어 계정에도 로그인할 수 없었다. 폰 안게른의 페이스북 계정에는 이민에 반대하는 글이 올라오기 시작했고 아마존 계정에서는 그의 신용카드로 반파시스트 핸드북과 약물 검사기, 플라스틱 페니스 같은 물건들이 결제되었다.

폰 안게른은 해커 요하네스 S.의 첫 번째 피해자가 아니었다. 알고 보니 요하네스 S.는 내가 감시하던 극우 해킹 및 트롤링 커뮤니티의 회원이었다. 그 한 해 동안 독일의 여러 소셜미디어 인사들이 계정을 해킹당했다. 그들의 공통점은 난민을 지지하고 극우 인터넷 문화를 비판했다는 것이었다. 그러나 요하네스 S.는 가장 극적인 소셜미디어 공격을 12월까지 아껴두었다. 요하네스 S.는 크리스마스 달력(12월 1일부터 24일까지 매일 문을 하나씩 열어보게 만든 달력 – 옮긴이)의 형태로 매일 자신의 정치적 적의 사생활 정보를 유출하기 시작했다. 크리스마스가 가까워질수록 피해자는 점점 유명인사가 되었다. 12월 초에는 문 안쪽에 좌익 유튜버와 활동가, 언론인의 개인 정보와 자료가 들어 있었던 반면 마지막 문들에는 메르켈과 프랑크발터 슈타인마이너 독일 대통령을 비롯한 저명한 정치인의 정보가 들어 있었다. 뉴스를 읽고 나서야 자기 계정이 해킹당했음을 알게 된 의원들도 있었다. 이 공격으로 최소 993명의 전·현직 정치인이 피해를 입었고 8000개의 이메일과 3만 5000개의 시각 자료가 유출되었다.

이 해킹은 독일 당국과 정치인에게 경종을 울렸다. 어떤 이들은 스물두 살의 청년이 사이버 공격으로 국가 최고의 의사 결정자와 언론인에게 큰 피해를 입혔다는 사실에 상당한 충격을 받았다. 심지어 복잡한 기술이 필요한 것도 아니었다. 대부분의 경우 해커는 그저 허술한 비밀번호 같은 보안상의 허점을 이용했다. 타깃 계정의 보안이 뛰어날 경우 해커는 가족이나 친구의 계정을 해킹해 사적인 대화에 접근했다. 예를 들면 녹색당 당대표인 로베르트 하벡의 메시지는 아내의 페이스북 계정이 해킹당한 뒤 유출되었다. 심지어 요하네스 S.는 2단계 인증 기능을 걸어둔 계정을 해킹하기 위해 트위터와 휴대전화 회사의 고객서비스에 전화를 걸어 2단계 인증을 비활성화하거나 인증 코드를 받아내기도 했다.

더 뛰어난 사이버 보호 프로그램을 설치하지 않은 정치인들과 이런 공격을 예측하지 못한 안보 기관 모두에게 책임이 있다. 2015년 5월 독일 연방의회가 러시아의 사이버 정보부대 에이피티28APT28('팬시 베어Fancy Bear'라는 이름으로도 알려져 있다)에게 해킹당한 뒤 의회 정보 시스템의 취약성이 명백히 드러났다. 당시 해커들은 트로이목마가 들어 있는 단순한 유엔 링크를 사용해 하드드라이브와 메일함에 접근함으로써 의원 16명의 기밀문서를 손에 넣었다.[42]

당시 도난당한 자료는 정치적으로는 그리 민감하지 않지만 매우 개인적인 내용이었다. 피해자들에게 신용카드 명세서와 사적인 대화, 가족사진이 유출된 것은 굴욕적이고 두려운 경험이었다. 그러나 이는 사적인 피해를 넘어 민주주의 자체에 대한 공격이기도 했다. 독일 법무장관인 카타리나 바를레이는 이 사건을 민주주의와 국가 제도의 신용을 떨어뜨리려 한 '심각한 공격'이라 칭했다. 이 사건은 학생 한 명이 자기 침실에서 얼마 없는 자금과 추종자로 적에게 얼마나 강력한 힘을 행사할 수 있는지를 잘 보여주었다. 사이버 무기는 비주류 개인이 경제적·인적 자원 없이도 정치 과정과 기업 운영을 마비·붕괴시키고 국가 전체를 공포에 빠뜨리는 것을 가능하게 한다.

익명성 덕분에 모두가 모두를 트롤링할 수 있게 되었으며 적은 수의 인원이 쉽게 다수를 위협할 수 있게 되었다. 부유하거나 영향력이 크거나 교육 수준이 높아야만 그런 힘을 행사할 수 있는 것은 아니며 그저 인터넷 접속만 가능하면 된다. 트롤링과 테러의 경계가 모호해지면서 러시아 세력과 반지하디스트가 이슬람국가인 척할 수도 있고 이슬람국가가 가짜 해킹을 꾸며낼 수도 있게 되었다. 실제 해킹의 심각성과 상관없이 피해가 발생할 수도 있다. 이념에서 비롯된 별것 아닌 장난이 집단 심리에 영향을 미칠 수도 있다. 즉흥적인 변화에 가장 취약한 것은 사회기반시설이 아니라 바로 우리의 정신이다.

우리의 일상생활을 가장 편리하게 한 신기술이 동시에 우리를 가장 큰 위험에 빠뜨린다는 데에는 의심할 여지가 없다. 우리가 중요 사회기반시설의 상호연계성에 의존한다는 바로 그 사실이 우리를 사이버 공격에 가장 취약하게 만든다. 가로 등에 빛이 들어오지 않고 기차가 운행되지 않으며 더는 현금자동인출기에서 틀림없이 돈을 인출할 수 없고 컴퓨터로 안전하게 정보를 저장할 수 없는 세상은 생각만큼 멀지 않다.

과거에 지하디스트와 극우 해커가 야기한 피해는 물질적이고 금전적인 손실에 국한되었다. 그러나 최근 정치 기관에 가해진 공격은 이 수준을 넘어섰다. 이러한 공격은 재정적 손실을 입힐 뿐만 아니라 민주주의 과정과 정치인에 대한 신뢰까지 깨뜨린다. 과거의 해킹은 수백만 달러나 파일 몇 개를 날렸을 수 있지만, 미래의 해킹은 수백만 명의 삶을 앗아갈 수 있다. 만약 테러리스트들이 사이버 공격 능력을 계속 향상시킨다면 발전소나 자율주행 자동차를 대상으로 한 더욱 정교한 해킹이 발생할 실질적 위험이 있다.

그러나 지금 우리가 걱정해야 하는 것은 하이브리드적 위협, 즉 사이버 세계와 현실 세계가 뒤섞인 테러다.

게임화된 테러

12장

뉴질랜드 공격 배후의 하위문화 속에서

사무실을 나서는데 심장이 뛰고 속이 안 좋다. 빗발치는 총알에 한 명 한 명 쓰러지는 사람들의 모습이 아직도 눈에 선하고 반자동 소총을 발사하는 소리가 아직도 귀에 생생하다.

뉴질랜드 크라이스트처치에서 벌어진 모스크 공격의 생중계 영상을 보지 말았어야 했다.

28세 테러범의 선언문 "대전환"은 다음과 같이 시작한다. "문제는 출산율이야. 출산율. 출산율이라고." 선언문 속 단어들이 너무나도 익숙하다. 그동안 유럽의 정체성주의자와 미국의 대안우파에게서, 에잇챈 게시판과 디스코드의 비밀 대화방에서 수없이 목격한 것들이다. 위장 침입 중에 만난 세대정체성 회원들, 대전환 음모론의 가장 열렬한 지지자들이 내 마음을 무겁게 짓누른다.

며칠 뒤 테러범이 세대정체성의 마르틴 젤너와 프랑스의 정체성주의자들을 후원했다는 사실이 밝혀지면서 보안 기관이 테러범과 정체성주의 운동의 관계를 조사하기 시작한다.[1] 마르

틴 젤너와 정체성주의자들은 내 앞에서 폭력을 지지하지 않는
다고 몇 번이나 말했다. 하지만 나는 대전환 음모론이 이번 테
러와 같은 폭력 사건을 일으키는 것이 그저 시간문제가 아니었
나 자문할 수밖에 없다.

대전환 이론은 폭력을 선동하는 이념, 즉 '위기 서사'의 네
가지 특징을 전부 갖추고 있다. 그 네 가지는 바로 음모론, 디
스토피아, 불순물, 실존의 위협이다.[2] 유럽인은 인종과 문화가
전혀 다른 이민자들로 대체되고 있고(불순물) 그 배후에는 글
로벌 엘리트, 이들과 공모한 정부, 기술 기업, 미디어 매체로 이
루어진 비밀 단체가 있으며(음모론) 그 결과 사회가 점차 부패
하고(디스토피아) 결국 백인이 멸종한다는 것(실존의 위협)이 대
전환 이론의 내용이다.

나는 테러범 브렌턴 태런트Brenton Tarrant의 급진화 과정을 조
사하려고 인터넷에서 모든 공개출처정보를 모으기 시작한다.
그러면서도 슬픔과 좌절, 죄책감이 뒤섞인 감정을 떨칠 수 없
다. 공격을 막을 수는 없었을까? 며칠 전 태런트는 자신이 사
용할 총 사진을 트위터에 올렸다. 총에는 자신의 롤모델 이름
이 새겨져 있었고 그중에는 2011년에 77명을 사살한 노르웨이
인 아네르스 베링 브레이비크Anders Behring Breivik와 2017년 퀘벡
시 모스크 총기 난사 사건의 범인인 알렉산더 비조넷Alexandre
Bissonnette처럼 21세기에 가장 많은 사람을 죽인 극우 테러리스
트도 포함되어 있었다. 트위터도 다른 보안 기관도 이 사진을

발견하지 못했다. 게시물이 시각 자료뿐이라 기존의 텍스트 기반 탐지 메커니즘을 피할 수 있었기 때문이다.

태런트가 에잇챈 게시판에 공격의 시작을 알렸을 때 (그의 온라인 친구를 포함한) 많은 회원이 그의 말이 진심인지 알지 못했다. 심지어 페이스북 생중계가 시작되었을 때에도 에잇챈 회원들은 공격이 장난인지 진짜인지 파악하지 못했던 것으로 보인다. "이거 라이브액션롤플레이지?" 한 회원이 묻자 다른 회원이 "아니야, 실제로 일어나고 있는 일이야"라고 대답한다. 생중계를 시작하며 태런트는 "퓨디파이PewDiePie를 구독해"라고 말한다. 퓨디파이는 스웨덴의 게임 해설자이자 전 세계 구독자 수 2위인 인기 유튜버. 그리고 나서 태런트는 유고슬라비아 전쟁에서 무슬림에 반대하는 세르비아의 선전 음악으로 사용되었다가 백인우월주의 밈이 된 〈리무브 케밥〉Remove Kebab을 튼다.

크라이스트처치 공격은 트롤링과 테러의 경계를 흐릿하게 만들었다. 이번 테러는 처음부터 끝까지 구체적인 관객, 즉 에잇챈의 트롤들을 즐겁게 하려는 목적에서 기획되었다. 태런트의 이른바 선언문에는 내가 극단주의자들의 온라인 네트워크를 조사하며 수차례 목격한 농담과 언어, 이념이 곳곳에 들어 있다. "동지들, 이젠 쓰레기 같은 글 좀 그만 올리고 현실에서 실제로 뭔가를 해야 할 때야." 태런트는 에잇챈에 이렇게 선언했다. "나는 침략자들을 공격할 거야. 그리고 페이스북으로 공격을 생중계할 거고."

태런트의 테러 생중계는 극우 트롤링 커뮤니티의 동지애를 끌어내 갈채와 칭찬, 존경을 받으려는 시도였다. 태런트의 마지막 메시지에는 형제애와 우정이 깃들어 있다. "그동안 고생했다. 너희의 동성애와 무기력, 타락이 심각하긴 해도, 그래도 너희는 멋진 녀석들이고 인간이 바랄 수 있는 가장 훌륭한 친구들이야." 그리고 태런트는 시청자에게 자신의 선언문과 생중계 방송을 퍼뜨리고 밈과 싯포스팅 콘텐츠를 생산해달라고 촉구했다. "내가 이번 공격에서 살아남지 못할 수도 있으니 여기서 인사를 전한다. 모두에게 축복이 있기를. 모두 발할라(북유럽과 서유럽 신화에 나오는 궁전으로 '전사자의 큰 집' 또는 '기쁨의 집'이라는 뜻 – 옮긴이)에서 만나자!"

크라이스트처치 테러는 내가 이 책을 마무리할 때 발생했다. 보통 집필 마지막 과정에서 책의 주제와 관련된 중요한 사건이 발생하면 내용을 재고하고 어쩌면 대부분을 다시 써야 할 수도 있다. 그러나 뉴질랜드에서 발생한 공격은 지난 몇 년간 기록해온 관찰의 정점에 있는 것 같았다. 이 사건은 새로운 대안 테크 생태계에 만연한 폭력 선동의 당연한 결과였고 지금껏 이 책에서 묘사한 유해한 온라인 문화가 현실로 나타난 것이었다.

물론 극우 이념에 테러를 유발할 잠재력이 있다는 것은 전혀 새로운 사실이 아니다. 브레이비크에서 비조넷까지, 지난 수십 년간 우리는 유사한 사고방식이 테러를 일으키는 것을 목격했다. 그러나 정책입안자와 보안 병력은 이들의 위협을 체계적으로 과소평가하며 지하디스트 공격을 예방하는 데만 거의 모든 자원을 쏟아붓고 있다. 그러나 통계가 오늘날의 현실을 말해준다. 2018년 이슬람 극단주의자만큼 많은 수의 극우 극단주의자가 영국 정부의 테러 예방 프로그램인 '채널Channel'의 도움을 받았다.[3] 독일 내무부의 최신 보고에 따르면 현재 독일에는 폭력을 행사할 가능성이 있는 극우 극단주의자가 약 1만 2700명 있다.[4] 미국의 경우 2018년의 모든 살인 사건이 최소 하나의 극우 극단주의 운동과 관련이 있었다.[5]

그러나 크라이스트처치 공격의 새로운 점은 게임화의 양상이 뚜렷해졌다는 것이다. 즉 범인은 테러에 게임의 요소를 전용하고 재미와 두려움이 만나는 지점에서 폭력을 사용했다. 게임의 요소를 게임과는 아무 관련이 없는 상품과 서비스, 활동에 부여하는 게임화는 꽤나 독창적인 개념이다. 1910년 켈로그사가 시리얼 상자 안에 작은 게임을 넣기 시작했고 이 아이디어는 즉각적인 성공을 거두었다. 1950년대가 되자 고용인의 동기부여 요소로 게임화가 활용되기 시작했다. 사회학자 도널드 F. 로이Donald F. Roy는 공장 노동자끼리 바나나를 훔치는 일상 생활에서의 게임이 직업 만족도와 생산성을 끌어올린다는 것을 증명했다. 켈로그사가 시리얼 판매에 처음으로 게임화를 적용하고 100여 년이 지난 지금 새로운 직원과 고객 또는 유권자를 끌어들이기 위해 게임화를 사용하지 않는 고용주나 마케팅 회사, 정치 단체는 드물다. 오늘날에는 거의 모든 것이 게임화되며 거기에는 테러도 포함된다.[6] 이슬람국가는 자신들의 선전을 게임화한 최초의 무력 단체 중 하나였다. 이들은 포토샵으로 콜오브듀티 게임 광고에 지하디스트 병사들을 합성했고 직접 비디오게임을 만들어 신병 모집에 활용했다. 그리고 여기서부터 게임화는 점점 확대되기 시작했다.

크라이스트처치 공격의 생중계 방송은 순식간에 퍼졌다. 페이스북은 이후 24시간 동안 150만 개의 영상을 삭제했다.[7] 극단주의자들의 온라인 에코체임버에는 공격을 미화하는 밈(어떤 이들은 범인을 "성聖 태런트"나 "침략자를 무찌른 전사"로 칭했다)이 올라왔다. 극우 게이머와 유튜버를 비롯한 동조자들이 테러 공격을 "빅토리 로얄Victory Royale"이라 칭하며 범인을 옹호했다. 심지어 일부 게이머는 생중계된 공격 영상을 이용해 범인이 사람을 쏠 때마다 점수와 탄약 정보가 바뀌는 슈팅 게임을 만들었다.

내가 인사이클로피디아 드라마티카Encyclopedia Dramatica(백과사전 사이트인 인사이클로피디아를 풍자한 웹사이트 — 옮긴이)에서 발견한 브렌턴 태런트 항목은 다음 문장으로 시작한다. "침략자들은 반드시 죽어야 한다. 모두가 올해는 재미없고 구릴 거라 생각했을 때 새로운 도전자가 나타난다."[8] 이 페이지는 태런트를 "마스터 치프 브렌턴 해리슨 태런트卡, 키위 케밥 킬러로도 알려짐", "무슬림의 존재를 문제 삼지 않는 국가에서 무슬림 쓰레기를 제거하겠다고 나선 영웅적인 실사판 제이시JC 덴튼

(게임 듀스엑스Deus Ex의 주인공 – 옮긴이) 호주 트롤"로 묘사한다.

그러다 우연히 '브렌턴 소녀들Brentonettes'이 등장하는 영상을 본다. 영상 속에서 미성년 소녀들이 브렌턴 태런트에게 존경을 표한다. 어떤 아이들은 카메라에 대고 태런트와 결혼하고 싶다고 말한다. 그동안 폭력과 테러를 풍자하는 많은 콘텐츠를 봤지만 이건 도저히 이해가 가지 않는다. 이 영상을 어떻게 받아들여야 할지 전혀 모르겠다. 적대적인 밈과 정치적 사회 위반 행위를 문화 표현의 한 형태로 여기는 극단주의자와 초자유지상주의자는 인터넷이 심각한 장소가 되어야 한다는 생각에 넌더리를 낸다. 이들은 익명이나 가명을 사용하는 웹사이트를 실제 시장처럼 규제해야 한다는 의견을 조롱한다. 이들에게 인터넷은 지금까지나 앞으로나 언제나 재미를 위한 공간이다.

그러나 크라이스트처치 공격 이후 일부 극우 플랫폼 회원은 인종차별 밈이 다수에게 그저 사회 위반적 농담이 아님을 깨달은 듯하다. 그 후 며칠 동안 나는 그저 트롤링을 즐기는 사람과 인종 전쟁을 진지하게 찬성하는 사람 사이의 경계가 점차 뚜렷해지는 것을 목격한다. 어떤 사람은 모방 공격을 장려하고 어떤 사람은 자신들의 유해한 온라인 커뮤니티 환경 때문에 공격이 발생한 것이라 비난한다.

크라이스트처치 공격은 온라인과 오프라인이 별개의 현실이라는 '디지털 이원론'을 아직 믿는 사람들에게 경종을 울린 사건이었다. 디지털 이원론은 사이보그학Cyborgology 블로그를 만든 나탄 저겐슨Nathan Jurgenson이 2011년에 처음 사용한 단어로, 순식간에 소셜미디어 연구원들의 전문 용어가 되었다. 그러나 온라인 급진화의 온상 속 사회·기술적 역동에서 영감을 받은 공격들이 디지털 이원론이 위험한 오류임을 점점 증명해주고 있다.

지오태깅geotagging(디지털 콘텐츠에 위치 정보를 기록하는 것 — 옮긴이)과 얼굴 인식, 공개출처정보 수집 등을 통해 온라인과 오프라인을 연결하는 것은 그동안 여러 정부와 사기업, 디지털 시민에게 큰 도움이 되었다. 그러나 독싱과 테러 생중계 같은 현상은 이 새로운 통합에 어떤 위험이 수반되는지를 보여준다. 크라이스트처치 공격은 인터넷이 현실과 분리된 공간이라는 생각을 뒤흔들었다. 이 공격은 가상 세계를 '증강 현실'이 아닌 '타락한 현실'로 바꾸어놓았다.

디스코드의 극우 집단 제이에프지JFG 월드에 접속하자 마리아라는 이름의 여성이 "내 정신건강을 망치기 때문"에 이곳을 떠난다고 선언한다. 또 다른 회원이 자기 생각을 말하기 시작한다. "어디서부터 시작해야 할지도 모르겠다. […] 어떻게 시체를 보고 농담할 생각을 할 수가 있어?" 글은 다음과 같이 이어진다. "따뜻한 집에서 컴퓨터 앞에 앉아 있으니까 이런 끔찍한 일들을 농담거리 삼아도 될 것 같지? 너희는 정말 역겨운 놈들이야. 사람들이 사랑하는 이를 잃고 괴로워하는 것만으로는 충분하지가 않아? 아니, 진심으로 뭐가 그렇게 웃긴 건데?"

영국 내무부의 반극단주의 부서 앞에서 싯포스팅의 위험성을 처음 브리핑할 때 나는 약간 웃기다고 생각했다. 밈이 트럼프의 당선에 미친 영향력이 만천하에 알려진 이후였던 2017년에도 정부 관료에게 밈을 올리는 인터넷 트롤에 대해 경고하는 것은 다소 우스운 일 같았다. 그러나 그로부터 2년 후 런던의 뉴질랜드 대사관에서 보안 장교와 정보 분석가, 캐나다·영국·오스트레일리아의 외교관에게 브리핑을 할 때에는 트롤링의 위협이 오싹할 정도로 심각하게 느껴졌다.

방 안에 있는 모두가 모방 범죄를 우려했다. 태런트의 선언문은 미디어를 조종하고 대중의 관심을 최대한 많이 끌려는 목적에서 작성되었다. 언론인이 보기에 선언문은 바로 매체에 실어도 되는 인터뷰나 다름없었다. 그러나 극우 지지자들에게 선언문은 공격 설명서와 다크 스탠드업 코미디 대본을 섞어놓은 것과 같았다. 태런트의 목표는 다른 테러리스트의 총에 이름이 새겨질 영웅이 되는 것, 즉 '영감을 줄 테러'를 일으키는 것이었다. 《뉴욕타임스》의 분석은 2011년 이후 발생한 극우 테러의 최소 3분의 1이 그와 유사한 다른 공격에서 영감을 얻었음을 보여주었다.[9]

공격 이후 며칠간 나는 극우 활동가들이 태런트의 선언문을 번역해 텔레그램과 게시판에서 공유하는 것을 목격했다. 에잇챈에는 다음과 같은 익명 게시글이 올라왔다. "이미 세 개 언어로 번역되었어. 프랑스어, 불가리아어, 러시아어. 독일어와 네덜란드어 번역은 진행 중이고. 제발 최대한 많은 곳에 퍼뜨려줘. 브렌턴 태런트의 불씨를 온 세상에 퍼뜨려야 해."[10]

그로부터 몇 주 뒤인 2019년 4월 존 어니스트John Earnest라는 이름의 19세 미국인이 남부 캘리포니아의 도시 파우웨이에 있는 유대교 회당에서 총을 난사해 기도하던 여성 한 명을 죽이고 세 명에게 부상을 입혔다. 그는 에잇챈 게시판에 생중계 링크와 함께 남긴 공개편지에서 크라이스트처치 공격이 "촉매가 되었다"고 썼다. 정보기관에게 이 글은 곧 시간과의 싸움이었다. 에프비아이는 공격이 발생하기 5분 전에 캘리포니아 남부에서 총기 난사 사건이 발생하리라는 것을 파악했다. 실마리는 있었지만 제때 범인을 발견하기에는 충분치 않았다.[11]

파우웨이 유대교 회당에 총기를 난사한 범인은 자신의 유럽 혈통에 집착하며 MAtR 회원이나 와스프러브의 싱글들처럼 자기 유전 정보를 상세히 늘어놓곤 했다. 인터넷 커뮤니티의 트롤링 문화에 속해 있었고 레콘키스타 게르마니카와 큐어넌 회원들처럼 '밈 매직'을 적극적으로 지지했다. 그는 "난 1년 반 정도 힐끗거렸을 뿐이지만 여기서 돈으로 바꿀 수 없는 소중한 것들을 배웠어"라고 말하며 에잇챈의 동료 트롤들에게 감사를 전하고 에잇챈에 올라온 빨간 약 인포그래픽 게시물을 칭찬했다. 또한 그는 샬러츠빌 시위대와 오스트리츠 페스티벌의 네오나치처럼 "국제적인 유대인 엘리트들"이 백인을 대체할 음모를 꾸미고 있다고 믿었다.

또한 어니스트의 온라인 활동 이력은 2018년 10월 피츠버그의 유대교 회당에서 안식일 아침 기도를 올리는 유대인 11명을 죽인 극우 테러리스트 로버트 바워즈Robert Bowers를 떠올리게 했다.

공격에 나서기 전에 바워즈는 다음과 같은 글을 올렸다.

> 백인 학살에 도움이 될 때만 백인인 척하는 또 한 명의 유대인.
> 유대인은 아주 야만적인 생명체다. 이들이 조만간 몰살당할 것
> 같지는 않다. 그러나 유대인의 진정한 의도와 (((그들의))) 본모습을
> 깨닫는 사람들이 점점 더 늘어날 것이다. 사탄의 회당과 그 더러운
> 자손들은 결국 절멸할 것이다.

파우웨이 공격이 있고 몇 달 후 스물한 살인 패트릭 크루시어스Patrick Crusius가 텍사스 엘파소에 있는 월마트에서 총기를 난사해 21명이 사망했다. 크루시어스는 공격 직전 에잇챈에 "히스패닉의 텍사스 침략"을 비난하며 인종 분리를 촉구하는 글을 올렸다.[12] 2019년 가을 27세의 극우 극단주의자인 슈테판 발리에트Stephan Balliet가 정확히 동일한 패턴으로 독일 할레시에서 총기 난사 사건을 일으켰다. 발리에트는 공격을 생중계했고 에잇챈의 내부자들만 아는 어휘를 사용했으며 대전환 이론을 언급했다. 이슬람국가의 대변인 아부 무함마드 알아드나니Abu Muhammad al-Adnani가 외로운 늑대들에게 서구인을 타깃으로 테

러를 벌이라고 촉구한 뒤 2016~7년에 지하디스트 공격이 잇따른 것처럼, 2018~9년에는 극우 쪽에서 모방 테러가 자리를 잡았다. 엘파소 총기 난사 사건 이후 겨우 2주 동안 이와 유사한 공격을 계획한 혐의로 20여 명 이상이 체포되었다.[13]

로버트 바워즈와 브렌턴 태런트, 존 어니스트, 패트릭 크루시어스, 슈테판 발리에트 같은 현대의 극우 테러리스트들은 모두 '백인 말살' 같은 음모론과 '대량 학살' 촉구처럼 폭력을 부추기는 언어가 만연한 온라인 커뮤니티를 자주 방문했다.[14] 연구원들은 반유대주의적 음모론에 대한 믿음이 유대인을 향한 현실 속 적대감의 강력한 예측 변수임을 발견했다.[15] 네트워크전염연구소Network Contagion Research Institute와 반명예훼손연맹Anti-Defamation League이 공동으로 대안 테크 플랫폼의 댓글 1억 개를 분석한 결과 트럼프의 대통령 당선 이후 갭과 포챈의 '정치' 게시판에서 반유대주의적 비방이 두 배로 증가했다. 흑인 비하 발언 역시 2016년 이후 훨씬 빈번해졌다.[16]

존 어니스트가 남긴 글은 그가 태런트처럼, 내가 이 책에서 소개한 다수의 극우 극단주의자처럼 혁명이 임박했다고 믿었음을 보여준다. 그는 이렇게 적었다. "우리는 혁명의 초기 단계에 있다. 우리에게는 순교자가 필요하다. 책임져야 할 아이들이 있어서 붙잡히고 싶지 않다면 타깃을 공격한 뒤 다시 일상생활로 슬쩍 돌아오면 된다. 이 글을 읽는 모든 어넌이 공격에 나서야 한다. 그들은 우리를 찾지 못할 것이다. 그들은 우리를 잡지 못할 것이다. 우리는 수가 많다. 그리고 우리가 그들보다 똑똑하다.”

바워저와 태런트, 어니스트, 크루시어스, 발리에트 모두 테러 공격과 총기 난사를 통해 ‘불가피한 인종 전쟁’을 앞당겨야 한다는 생각에 동의했다. 이들은 내전을 촉발하려면 사회의 분열을 더욱 키워야 하고 다른 사람들도 똑같이 행동하도록 장려해야 한다고 믿었다. 태런트는 “역사의 추에 박차를 가해 서구 사회를 더욱 불안정하게 만들고 양극화를 가속하고 싶다”고 말했다. 이러한 사고방식은 가속주의 또는 ‘포위 포스팅Siege-posting’이라는 이름으로 알려져 있다.[17] 미국의 네오나치 제임스 메이슨James Mason의 글을 모은 《포위》Siege는 많은 백인우월주의자들에게 폭력을 장려했다. 2015년에 설립된 미국의 대안우파 테러 집단 아톰바픈Atomwaffen(독일어로 ‘핵무기’라는 뜻이다)은 《포위》를 경전으로 삼는 여러 집단 중 하나다.

내 텔레그램을 들여다본다. 이러한 생각을 지지하는 집단이 수십 개에 달한다. 예를 들면 회원 수가 1200명 이상인 비밀 텔레그램 단체 극우테러센터Right Wing Terror Center의 관리자는 크라이스트처치 테러에 대해 이렇게 말한다.

이 사람은 다가올 일의 전조다. 2015년 딜런 루프는 모든 악의와
백인 학대에 신물이 나서 분노를 통제하지 못하고 공격에 나섰고
흑인 몇 명을 살해했다. 루프의 행동은 새벽에 억지로 일어난 사람의

신음소리처럼 원시적이고 본능적이다. 반면 태런트의 행동은 완전히 수준이 다른 의식적인 행동이었다.

글은 다음과 같이 이어진다.

우리는 10~15년 정도 지속되는 종말의 시대 초입에 있다. 마지막 붕괴로 향하는 위대한 오르막길이 막 시작되었으며 우리는 이 사태를 막을 수 없다. 유일한 평화적 해결책은 즉시 재이주를 실시하는 것이지만 엘리트가 절대 그렇게 하지 않을 것임을 우리 모두가 안다. 그래서 우리가 나서는 것이다. [⋯] 전사들은 행동에 나서라는 부름을 받고 있으며 일부는 마침내 그 부름에 주의를 기울이고 있다. 이 사건들을 지켜보는 한 명의 백인으로서 이 사건들이 발생해서 다행이라는 말밖엔 할 수 없다. 나는 우리의 적이 결국 죽는다는 사실을 되새겼고 이 사실은 우리가 짊어진 무게를 크게 덜어준다. 잉글랜드에서 강간당한 백인 소녀들, 프랑스에서 죽은 백인들, 스웨덴과 독일에서 짓밟힌 백인들에 대한 복수와 응징이 드디어 벌어지고 있다. 우리가 당한 일에 약간의 정의가 실현된 것이다.

테러의 방법에 대한 설명은 놀라울 정도로 쉽게 찾을 수 있다. 2018년 에잇챈에서 익명의 계정들이 《알카에다 트레이닝 매뉴얼》Al-Qaeda Training Manual과 브라질의 군부 독재에 맞선 20세기의 마르크스 레닌주의 활동가 카를로스 마리겔라Carlos

Marighella의 《도시 게릴라 교본》Mini-Manual of the Urban Guerrilla에서 "건전한 부분"만 발췌한 설명서를 배포했다. 설명서의 "폭탄 제조 입문"에는 "응용 화학"과 "폭탄 연료" 개론이 소개되어 있다. 나는 테러리즘, 무장 선전, 죄수 석방, 처형, 납치를 비롯한 다른 도시 게릴라전의 방법이 담긴 설명서도 발견한다.

명백히 폭력적인 극우 무리는 여전히 인터넷의 변방에 머무른다. 그러나 행동에 나서라는 이들의 주장을 뒷받침하는 이념과 언어는 이미 오래전부터 주류에 들어와 있었다. 극단주의 전문가인 J. M. 버거는 미국 대안우파를 지지하는 트위터 계정이 최소 10만 개에 달할 것이라 추산한다.[18] 내가 속한 전략대화연구소는 2019년 유럽 세대정체성의 공식 트위터 계정 팔로어가 약 7만 명, 공식 페이스북 계정 팔로어가 약 1만 1000명, 텔레그램 채팅방 회원이 약 3만 명, 유튜브 구독자가 약 14만 명임을 확인했다.[19] 대전환이나 이민자 재이주 같은 극우 극단주의 개념에 관한 트윗도 지난 7년간 크게 증가했다.[20]

극단주의의 트렌드를 감시하는 연구원들은 크라이스트처치 테러 이후 큰 충격에 빠졌으나 진심으로 깜짝 놀란 사람은 아무도 없었다. 크라이스트처치 공격은 우리가 경고한 모든 요소를 갖추었다. 전 세계적 급진화의 온상이 되어버린 대안 테크 플랫폼. 인종적·문화적 소수 집단에 대한 증오와 폭력을 부추기는 정체성주의 음모론. 테러 콘텐츠를 확산시키는 수단으로 작용하는 소셜미디어의 생중계 기능. '디아이와이DIY' 테러리즘과 결합된 게임화와 인터넷 문화.

유럽의회 선거에 출마한 후보자에 대한 뉴스피드를 읽다 보니 더는 이 위협의 정치적 차원을 무시해선 안 된다는 사실이 분명해진다. 극우 포퓰리즘 정치인들은 온라인의 청년들에게 영합하려는 목적에서 음모론, 밈, 내부자 농담을 언급하며 갈수록 온라인 하위문화에 영합하고 있다.[21] 전략대화연구소의 분석 결과 도널드 트럼프는 대전환 이론에 관해 영어로 쓰인 트위터 대화에서 가장 영향력 있는 인물 10명 중 한 명이었다.

의회 소속이거나 정부를 이끄는 극우 포퓰리즘 정치인들은 크라이스트처치와 파우웨이 공격을 불러일으킨 이념을 정상화·정당화하고 증폭하는 데 결정적 역할을 했다. 2019년에도 우리는 유럽의 대표적인 극우 포퓰리즘 정치인들이 은연중에 또는 노골적으로 대전환 개념을 언급하는 것을 목격했다. 많은 정치인이 선거 캠페인에서 극우 관련 언어와 음모론을 활용했다. 예를 들면 무슬림이 유럽을 '이슬람화'하고 '아랍화'해 이른바 '유라비아'로 만들려는 목적에서 유럽을 침략한다는 주장이 그러했다.[22]

2019년 4월 오스트리아의 전 부총리 H. C. 슈트라헤는 "계속해서 대전환에 맞서 싸우겠다"고 맹세했다.[23] 벨기에의 극우 포퓰리즘 정당인 플람스벨랑Vlaams Belang 소속으로 유럽의회 선거의 유력 후보였던 26세의 드리스 판 랭겐호브Dries Van Langenhove는 거듭해서 소셜미디어에 "우리는 밀려나고 있다"고 말했다.[24] 두 정치인 모두 2019년 유럽의회 선거에서 당선되었다. 오스트리아 자유당 소속인 H. C. 슈트라헤는 러시아 재벌에게 선거를 도와주면 오스트리아 최대 언론사인 《크로넨차이퉁》 Kronen Zeitung을 팔겠다고 제안한 것이 밝혀져 큰 파문을 일으켰고 판 랭겐호브는 본인이 속한 집단이 노골적으로 인종차별적이고 반유대주의적인 디스코드 채팅방을 운영한 것이 드러났는데도 말이다.[25] 한편 대전환 음모론의 아버지인 프랑스의 르노 카뮈Renaud Camus는 자신의 지지자 중 한 명이 스와스티카 앞에서 포즈를 취한 사진이 공개되자 유럽의회 선거 후보에서 사퇴했다.[26]

크라이스트처치 공격 다음 날 도널드 트럼프 대통령은 태런트가 그랬듯 이민자를 "침략자"에 비유했다.[27] 헝가리의 극우 총리인 빅토르 오르반은 난민을 "무슬림 침략자"라 칭하며 이탈리아의 전 부총리 마테오 살비니는 자신이 "이민자들의 침략을 막았다"고 주장한다. 스페인 안달루시아의 극우 정당 복스 Vox의 당대표 프란시스코 세라노Francisco Serrano는 "수년 전부터 유럽 침략을 계획한 이슬람 급진주의자들이 난민과 함께 들어온다"라는 트윗을 올렸다.[28] 심지어 독일을 위한 대안당은 아예 선거 포스터에 "유럽 역사에서 배우자. […] 유럽이 유라비아가 되지 않도록"이라는 음모론적 글귀를 넣었다.[29]

폭력을 선동하는 이념의 정상화는 극단주의 예방에 관해 새로운 질문을 던진다. 예를 들면 트위터는 민주적으로 당선된 정치인의 혐오 트윗이나 음모론 선전물을 내려야 할까? 그 트 윗이 미국 대통령이나 이탈리아 부총리의 공식 계정에 올라온 것이라면 어떻게 해야 할까?

우리는 극단주의의 새 시대에 접어들었다. 한때는 주변부에 머물던 것이 이제는 주류가 되었다. 극우 슬로건이 공식 선거 포스터와 공약에까지 진출했다. 정치와 아무 관련이 없던 인터 넷의 하위문화가 정치적으로 변했고 정치적 공간은 온라인 커 뮤니티의 기괴한 문화적 요소를 활용하기 시작했다. 재미와 악 이 손잡으면서 무해한 장난과 처벌 가능한 범죄의 구분을 점점 더 어렵게 만들고 있다. 언론의 자유와 혐오 범죄를 어떻게 구 분할 수 있을까? 시민 저널리즘과 정보 전쟁은? 트롤링과 테러 는? 이는 그저 법적인 문제만이 아니다. 민주주의 정체성의 본 질을 건드리는 질문들이다. 우리는 자유지상주의자와 독재주 의자 사이 어디쯤에 위치하고 싶은가? 재정적으로, 도덕적으 로, 정치적으로 어디까지 나아갈 수 있는가? 과잉 검열을 하면 무슨 일이 벌어질까? 정치 체제 전반에 대한 반발은 얼마나 큰 타격이 될까?

하지만 그와 동시에 아무 행동도 취하지 않았을 때의 대가 는 무엇일까?

7부 미래는 어두운가

시작은 좋았으나 13장

북부 캘리포니아의 도시 팰로앨토의 웹스터가를 걸으니 널찍한 발코니가 달린 빅토리아풍 벽돌집과 함께 조각해놓은 듯한 계단과 이국적인 나무가 있는 독특한 형태의 땅콩주택이 보인다. 이런 집들을 통해 실리콘밸리 한복판에선 창의력과 돈이 한계를 모른다는 사실을 느낄 수 있다. 일류 대학 스탠퍼드가 자리한 팰로앨토는 오늘날의 뉴미디어와 커뮤니케이션 기술을 만든 사람들의 고향이기도 하다. 애플의 설립자 스티브 잡스가 살던 집은 구글의 공동 설립자인 래리 페이지나 페이스북 최고경영자인 마크 저커버그의 집에서 겨우 몇백 미터 떨어져 있다.

페이스북 본사가 있는 멘로파크캠퍼스는 이곳에서 자동차로 5분 거리다. 비공개 캠퍼스 안으로 들어가자마자 감각 과부화로 온몸이 마비된다. 배가 고픈가? 정통 태국 커리와 미국식 햄버거, 이국적인 아이스크림 중 하나를 골라라. 심심한가? 컴퓨터게임 아케이드에 가서 크래시밴디쿳Crash Bandicoot 게임을 하면 된다. 뻐근한가? 마사지를 받거나 요가 수업을 듣거나 물리치료사와 상담하라. 기름이 떨어졌다고? 주유소까지 갈 필요가 없다. 이동식 연료 탱크가 찾아오니까. 페이스북 직원에게 주어지는 혜택은 끝이 없는 듯하다. 캠퍼스에서 나가거나 외식을 하거나 페이스북 바깥에서 새 친구를 사귀어야 할 이유가 별로 없다.

다양한 발음과 친절한 얼굴을 가진 전 세계 직원들이 아이스크림을 먹으며 대화를 나누는 멘로애비뉴에 있으면 페이스북에 행복한 가족과 맛있는 음식, 아름다운 경치 사진 외에 다른 것이 올라온다는 사실을 상상하기 힘들다. 극단주의자들이 페이스북을 이용해 사용자를 세뇌하고 비인간적인 사상을 퍼뜨리고 폭력을 촉구한다는 생각은 비현실적으로 보인다. 그러나 페이스북 같은 거대 기술 기업들은 자신들의 플랫폼이 사람들의 생각을 해킹하는 데 조직적으로 사용되었음을 점차 깨닫기 시작했다.

페이스북은 개인 정보 유출과 타깃 조종에서 사용자를 보호하지 못했고 트위터는 가짜 프로필과 봇 네트워크가 일으킨 허위 정보 캠페인을 무시했으며 유튜브는 극단주의 콘텐츠와 폭력 선동 콘텐츠에 맞서 싸우지 않았다. 케임브리지 애널리티카 스캔들과 소셜미디어에서 영감을 받은 테러 공격은 현실에서 민주주의의 기둥을 뒤흔든 여러 가상의 지진 중 일부였다.

사이버 혁신은 국제적인 극단주의 네트워크를 낳았고 극단주의자들은 새로운 세대의 디지털 네이티브를 급진화하기 위해 국경을 넘어 협력하고 있다. 2005년 아부 무삽 알수리Abu Musab al-Suri에게 2020년의 지하드가 어떤 모습일지 물었다면 그는 아마 놀라울 정도로 정확한 대답을 내놓았을 것이다. "리더 없음", "조직도 없고, 오로지 원칙만이 있을 뿐", "은밀한 수단, 특히 인터넷으로"는 알카에다의 베테랑인 알수리가 1600쪽에 달하는 지하디스트 전략서에서 사용한 단어들이다.[1] 이로부터 15년이 흐르고 아이폰 신제품이 열 번 등장한 후 인터넷은 공동의 적이 유일한 연결고리인 극단주의자들의 느슨한 네트워크를 하나로 연결하고 있다.

이 극단주의 네트워크는 일종의 스타트업처럼 작동한다. 이념이라는 거대 시장에서 이들은 작은 틈새시장을 차지하고 있으며 충실한 지지자의 수는 무시할 수 있을 만큼 적다. 이들의 목표는 지형을 확장해 기존에는 뚫고 들어갈 수 없었던 신규 고객을 차지하는 것이다. 얼리어답터처럼 이들은 소셜미디어, 빅데이터, '블랙박스' 알고리즘(작동 방식을 정확히 파악할 수 없는 알고리즘 - 옮긴이), 핀테크, 인공지능이 만들어준 새로운 기회의 창을 활용한다. 지지자들을 급진화하고 주류에 영향을 미치고 반대자를 협박하는 이들의 독창적 수법은 급진화와 테러리즘의 양상을 바꾸고 있다. 어쩌면 우리의 권력 구조와 정보 생태계, 민주주의 과정까지 재정의할지도 모르는 일이다.

오늘날에는 그 어떤 인터넷 사용자도 급진화 캠페인에서 안전하지 못하며 그 어떤 선거도 외국의 간섭에서 자유롭지 않다. 자기 방에서 포트나이트Fortnite 게임을 하는 10대 미국인 어린이는 자기도 모르는 사이에 러시아 선전물의 전달자가 될 수 있고 말레이시아의 10대는 이라크 이슬람국가 전사들의 지역 통신원이 될 수 있으며 일간지 《주드도이치》Süddeutsche 기사에 댓글을 다는 독일의 페이스북 사용자는 대규모 트롤링의 타깃이 될 수 있다. 인터넷은 식료품을 구매하고 요금을 지불하고 파티 초대장을 보내는 등의 귀찮은 일들을 더 빨리 처리하게 해주었지만 그만큼 범죄 행위도 더욱 가속화했다. 이제는 몇 분 안에 개인 정보를 훔치고 허위 정보를 퍼뜨리고 다른 인터넷 사용자에게 돈을 뜯어낼 수 있다.

향후에는 새로 출시된 인공지능 도구(이른바 '딥페이크')가 극단주의 온라인 캠페인의 전문성을 더욱 강화할 수 있다. 인공지능은 신문기사와 책을 집필할 수 있고[2] 존재하지 않는 인물의 사진을 찍을 수 있으며[3] 실시간으로 얼굴을 조작할 수 있다.[4] 이러한 기술이 거짓 기사를 생산하고 소셜미디어 봇을 만들고 화면을 바꾸고 연설을 수정하는 데 사용될 수도 있다. 2019년 초 비정부기구인 오픈에이아이OpenAI는 자사의 '텍스트 적용 딥페이크' 기술을 발표하지 않기로 결정했다. 연구원들이 기술 오용을 염려했기 때문이다.[5]

이런 정교한 인공지능 도구가 없더라도 이미 우리는 기술 활용에 능한 극단주의 캠페인의 영향력을 목도하고 있다. 이러한 캠페인은 정치사회적 분열을 악화시키고 유럽과 미국의 포퓰리즘을 더욱 가속화한다. 극단주의자들은 자신들이 꿈꾸는 사회와 문화, 통치 체제를 성취하려고 모순으로 가득한 판도라의 상자를 열었다. 이들은 전통적인 권력 관계로의 회귀가 마치 여성의 권력을 향상시키는 것처럼 포장하고 민족주의적 의제를 밀어붙이기 위해 초국가적 네트워크를 형성하며 반민주적 관점을 퍼뜨리기 위해 절대적 기술보편주의를 요구한다. 실제로 이들의 비전은 모순 또는 이들이 가장 사랑하는 작가 조지 오웰이 '이중사고'라 칭한 것으로 가득하다.

이들은 평화를 지키기 위해 인종 전쟁을 준비한다.

이들은 진실을 찾기 위해 허위 정보를 모은다.

이들은 여성의 권리를 이용해 여성혐오를 부추긴다.

이들은 언론의 자유를 이용해 반대자를 침묵시킨다.

이들은 국제적 커뮤니티를 형성해 반국제적 사상을 퍼뜨린다.

이들은 반사회적 행동을 장려하기 위해 사회적 유대감을 쌓는다.

이들은 현대적 기술을 사용해 반현대적 목표를 추구한다.

결국 인종, 성별, 종교가 그 사람의 권리와 특권을 결정하고 누군가의 삶이 다른 이들의 삶보다 더 중요했던 먼 과거로 되돌아가는 것은 20세기를 살았던 세대가 21세기의 자녀들에게 전해준 가장 큰 선물을 다시 되돌리는 것이나 마찬가지다. 전통주의 이념과 최첨단 기술의 조합은 지난 세기의 인권 운동이 이룬 성취를 위협하는 데서 더 나아가 심리 조작과 소셜모니터링social monitoring(소셜미디어 데이터를 분석하는 것 – 옮긴이), 유전자 검사처럼 완전히 새로운 형태의 독재 체제를 낳을 수 있다. 이처럼 유해한 하이브리드의 등장은 말 그대로 디스토피아적 사회를 향한 기반이 될 수 있다.

그러나 디스토피아가 대개 그러하듯이, 이 모든 것은 유토피아적 사고에서 시작됐다.

페이스북은 2004년에 '사람들을 연결'하기 시작하며 유대 관계를 맺는 새로운 방식을 제공했다. 그러나 그 과정에서 사람들을 분열시키기도 했다. 페이스북의 구조는 회원들의 집단적 사고를 더욱 강화한다. 또한 여러 집단이 서로 맞서게 하는 '우리 대 그들'의 틀을 조성한다. 인공적인 관계를 만들어내고 여기에 속하지 않는 사람은 배제, 차별, 비난, 심지어 처벌하라고 부추긴다. 니체는 《선악의 저편》에서 이렇게 말했다. "광기는 개인에게는 드문 일이다. 그러나 집단, 당파, 민족, 시대에는 늘 있는 일이다."[6]

집단주의는 매우 인간적인 특성이다. 집단주의의 역학에는 정치적 색채도 이념적 방향도 없다. 그러나 집단 간의 대립은 인종·성별·문화·종교의 경계, 즉 우리 정체성의 가장 심층에서 발생하는 경향이 있다.[7] 그리고 소셜미디어는 이 대립을 더욱 견고히 하려는 비주류 단체에게 자기 집단을 인위적으로 띄울 무기를 제공했다. 그 결과는 충격적이지만 놀랍진 않다. 미국의 집단주의 전문가 에이미 추아는 해안 도시에 거주하는 엘리트와 시골에 거주하는 노동계급으로 나뉜 "미국의 집단주의가 트럼프를 백악관에 앉혔다"고 말했다.[8] 영국의 편집자이자 언론인인 데이비드 굿하트의 주장처럼 전 세계를 제 집처럼 여기는 진보적인 '노웨어nowhere'(정체성이 그 어느 지역과도 결부되지 않은 사람들 – 옮긴이)와 한곳에 오랫동안 거주한 보수적인 '섬웨어somewhere'(정체성이 특정 지역과 결부된 사람들 – 옮긴이)로 나뉜 '가치 집단'이 브렉시트 투표의 방향을 결정지었다.[9] 이를 '가치 집단주의'라 부르든 '정체성 정치'라 부르든, 디지털 시대는 이러한 현상을 크게 악화시켰다.

우리의 직감과 달리 이념적 배경이 다양한 소셜미디어 친구가 많다고 해서 온라인 집단주의에서 자유로울 수 있는 것은 아니다. 오히려 그 반대다. 페이스북의 가장 큰 모순 중 하나는 친구 수가 많을수록 접하는 콘텐츠의 다양성이 줄어든다는 것이다. 이는 필터가 더 많은 정보를 처리하면서 '좋아요'를 누르거나 댓글을 단 게시물을 토대로 정치적 성향과 선호하는 주제, 유머 감각을 더 섬세하게 학습하기 때문이다.

기술 기업은 자신들의 플랫폼에서 발생하는 이러한 양극화의 역학을 잘 알고 있다. 실리콘밸리의 사업가들은 수년간 문제를 해결하는 대신 워싱턴D.C.와 런던, 파리에 있는 정책입안자들을 달래기 위해 노력해왔다. 유튜브의 모기업인 구글은 2017년 로비에 약 1800만 달러를 썼다. 그 어떤 기업보다도 많은 액수다.[10] 페이스북도 크게 달라 보이지는 않는다. 같은 해 페이스북은 로비 자금을 32퍼센트 늘렸다. 그러나 정책입안자들을 설득하려는 이런 눈에 띄는 노력에도 불구하고 유럽의 많은 정부가 (때로는 자신들의 책임을 지우기 위해) 사이버공간에 더 엄격한 규제를 도입하기 시작했다.

메이, 메르켈, 마크롱은 더욱 긴밀하게 협조하며 온라인 극단주의에 맞섰다. 영국과 프랑스의 규제 조치는 아직 미흡하지만 2017년 독일은 가상 세계의 극단주의 콘텐츠를 처벌하는 최초의 국가가 되었다. 큰 논란을 불러일으킨 독일의 이 '네트워크 집행법'은 실질 사용자 수가 200만 명 이상인 웹사이트에 테러 선전물과 혐오 발언 콘텐츠를 24시간 내에 내릴 것을 명령한다.[11] 일부는 이 법이 인터넷을 정화해줄 전도유망한 모델이라며 칭송했고 일부는 "다른 국가에게 위험한 선례가 될 수 있다"며 비난했다.[12] 이들은 중국이나 터키 같은 덜 민주적인 국가들이 혐오 발언 금지법을 이용해 정적에 대한 검열을 정당화할까 봐 우려한다.

정치적 압박이 거세지자 페이스북, 마이크로소프트, 구글, 트위터는 유해 콘텐츠를 삭제하는 인공지능 메커니즘을 개발했다. 예를 들어 이러한 메커니즘은 테러 콘텐츠의 해시hash(영상이나 이미지의 디지털 지문)를 수집해 데이터베이스를 만든다. 그리고 데이터베이스에 수집된 콘텐츠가 계정에 올라오면 사용자가 보기 전에 삭제한다.[13]

이러한 인공지능 기술은 소셜미디어 기업이 아동 포르노,

성인의 나체 사진, 이슬람국가 관련 테러 선전물로 분류된 콘텐츠를 자동으로 삭제할 수 있게 돕는다. 그러나 이 메커니즘도 완벽과는 거리가 멀다. 혐오 발언과 극단주의 콘텐츠는 맥락이 매우 중요하기 때문에 인공지능이 확실하게 파악하기 힘들다. 예를 들면 시스템은 유해 콘텐츠가 관련 사건을 보도하는 비비시 기자가 올린 것인지, 반대편 활동가가 올린 것인지, 이 콘텐츠를 풍자하며 조롱하는 사람이 올린 것인지 전혀 파악하지 못한다. 때로는 모욕이나 위협이 다른 사람이 아닌 자신을 향한 것일 때도 있다.

극단주의 콘텐츠를 삭제하지 않은 기업에 큰 벌금을 물리면 의심스러운 콘텐츠를 내릴 동기를 제공할 수 있다.[14] 그러나 이러한 조치는 온라인 콘텐츠에 대한 지나친 검열과 연결되는 것이 아니냐는 질문을 야기한다. 영국을 기반으로 활동하는 언론 자유 수호 단체 아티클19 Article 19는 모호한 법적 개념과 지나친 제재가 오용과 과도한 검열로 이어질 수 있다고 경고했다.[15]

또 다른 문제는 극단주의자들이 엄격한 법을 놀라울 정도로 잘 빠져나간다는 것이다. 이들은 사회 제도의 허점과 법을 우회할 방법을 찾아낸다. 어떤 집단은 시각 자료의 픽셀을 수정해 해시를 왜곡함으로써 감시망을 피한다. 다른 집단은 키워드 중심의 삭제 정책을 피하기 위해 암호를 사용한다. 그밖에 극단적 발언이나 폭력을 부추기는 발언을 계속하고 싶은 사람들은 대안 테크 공간으로 이동한다. 그러므로 극단주의자들의 소규모 피난처는 무시하고 대규모 플랫폼만 규제하는 정책은 불충분하다. 이러한 정책은 우리가 맞서고 있는 위험이 여러 플랫폼을 가로지른다는 사실을 모른 체한다.

"우리는 퍼즐의 일부만을 보고 있습니다." 페이스북에서 유럽과 중동, 아프리카의 반테러 및 반극단주의 책임자로 일하는 에린 솔트먼Erin Saltman이 페이스북의 런던 사무실에서 내게 말한다. "페이스북은 2차 플랫폼으로 활용됩니다. 보통 캠페인은 다른 플랫폼에서 조직되고요. 극단주의자들이 페이스북에서 캠페인을 시작하기 전에 사용하는 다른 플랫폼이 100개가 넘습니다. 텔레그램도 그중 하나예요." 솔트먼도 헝가리 극우 집단에 잠입해 수년간 반극단주의 프로그램의 최전선에서 싸우고 있다. 솔트먼은 페이스북이 직면한 문제를 잘 안다. "우리가 정책을 바꾸면 그들도 전략을 바꿉니다." 솔트먼이 말한다.

수많은 페이스북 직원이 이런 고양이와 쥐 게임에 참여하고 있다. 이들은 사이버 괴롭힘, 불쾌한 유머, 극단주의에서부터 폭력 단체, 신원 도용, 해킹에 이르기까지 온갖 것들을 규제한다. 오로지 테러 콘텐츠에 집중하는 직원만 300명이 넘는다. 사진과 영상을 비교 분석하는 정교한 기술이 불법이거나 유해한 시각 자료를 찾아내면 사람으로 구성된 검토팀이 그 자료를 다시 평가한다. 그러나 이처럼 주의를 기울여야 할 콘텐츠가 수백만 개가 넘는데다 언제나 경계가 명확한 것도 아니

7부 미래는 어두운가

다. 판단이 애매한 영역에 들어서는 순간 문제는 까다로워진다. 솔트먼은 말한다. "예를 들어, 거짓말을 하는 건 불법이 아니에요. 고의로 다른 사람을 음해할 때만 불법이죠. 하지만 자신의 거짓말이나 음모론을 진심으로 믿는다면 그건 법을 어기는 게 아니에요." 혐오 콘텐츠 역시 판단이 어렵다. 불법인 콘텐츠와 합법인 콘텐츠의 경계는 대개 모호하다. 페이스북은 특정 콘텐츠가 법적으로 혐오 발언이나 명예훼손으로 분류되는지 또는 회사 규범을 위반하는지를 판단하기 위해 변호사 여섯 명의 도움을 받는다.

이 모든 것은 정부와 기업이 디지털 공간을 계속 통제하고 지배하려 할 때의 한계를 드러낸다. 또한 인터넷의 소유권과 관리 방식에 관한 문제를 제기하고 인터넷 시민의 자유와 보안 사이의 갈등을 상기시킨다. 정치적 영향력을 행사하는 정당한 수단과 부당한 수단의 차이는 무엇일까? 여론을 조작하기는 하지만 플랫폼 제작 의도에 부합하는 전략은 어떻게 다뤄야 할까? 전통적인 보안 기준에는 걸리지 않지만 민주주의 제도에 영향을 미치는 사건에는 어떻게 대응해야 할까? 우리가 언제나 극단주의자들에게 한 발짝 뒤처지지 않는다고 어떻게 확신할 수 있을까?

결국 모든 삭제 정책은 극단주의 문제의 원인이 아닌 증상을 다룬다. 이 전쟁은 콘텐츠나 사람을 상대로 한 것이 아니다. 기술이 드러낸 어두운 인간 본성과의 전쟁이다. "휴대전화와 컴퓨터는 우리의 성격과 관심사, 정체성을 보여주는 거울이다." 2014년 에프비아이 국장 제임스 코미가 말했다.[16]

페이스북과 유튜브의 수익 구조는 인간의 관심을 끌어모아 판매하는 데서 나온다. 이들의 알고리즘은 인간의 심리에 호소하기 때문에 우리의 가장 깊은 욕망과 환상을 보여주는 거울과 다름없다. 사실 우리는 고대 로마에서 검투사들이 상대를 죽이는 것을 지켜보며 기뻐하던 사람들이나 중세 영국에서 반역자를 능지처참하는 것을 보며 즐거워하던 사람들과 그리 다르지 않다. "피를 흘리면 주목을 받는다"라는 말은 2000년 전만큼이나 오늘날에도 사실이다. 우리를 움직이고 매혹하고 흥미롭게 하는 장면은 여전히 극단적이고 폭력적인 것이다.

우리의 무의식이 과격한 콘텐츠를 선호한다는 사실은 곧 극단주의 및 혐오 발언과 진심으로 싸우는 정치인은 별로 없으며 그러한 사기업은 더더욱 드물다는 것을 의미한다. 정치인은 유권자의 요구에 반응하며 전략적으로 가치 있는 일보다 정치적으로 유용한 일을 우선시한다. 한편 기술 기업들은 비즈니스 모델의 노예이고 그 모델은 광고 수입에 크게 의존하므로 우리의 소비 행동에 따라 결정된다.

만약 핵심 성과 지표 중 하나가 플랫폼의 월간 이용자 수라면 봇과 가짜 계정을 지워야 할 이유는 크지 않을 것이다. 이러한 봇과 가짜 계정이 이용자 수의 상당 부분을 차지한다는 사실을 안다면 더욱 그럴 것이다. 만약 또 다른 핵심 성과 지표가 이용자가 플랫폼에 머무는 시간이라면 이용자의 관심을 끄는 극단적인 콘텐츠를 내리는 것은 (그 콘텐츠가 얼마나 극단적이고 혐오스럽든 간에) 말이 되지 않는다. 추천 알고리즘이 플랫폼에서 대부분의 시간을 보내는 사람들의 정보를 학습한다는 사실은 곧 극도로 열성적인 이용자(예를 들면 중독자나 음모론자, 극단주의자)가 다른 이용자의 경험에 대단히 큰 영향을 미친다는 뜻이다.

오늘날의 많은 사회기술적 문제가 악순환을 겪고 있다. 높은 수준의 외로움과 중독, 집단주의는 신기술의 원인이자 결과다. 소셜미디어의 필터가 만든 보호막과 게임화된 데이트, 셀카 경쟁, 몰입형 비디오게임의 세상은 이러한 요소를 야기하고 또 이러한 요소에 의해 야기된다. 연결이 가상화되고 상호작용이 게임화되며 의사소통이 인공적으로 바뀌어갈수록 사람들의 외로움과 중독, 집단주의도 커진다. 그 결과 사람들은 소셜미디어와 데이팅 앱, 비디오게임에 더 많은 시간을 쏟는다.

극단주의 집단은 이러한 기술을 일찍 받아들이기만 하는 것이 아니다. 이들은 이 기술이 만들어내는 사회의 약점을 일찍부터 활용한다. 라이브액션롤플레이와 동원의 생중계, 게임화된 테러, 가상의 극단주의 커뮤니티는 회원들에게 새로운 방식의 유희와 오락, 즉각적인 자기만족을 제공하고, 순간적으로 자신감을 증폭시킨다. 이들은 기술이 앗아간 소속감과 자존감, 정체성을 기술을 이용해 다시 되돌려준다. 아니면 그러한 환상을 주는 것이거나.

이처럼 기술과 사회가 뒤얽혀 있다는 것은 곧 각각에 따로 맞설 경우 실패할 확률이 높다는 뜻이다. 기술의 발전은 사회적 진공 상태에서 발생하지 않는다. 사회의 발전 또한 기술의 결과와 관계없이 독자적으로 발생하지 않는다. 최첨단 기술과 소셜미디어 사용에 능한 극단주의 운동과 싸우려면 그 원인을 사회나 기술 중 하나에서 찾아서는 안 된다. 사회에 집중한 해결책이나 기술 중심적 해결책을 찾는 것만으로는 충분하지 않다. 그 대신 사회와 기술의 상호작용을 이해하고 이용할 수 있어야 한다. 가장 최근의 기술 혁신은 우리 사회에 어떤 영향을 미치며 우리의 시대정신과 약점, 욕망을 어떻게 반영하는가?

2025년을 내다보는 열 가지 예측 14장

극단주의자들이 언제나 한 발 앞서 나가지 못하게 하려면 빠르게 바뀌는 환경에서 미래의 트렌드를 더 잘 예측할 수 있어야 한다. 그 목표는 임시방편식의 방어와 피해를 줄이는 전략에 기대는 대신 발생 가능한 모든 시나리오에 대비하는 것이다. 우리는 다음과 같은 질문을 던져야 한다. 우리가 직면한 어려움은 장차 어떻게 진화할 것인가? 테러와 극단주의의 다음 위협은 어떤 모습일까? 정치적 국면과 사회 변화, 기술의 진보가 겹겹이 쌓여 영향을 주고받는 상황에서 트렌드 예측은 그 어느 때보다도 어려워졌다. 나는 그 답을 찾기 위해 세계적인 반극단주의 전문가 10명에게 자문을 구했다. 모두에게 같은 질문을 던지고("향후 5년간 극단주의가 어떤 위협을 가져올 거라고 생각하십니까?") 어쩌면 당연하게도 매우 다양한 답변을 받았다. 내가 들은 답은 다음과 같다.

비전통적인 동원 방식

극우 테러 전문가이자 급진화 및 탈급진화 연구소German Institute on Radicalization and De-Radicalization Studies의 소장인 다니엘 쾰러Daniel Köhler는 앞으로 "집단과 이념 간의 전통적인 경계가 점점 해체되는 모습"을 목격하게 될 것이라 주장한다. 새로운 종류의 온라인 커뮤니케이션과 쟁점 중심의 동원 방식 덕분에 극단주의자들은 공식 집단을 형성할 필요 없이 더욱 유연하게 단체 행동에 나설 수 있게 되었다. 쾰러는 또한 "환경주의 같은 새롭고 다양한 주제를 둘러싼 조직범죄와 폭력적인 환경에서 비전통적 배경을 지닌 여러 신규 조직원이 통합되는 현상 등 가까운 위협"에 대해서도 경고한다.

'디아이와이' 테러

미국에서 활동하는 사이버 테러 전문가이자 《해킹 이슬람국가》의 공동 저자인 크리스 샘슨은 채팅 사이트와 앱을 사용해 '디아이와이' 테러와 모방 공격 같은 외로운 늑대의 행동을 촉구하는 현상이 장차 큰 위협이 될 것이라고 본다. 이러한 위협은 이슬람국가가 암호화된 채널을 통해 폭탄 제조에 관한 교육 영상과 피디에프PDF 매뉴얼을 배포한 것처럼 원거리 훈련의 형태로 발생할 수 있다. "원거리 교육을 통해 거리상의 한계를 걱정할 필요 없이 세력을 키울 수 있을 겁니다." 또한 샘슨은 생중계 공격과 플래시몹 소집이 동시에 발생하면 파괴적인 결과를 낳을 수 있다고 예측한다.

사회적 불만과 극단주의의 활용

국제전략문제연구소International Institute for Strategic Studies의 초국적 위협 및 정치적 위험 부서 책임자이자 영국 비밀정보부의 작전 부장인 나이절 잉크스터Nigel Inkster는 "상당한 폭력을 발생시키는 기존의 사회적 불만은 사라지지 않을 것"이라 경고하면서 그러한 불만이 어떤 형태로 나타날지는 예측하기 힘들다고 말한다. 잉크스터에 따르면 인구밀도가 높고 계획·관리가 제대로 안 되는 도시 환경이 극단주의의 온상이 될 수 있다. 또한 잉크스터는 "민족국가들이 비대칭적 권력을 행사하는 한 가지 방식으로서 점점 더 극단주의를 활용할 것"이라고 말했다. 이러한 현상은 극단주의와 반극단주의 사이의 악순환을 초래할 수 있다.

국가 주도 테러

이는 자살 테러와 여성 극단주의자를 연구하는 조지아주립대학교의 커뮤니케이션학 교수 미아 블룸Mia Bloom의 예측과 일맥상통한다. 캐나다 출신 학자인 미아 블룸은 2025년의 가장 큰 테러 위협은 종교와 정체성, 인종, 성적 지향, 소속 정당을 근거로 자국 시민을 탄압하는 국가에서 나타날 것이라고 본다. 블룸에 따르면 이러한 국가들은 체제 전복적인 특정 이념을 제거할 수 없을 때 잔인한 대응 방식을 사용할 수 있다. 이미 중국 같은 국가에서 이러한 경향이 관찰되는데, 중국 정부는 대테러 활동이라는 명목하에 위구르인을 이른바 재교육 시설에 수용했다.

주류화되어 국가의 지원을 받는 테러

미국의 언론인이자 《뉴욕타임스》 베스트셀러 《알라의 사생아 이슬람국가》의 공동 저자인 마이클 와이스는 극우 민족주의 운동이 폭력적으로 변할 것을 우려한다. 와이스는 아마 앞으로도 계속될 이슬람 극단주의의 위협을 과소평가해서는 안 된다고 경고하는 한편 특히 유럽에서 극우가 더 강력한 세력으로 진화할 수 있다고 본다. 총을 쉽게 손에 넣을 수 있기 때문에 보통은 미국에서 외로운 늑대의 공격으로 인한 사망자 수가 더 많긴 하지만 와이스는 정부에 진출한 정당과 극우 운동이 공조하는 유럽의 상황이 훨씬 심각하다고 여긴다. 그는 이렇게 묻는다. "책임자에게 충성하는 갱이나 군사 조직이 어느 시점부터 국가의 대변자가 되는 걸까요?" 예를 들어 그는 현재 에스토니아 내무부를 지휘하는 파시스트 정당 국민보수당에 히틀러청소년단과 매우 유사한 청년 조직이 있다고 설명한다. "만약 이런 '포퓰리즘' 정당이 계속 선거에서 승리한다면 우리가 저녁 뉴스에서 보고 개탄하는 것과 같은 종류의 인종차별 폭력 사건이 곧 유럽 전체의 관행이 되어 아무런 처벌도 받지 않게 될 겁니다."

극우의 전 세계적 부활

심리학 교수이자 《테러의 심리학》The Psychology of Terrorism의 저자 존 호건John Horgan은 극우 극단주의의 전 세계적 부활이 2025년의 큰 위협이 될 수 있다고 경고한다. "이러한 현상은 우리가 생각하는 자유민주주의의 기능에 크나큰 영향을 미칠 수 있으며 여러 새로운 종류의 테러를 유발할 겁니다." 여러 연구에 따르면 주류화된 극우 극단주의가 지하디스트와 극우의 테러를 동시에 증폭할 수 있다. 극우 극단주의는 현재 진행 중인 무슬림과 비무슬림 간의 전쟁에 관한 이슬람 극단주의 서사에 신빙성을 부여하는 한편, 폭력적인 인종차별과 외국인 혐오를 더욱 부채질할 수 있다.

다양화된 극단주의 지형

《지하드 조》Jihad Joe와 《극단주의》Extremism 등을 쓴 저자이자 유럽의 극단주의 연구 기관 복스폴VOX-Pol의 연구원인 J. M. 버거J. M. Berger는 "미국을 포함한 전 세계에서 온갖 종류의 극단주의가 계속 증가할 것이며 2025년에 극단주의의 지형은 아마 지금보다 훨씬 다양해질 것"이라고 예측한다. 소셜미디어가 비주류 이념의 지지자들에게 뜻이 같은 동지들과 국제적 네트워크를 형성할 기회를 제공하면서 지금보다 훨씬 균열된 극단주의 지형을 목격하게 될 확률이 높다. 이미 틈새 고객층이 있는 여러 새로운 극단주의 하위문화가 등장해 국제적 입지를 다지고 있다.

환경주의 테러와 드론

킹스칼리지런던의 안보학 교수이자 국제급진화연구센터Interna-tional Centre for the Study of Radicalisation의 설립자인 피터 노이만Peter Neumann은 2025년의 두 가지 주요 위협은 사실상 지하디스트와 극우 극단주의일 것이라 주장한다. "지하디스트와 극우 극단주의는 우리 사회의 주요한 두 단층선을 보여주며 앞으로도 한동안은 계속 폭력 행위자를 배출할 것입니다." 노이만은 "환경 운동이 급진화될 수 있습니다. 기후변화가 계속되고 정책입안자와 사회가 그 해결책을 찾아내지 못하면 더욱더 그러할 것입니다"라고 덧붙인다. 그밖에 여러 기술 혁신이 극단주의자들의 전략에 큰 변화를 일으킬 수 있다. 특히 "드론이 폭발물을 옮기는 데 사용된다면 잠재적 피해자를 보호하는 데 큰 어려움이 따를 것"이다.

이민과 여성혐오에서 비롯된 테러

영국의 반인종차별 단체인 호프낫헤이트의 선임연구원 조 멀홀Joe Mulhall은 광범위한 변화를 일으킨 지구온난화가 장차 정치적 극단주의에 심각한 영향을 미칠 것이라고 생각한다. "남쪽의 저개발 국가에서 온 이민자 수의 증가든 심각해지는 자원 부족 문제든 지역주의와 민족주의, 외국인 혐오에서 그 답을 찾으려는 사람들이 나타날 것입니다. 슬프게도 해수면 상승과 함께 극우 극단주의 역시 심각해질 것입니다." 멀홀은 정치화된 폭력적 여성혐오의 증가가 또 다른 즉각적 위협이 될 것이라 예측한다. "반페미니즘과 반여성정치는 주로 온라인에서지만 우익 극단주의의 하위 부문으로 성장하고 있습니다. 우리는 이러한 운동에서 등장한 치명적 테러 공격을 이미 수없이 지켜봤고 향후 10년간 이러한 여성혐오 범죄의 증가를 목격하게 될 것입니다."

딥페이크와 사이버 전쟁 기술

전략대화연구소의 연구원이자 전 세계 극우의 온라인 전술 전문가인 제이컵 데이비는 최근 인터넷 문화와 관련된 다양한 활동이 주류로 진입하고 있다고 주장한다. 싯포스팅과 트롤링, 밈은 더 이상 포챈 부대만의 영역이 아니다. "이제 이러한 활동은 홍보 기업과 광고회사, 심지어 미국 대통령의 핵심 전략이 되었습니다. 극단주의자들은 그동안 이러한 주류화의 선두에 있었습니다." 데이비에 따르면 이런 기술들이 더욱 주류화됨에 따라 극단주의자들은 혼란과 분열을 일으키고 자신들을 널리 알릴 더 효과적인 도구를 찾을 것이다. "우리는 딥페이크의 확산을 통해 이미 이러한 현상을 목격하고 있지만 앞으로 극단주의자 사이에서 어떤 디지털 전략이 유행할 것인지를 더욱 확실히 이해하려면 비주류 커뮤니티를 움직이는 것은 바로 사회 관습의 위반임을 이해해야 합니다." 데이비는 극단주의자들이 사이버 전쟁 기술을 사용하거나 문제를 혼란스럽게 만들기 위해 더 효과적인 변조 기술을 사용할 수 있다고 판단한다.

이 예측들의 실현 여부와 상관없이 1차원적인 해결책으로는 다양한 요소가 뒤섞인 문제들과 그 어느 때보다도 복잡해진 극단주의 지형을 포괄하지 못한다. 플랫폼에 대한 감시 강화나 콘텐츠 삭제에만 의존해서는 진화하는 위협에 대처할 수 없다. 소수자 공동체에 대한 정부의 감시 조치를 피해 많은 소외된 무슬림이 지하디스트의 손에 넘어갔고 언론의 자유가 침해받는다는 생각에서 비롯된 분노가 더 많은 사람을 극우의 수사법에 취약하게 만들었다.

이제 우리는 다양한 부문과 정당의 협력에 기초한 전체론적이고 장기적인 접근법을 취해야 한다. 정치인, 기술 기업, 사회사업가, 시민사회가 전부 온라인 극단주의·왜곡·위협과의 전투에서 필수적인 역할을 담당한다. 모두가 협력해 폭력을 유발하는 콘텐츠를 처리해야 한다. 그래야 법적 회색지대에서 사람들을 급진화하고 조종하는 메시지에 대한 사회의 회복력을 강화할 수 있다. 다음은 인공지능이 주도하는 콘텐츠의 삭제와 풍자적인 역트롤링을 비롯한 열 가지의 가장 기대되는 최신 계획이며 그중에는 상당히 창의적이고 논쟁적인 것들도 있다.

테러에 맞서는 기술

극단주의자들이 활동하는 생태계는 더는 단선적이거나 소수의 플랫폼에 한정되지 않는다. 현재 떠오르는 대안 테크 제국은 극단주의의 위협이 다양한 플랫폼을 가로지르게 한다. 디지털 공간에서 발생한 이러한 혁명은 그 어느 때보다도 복잡해진 온라인 전쟁에서 승리하려면 지식과 데이터베이스, 기술을 공유해야 한다는 것을 보여준다. 유엔이 주도하는 '테러에 맞서는 기술Tech Against Terrorism' 계획은 세계 최초로 크고 작은 기술 기업들이 극단주의에 맞서는 협력 체제를 만들게 했다. 이 계획은 해시를 공유하는 데이터베이스와 강력한 인공지능 시스템 등의 우수 사례를 한곳에 모음으로써 여러 플랫폼에서 가장 효과적으로 테러 콘텐츠를 파악하고 제거할 수 있도록 돕는다. 가장 중요한 것은 이 계획이 예산과 인적 자원이 한정된 소규모 온라인 플랫폼에 테러리스트의 서비스 이용을 막을 기술적 수단을 제공해준다는 것이다. 기술 산업 전반에서 시너지 효과와 집단 학습 전략을 사용하는 것이 반드시 필요하다. 그러나 세계 최고의 기술 전문가들이 힘을 합쳐 기술적 수단과 메커니즘을 최적화한다 해도 긍정 오류false positive(실제로는 문제될 것이 없지만 위협으로 잘못 간주되는 경우 – 옮긴이)의 위험은 여전

7부 미래는 어두운가

히 심각할 수 있다.[1]

양극화에 맞서는 정책

소셜미디어 사용자는 종종 자기도 모르는 사이에 정치 선전물의 타깃이 된다. 어떤 콘텐츠가 왜 자신의 소셜미디어에 뜨는지 알지 못하는 경우가 얼마나 많은가? 콘텐츠가 언제 증폭되고 추천되고 걸러지는지를 사용자가 조금이라도 이해할 수 있으려면 더 높은 수준의 알고리즘 투명성 및 책무가 요구되어야 한다. 그러므로 온라인 조작과 마이크로 마케팅, 하이퍼타기팅 hyper-targeting(온라인 이용자의 성향을 파악해 그에 꼭 맞는 콘텐츠를 내보내는 것 – 옮긴이) 선전물에 대한 인식을 높이는 첫 번째 단계로 블랙박스 알고리즘의 불투명성을 낮추는 작업이 필요하다. 극단주의자들이 더 규모가 작고 극단적인 대안 테크 플랫폼으로 이동함에 따라 혐오 발언 금지법의 기준 또한 회원 수 200만 명이라는 네트워크 집행법의 기준보다 낮아져야 한다. 알고리즘 투명성과 혐오 발언 금지법 외에도 혐오 담론을 완화하고 허위 정보를 폭로하고 유해 콘텐츠를 삭제하려면 소셜미디어에 대한 토론 포럼과 비평 부문을 마련하도록 장려해야 한다. 더 개선된 관리 전략은 법의 경계에서 온라인 토론 문화에 악영향을 미치고 양극화를 부채질하는 콘텐츠와 메시지를 그대로 두지 않을 것이다.

혐오에 맞서는 도움

활동가들이 극단주의자들의 위협에 영향받지 않게 하려면 어떻게 해야 할까? 혐오 발언과 온라인 괴롭힘이 법적 회색지대에 위치할 경우 인터넷 사용자는 자기 행동이 가져올 법적 결과를 두려워하지 않는 악의적 이용자 앞에서 취약해진다. 헤이트에이드는 '두려움 없는 민주주의'의 설립자인 게랄트 헨젤이 적을 침묵시키겠다는 극단주의자들의 목표 달성을 막기 위해 세운 단체다. 헤이트에이드는 독싱과 사이버 괴롭힘 같은 주제에 관해 지침을 제공하고 온라인 혐오의 피해자들을 연결·지원하는 플랫폼을 마련함으로써 언론인과 활동가 등 극단주의의 협박 타깃이 될 만한 사람들이 회복력을 키울 수 있게 돕는다.[2]

역逆대화

어떻게 하면 최신 기술로 급진화의 위험이 있는 온라인 사용자를 파악하고 극단주의 모집원들의 유해한 서사에서 그들을 구해낼 수 있을까? 2017년 전략대화연구소는 소셜미디어 네트워크를 분석해서 폭력적인 극단주의 운동의 회원들을 파악하고 소셜미디어 메시지 서비스를 통해 그들에게 접근하는 세계 최초의 탈급진화 프로젝트를 추진했다. 이 프로젝트는 전前극단주의자와 테러 공격 생존자, 심리학자를 비롯해 경험이 풍부한 탈급진화 전문가들과의 협업하에 진행되었다. 먼저 극단주의 집단에서의 온라인 활동 기록을 통해 급진화된 사람을 파악한 뒤 전문가들이 페이스북 메신저로 대화를 시도했다. 대화를 지속한 10명 중 한 명에게서 명백히 긍정적인 영향이 나타났다. 온라인에서 급진화된 개인에게 직접 접근하는 이런 실험적 방식은 탈급진화 프로그램에서 소셜미디어 분석과 메신저 사용을 더욱 적극적으로 시도해볼 가치가 있음을 보여준다.[3]

트롤에 맞서는 요정들

허위 정보와 선전물 공유는 불법이 아니지만 그렇다고 해서 그대로 내버려둬야 하는 것은 아니다. 러시아 선전 기관의 미디어 조작이 큰 문제인 발트 3국은 현재 앞장서서 허위 정보에 대항하고 있다. 이른바 '발트의 요정들Baltic Elves'은 여가 시간에 러시아 트롤의 허위 정보를 해체하는 수천 명의 자원 활동가로 구성되어 있다. 이들은 편향된 뉴스 기사와 사실을 호도하는 통계자료를 까발리고 날조된 이야기와 반쪽짜리 진실을 폭로한다. 현재 리투아니아에는 약 3000명, 라트비아에는 약 150명, 에스토니아에는 20여 명의 요정들이 있다. 발트의 요정들에게서 영감을 얻어 유럽과 미국에서도 팩트체커와 소셜미디어 운동가들이 더욱 강력한 연합을 구성해 온라인 미디어 조작과 허위 정보에 효과적으로 맞설 수 있을 것이다.[4]

트롤을 트롤링하다

누가 트롤을 트롤링할 수 없다고 말하는가? 2018년 4월 독일의 코미디언인 얀 뵈머만Jan Böhmermann은 '레콘키스타 인터넷 Reconquista Internet'이라는 반트롤 부대를 설립했다. 그리고 단 몇 시간 내에 레콘키스타 인터넷의 회원 수는 레콘키스타 게르마니카 회원 수의 약 세 배인 2만 명이 되었다. 비록 시작은 장난이었지만 이 계획은 순식간에 엄청난 규모를 가진 최초의 반트롤 부대로 변했다. 이 우연한 시민 운동의 탄생은 정치적 신념이 다양한 디지털 시민으로 이루어진 열린 조직이 힘 있는 혐오 발언 반대 캠페인을 조직함으로써 변화를 이끌어낼 수 있음을 보여준다. 개인 대 개인의 트롤링 가능성은 아직 검토되지 않았지만 조심스럽게 접근해야 한다. 극단주의자들의 전략을 모방하면 삽시간에 그들이 유발하는 것과 유사한 사회적 문제에 말려들지 모르며 흑백논리를 부추겨 양극화를 더욱 악화시킬 수 있다.

해커들을 해킹하다

해커들의 무기를 이용해 그들을 압도하면 어떨까? 많은 반극단주의 활동가가 해킹을 통해 이슬람국가 지하디스트들을 방해하는 전략을 개발해왔다. 예를 들면 어나니머스는 다수의 이슬람국가 계정을 해킹한 뒤 포르노 이미지를 이용해 계정을 스팸 처리했다.[5] 해커들은 이슬람국가 최악의 적인 나체와 난잡한 성행위, 동성애를 활용해 지하디스트의 사기를 꺾고 그들의 추종자와 잠재적 신병 사이에서 신뢰도를 떨어뜨렸다. 여기에는 단순한 시간적 요소도 있다. 테러리스트들이 평판을 관리하느라 계속 바쁘다면 선전물을 퍼뜨리고 신입 회원을 모집하고 공격을 계획할 시간이 그만큼 줄어들 것이다. 이런 귀찮은 일들이 계속되자 결국 많은 지하디스트가 소셜미디어 계정을 닫았다.[6]

일부 연구원과 활동가는 극단주의 해커들보다 한 발 앞서 그들을 뛰어넘는 창의적 프로젝트가 성공을 거둘 것이라며 설득력 있는 주장을 펼치지만[7] 그 효과를 측정하기란 (불가능하진 않아도) 힘들다. 게다가 효과가 있다고 하더라도 이러한 종류의 맞대응 행동은 여러 법적·윤리적 문제를 불러일으킨다. 선한 의도의 해킹은 합법적인가? 이러한 트롤링 캠페인 때문에 극단주의자들이 조롱당할지 모른다는 두려움을 느끼고 탈급진화 프로젝트 같은 다른 반극단주의적 제안에 응하지 않는 것은 아닐까?

분노에 맞서는 예술

창조적 산업이 전통적인 반극단주의 정책을 넘어서는 데 어떤 도움을 줄 수 있을까? 예술가는 인간 정신에 영향을 미칠 수 있는 독특한 위치에 있다. 이들은 관객을 미탐험 지대로 데려가고 완전히 새로운 시각을 제공하고 금기를 깨는 방식으로 태도와 행동의 변화를 불러올 수 있다. 또한 두려움과 분노를 비롯한 심오한 감정을 건드림으로써 인간의 무의식에 접근할 수도 있다. 설치미술과 문학, 음악, 행위예술은 흑백 서사의 경계를 모호하게 만들어 외집단을 향한 분노를 누그러뜨리고 공감을 일으킬 수 있다. 창조적 산업은 새로운 관객을 끌어들여 정체성과 인종, 종교를 둘러싼 민감한 문제를 탐험하게 하는 잠재력이 그 어느 분야보다도 크다. 사례를 하나 들면 작가 닉 서스턴Nick Thurston과 사학자 매슈 펠드먼Matthew Feldman이 만든 설치 작품 '혐오의 도서관Hate Library'은 소셜미디어의 유해 담론을 보여주며 유럽 극우 집단의 언어와 전략을 규명한다.[8]

중간 계층의 동원

조직적인 트롤 부대가 혐오 캠페인을 벌이고 소셜미디어 페이지의 댓글을 장악하지 못하게 막는 것이 가능할까? 단체 #ichbinhier(이히빈히어)는 중간지대에 있는 온건파에게 확성기를 쥐여주는 것이 효과적인 대응 전략일 수 있음을 증명했다. #ichbinhier는 소셜미디어에 유해한 토론 문화가 퍼지지 못하게 막는 페이스북 커뮤니티다. 이들은 대규모 혐오 캠페인을 발견할 때마다 모든 회원이 서로의 글에 '좋아요'를 누르는 대응 캠페인을 개시한다. 이런 식으로 '좋아요'가 쌓이면 알고리즘에 의해 #ichbinhier 회원들의 댓글이 극단주의자들의 댓글보다 먼저 노출된다. 그러면 토론 게시판을 방문한 인터넷 사용자들은 악성 댓글 대신 #ichbinhier 회원들의 건설적이고 긍정적인 글을 먼저 보게 된다.[9]

극단주의에 맞서는 교육

디지털 문해력 프로그램은 전통적인 교육 환경뿐만 아니라 학교 바깥에서도 실시되어야 한다. 디지털 네이티브인 어린 세대와 더불어 미디어 공간에서 점점 더 많은 정보를 얻고 있는 기성세대에게도 비판적 사고와 미디어 문해력, 디지털 시민의식을 강화하고 극단주의자들의 조종 전략에 대비할 수 있는 자원이 제공되어야 한다. 디지털 교육은 인터넷에 접속하는 모두가 다음과 같은 질문을 던지도록 장려해야 한다. 알고리즘은 어떻게 작동하며 온라인 극단주의자들에게 어떻게 이용되는가? 신뢰할 수 있는 미디어 출처와 편향적이고 믿을 수 없으며 사실을 왜곡하는 정보출처를 어떻게 구분할 수 있을까? 나이와 상관없이 모든 인터넷 시민이 기만과 조작을 꿰뚫어볼 수 있게 되면 극단주의자들의 전략은 그 매력을 상실할 것이다.

이러한 실험적 접근법들은 극단주의자들의 가장 큰 비교우위, 즉 사회기술적 혁신을 되찾아옴으로써 그들의 온라인 전략을 비효율적으로 만들 수 있다. 우리에게는 여러 산업과 정치 구조 간의 간극을 메우고 이해 갈등을 해소하는 전략이 필요하다. 정부와 기술 기업뿐만 아니라 온건 정당 사이에서(또는 정당 내부에서) 점점 벌어지는 균열이 극단주의에 맞서려는 노력에 해로운 영향을 미치고 있다.

20여 개의 서로 다른 극단주의 집단에 잠입한 이후 나는 오로지 기술 주도적인 개입이나 디지털 공간의 규제에만 집중하는 대처는 아무 효과가 없으리라는 것을 확신하게 되었다. 플랫폼이 고안된 방식 자체가 우리의 태도와 행동을 자극하고 조종하고 악화시킬 수 있는 것이 사실이다. 그러나 연민과 공감 능력은 알고리즘에 의해 미리 결정되는 것이 아니다. 일부 플랫폼의 디지털 디엔에이에 우리의 감정적·사회적 지능을 무력화할 수 있는 위험한 잠재력이 있다 하더라도 그러한 잠재력이 우리에게서 사랑하고 미워하고 두려워하는 능력을 앗아가리라는 생각은 버려야 한다.

기술이 인간의 결함과 특성을 확장하고 증폭한 것일 뿐이라면 더욱 인간 중심적인 접근법으로 돌아가야 한다. 모든 극단주의 운동의 공통점인 '우리 대 그들'의 사고방식을 깨부수고 싶다면 온라인 세계에서의 정체성과 신뢰, 우정에 관한 질문을 반드시 던져야 한다. 오로지 문제의 핵심을 들여다보게 하는 열린 접근법을 통해서만 우리는 디지털 공간을 되찾고 과거로의 회귀를 피할 수 있을 것이다.

7부 미래는 어두운가

저자의 말

책을 쓸 때 가장 힘든 부분은 글쓰기가 아니다. 중요한 것은 접근 기회다. (질 좋은) 자료와 (흥미로운) 인터뷰 대상, (유의미한) 회의에 접근하는 것. 주제나 연구 방식과 상관없이 모든 연구원이 그 번거로움을 알 것이다. 어떤 사람은 불완전하거나 서로 모순되는(이게 더 나쁘다!) 자료, 카프카 소설의 주인공 요제프 K.의 괴로워하는 표정을 별것 아닌 것으로 만드는 관료주의, 불친절한 비서와 그보다 더 불친절한 인터뷰 대상에 대처하는 지루하고 종종 아무런 소득도 없는 과정을 악몽으로 꾸기도 한다.

이 책은 기만과 조작에 관한 것으로, 사이버공간에서 다양한 타깃을 급진화하고 변화시키고 위협하는 극단주의자들의 전략을 폭로한다. 그 기법을 파악하려면 매우 배타적이고 은밀한 그들만의 집단에 접근할 수 있어야 했다. 그러나 이 책을 쓰던 시기는 극단주의 콘텐츠에 대한 접근이 점점 제한되던 때였다. 페이스북 같은 기술 기업들은 데이터 분석에 필요한 에이

피아이API(운영체제와 응용프로그램 사이의 통신에 사용되는 언어나 메시지 형식 – 옮긴이) 접근을 차단했고, 극단주의 집단들은 더욱 엄격한 가입 심사 절차를 도입했다. 실제로 이 책은 접근의 상실에 관한 책이기도 하다. 극단주의자들의 대화가 지하로 숨어들 때 보안 기관과 연구원, 언론인들은 그들을 감시하며 통찰을 얻을 기회를 상실한다.

그러므로 극단주의자들의 폐쇄적 세계에 진입하려면 나 역시 기만적인 전략을 사용할 수밖에 없었다. 나는 이슬람국가 채널에 모집되려고 무슬림처럼 보이는 이름을 사용했고 내 백인민족주의 아바타의 프로필 사진과 비슷해 보이려고 금발 가발을 썼으며 극우 트롤 부대에 받아들여지려고 바이에른식 발음을 따라했다. 나는 위선자일까? 그럴 수도 있다. 그러나 나는 극단주의자들의 온라인 네트워크에 대항하려면 그들의 동기를 이해하고 전략을 폭로하고 다음 단계를 예측할 수 있어야 한다고 믿는다.

극단주의자들의 계획과 음모를 파악하는 데에는 대가가 따른다. 그 대가는 바로 나뿐만 아니라 나의 가족, 친구, 동료의 안전이다. 그러나 극단주의자들의 계획을 알지 못하는 것이 우리 모두에게 더 큰 재난일 수 있다. 가끔은 행동의 대가를 묻는데서 더 나아가 아무런 행동도 취하지 않을 때의 대가가 무엇일지까지 물어야 한다. 내가 연구에서 가짜 신분을 사용한 것은 이러한 확신 때문이었다. 그러나 그 과정에서 내가 속이고 기만한 모든 사람에게 사과의 말씀을 전한다.

수차례 독싱의 피해자가 된 뒤 나는 사생활 침해 문제를 매우 심각하게 받아들이게 되었다. 그렇기에 조사와 집필의 전 과정에서 이 책에 등장하는 모든 사람을 보호하기 위해 최선을 다했다. 책에 언급된 민간인의 이름은 전부 가명이거나 익명 온라인 계정의 이름이다. 또한 노골적으로 폭력을 촉구하거나 구체적 타깃을 위협하거나 범죄를 모의하는 것을 목격할 때마다 관련 기관에 제보했다.

일부 댓글과 대화는 가독성을 위해 살짝 다듬었으며 마찬가지로 일부 약어와 전문 용어도 비전문가 독자를 위해 삭제했다.

감사의 말

무엇보다 인터뷰에 응해준 모든 분들에게 감사를 전하고 싶습니다. 전문가와 연구원뿐만 아니라 극단주의 활동가와 이론가도 마찬가지입니다. 잠복 경험에서 보고 들은 것이 두렵긴 하지만 극단주의자들이 보여준 신뢰와 통찰, 솔직함에 감사드립니다.

블룸즈버리의 환상적인 편집자 안젤리크 트란 판 상에게 특별한 감사를 전합니다. 매우 귀중한 피드백을 주었을 뿐만 아니라 이 책을 훨씬 더 재미있고 매력적으로 만들어주었습니다. 또한 와일리 에이전시의 정말 멋진 문학 에이전트 루크 잉그램에게도 감사드립니다. 이 프로젝트에 때로는 저보다 더 큰 자신감을 보여주었습니다. 잉그램의 지지와 피드백이 없었다면 이 책은 지금과 같은 형태로 존재하지 못했을 것입니다.

제게 영감을 주고 우정을 보내준 제이컵 데이비와 프레더릭 래드버리, 조 멀홀에게도 감사를 전합니다. 점점 섬뜩해지는 이 세계에 관해 함께 긴 대화를 나눈 것이 책의 많은 부분에 영감을 주었습니다. 친구 레나 슈미트쿤츠와 알레사 럭스, 에바 보걸, 제이드 자오는 제가 극단주의의 어두운 세계에서 익사할 것만 같을 때 언제나 저를 구하러 와주었습니다. 감사합니다.

또한 언제나 영감의 원천이 되어준 멋진 전략대화연구소 팀, 특히 제이컵 데이비와 라샤드 알리, 야코프 굴, 클로이 콜리버, 조너선 버드웰, 헨리 턱, 아이리스 보이어, 세실 게랭, 쿠퍼 게이트우드, 크리스토퍼 스튜어트에게 감사드립니다. 덧붙여 매노스피어의 여성들에 대해 훌륭하게 조사해준 전략대화연구소의 전 인턴 니콜라 브루스에게도 감사를 전합니다. 마지막으로 가장 멋진 보스이자 훌륭한 롤모델이 되어준 사샤 하블리체크에게 깊은 감사를 드립니다.

실트 앤드 슈비어트 페스티벌에서 훌륭한 보호자가 되어주고 빗속에서 나를 기다려준 안드레아스와 세대정체성에 잠복할 때 조언을 주고 나를 지켜준 조에게 감사합니다. 기밀을 공유해주고 인터넷의 어두운 구석을 헤쳐 나갈 수 있게 도와준 라파엘 글루크와 크리스 샘슨, 젠녹스, 아마르나스 아마라싱검, 피터 앱스에게도 큰 신세를 졌습니다.

마지막으로 가족 모두에게 감사를 전합니다. 때로는 실제보다도 더 무섭고 외롭고 미쳐 날뛰는 것처럼 보이는 이 세상에서 저를 지지해주고 안정감을 주었습니다. 수차례 살인 협박을 받고 대규모 트롤 캠페인의 타깃이 되는 등 이 책을 위해 조사

작업을 하는 내내 힘든 순간이 너무나도 많았습니다. 침착하고 유쾌하고 마음 따뜻한 친구들과 동료, 가족과 함께하지 않았다면 이 주제를 계속 연구할 수 없었을 것입니다.

주

1장

1   이에 관한 분석은 다음을 참고하라. Elisabetta Cassini Wolff, 'Evola's inter-pretation of fascism and moral responsibility', *Patterns of Prejudice* 50(4-5), 2016, pp. 478-94.

2   Stanley G. Payne, *A History of Fascism: 1914-1945* (Madison: University of Wisconsin Press, 1995).

3   Richard Drake, *The Revolutionary Mystique and Terrorism in Contemporary Italy* (Bloomington: Indiana University Press, 1989).

4   Jason Horowitz, 'Steve Bannon Cited Italian Thinker Who Inspired Facsists', *New York Times*, 10 Febuary 2017. 다음 주소에서 열람이 가능하다. https://www.nytimes.com/2017/02/10/world/europe/bannon-vatican-julius-evola-fascism.html.

5   Ibid.

6   Antonio Regalado, '2017 was the year consumer DNA testing blew up', *MIT Review*, February 2018. 다음 주소에서 열람이 가능하다. https://www.technologyreview.com/s/610233/2017-was-the-year-consumer-dna-testing-blew-up/.

7   Aaron Panofsky and Joan M. Donovan, 'When Genetics Challenges a Racist's Identity: Genetic Ancestry Testing among White Nationalists', American Sociological Association, 2017.

8   American Sociological Association, 'White Supremacists use a decision tree to affirm or discount the results of DNA tests', August 2017. 다음 주소에서 열람이 가능하다. https://phys.org/news/2017-08-white-supremacists-decision-tree-affirm.html

9 Cf. Panofsky and Donovan, 'When Genetics Challenges a Racist's Identity: Genetic Ancestry Testing among White Nationalists'.

10 Christophe Busch et al., *Das Höcker Album: Auschwitz durch die Linse des SS* (Darmstadt: Verlag Philipp von Zabern, 2016), and Alec Wilkinson, 'Picturing Auschwitz', *New Yorker*, 17 March 2008.

11 Roger Griffin, 'The role of heroic doubling in ideologically motivated state and terrorist violence', *Internal Review of Psychiatry* 29(4), 2017, pp. 355–361.

12 George Hawley, *Making Sense of the Alt-Right* (New York: Columbia University Press, 2017), and Angela Nagle, *Kill All Normies: Online Culture Wars from 4chan and Tumblr to Trump and the Alt-Right* (London: Zero Books, 2017).

13 북서부 미국 공화국 헌법 전문은 다음 주소에서 열람이 가능하다. http://northwestfront.org/about/nar-constitution/.

14 북서부전선의 웹사이트는 다음과 같다. http://northwestfront.org.

15 Sven Svenhed, 'North West Front: The North West Volunteer Army', 2012년 9월에 유튜브에 업로드되었다. 다음 주소에서 시청이 가능하다. https://www.youtube.com/watch?v=W14DdNUDL7g.

16 딜런 루프의 선언문 전문은 다음 주소에서 열람이 가능하다. https://assets.documentcloud.org/documents/3237779/DylannRoof-manifesto.pdf.

17 Matthew Francey, 'This guy wants to start his own Aryan country', Vice, February 2013. 다음 주소에서 열람이 가능하다. https://www.vice.com/en_us/article/4wqe33/this-guy-wants-to-start-his-own-aryan-country.

18 Jacob Davey and Julia Ebner, 'The Fringe Insurgency: Connectivity, Convergence and Mainstreaming of the Extreme Right', Institute for Strategic Dialogue (ISD), October 2017. 다음 주소에서 열람이 가능하다. https://www.isdglobal.org/isd-publications/the-fringe-insurgency-connectivity-convergence-and-mainstreaming-of-the-extreme-right/.

19 Kevin C. Thompson, 'WATCHING THE STORMFRONT: White Nationalists and the Building of Community in Cyberspace', *Social Analysis: The International Journal of Social and Cultural Practice* 45(1), 2001, pp. 32–52. 다음 출처에서 열람이 가능하다. www.jstor.org/stable/23169989.

20 Christopher Clarey, 'World Cup '98; Hooligans Leave Officer in a Coma', *New York Times*, Archives 1998. 다음 주소에서 열람이 가능하다. https://www.nytimes.com/1998/06/22/sports/world-cup-98-hooligans-leave-officer-in-a-coma.html#:~:text=A%20French%20police%20officer%20was,the%20nearby%20city%20of%20Lille.

21 다음 주소에서 더 자세한 설명을 볼 수 있다. http://northwestfront.org/north-

west-novels/authoron-the-nw-novels/.

2장

1 원래 트윗을 저자가 영어로 번역했다. 'Wenn man länger lebt, als man nützlich
   ist, und dabei vor lauter Feminismus das Stricken verlernt hat.'
2 Eva Thöne, 'Dialog unmöglich', Spiegel Online, 15 October 2017. 다음 주소에
   서 열람이 가능하다. http://www.spiegel.de/kultur/literatur/frankfurter-buch-
   messe-die-auseinandersetzungmit-den-rechten-a-1172953.html.
3 국가 볼셰비즘은 파시즘과 볼셰비즘의 이념적 혼종이다.
4 Julian Bruns, Kathrin Glösel and Natascha Strobl, *Die Identitären: Handbuch
   zur Jugendbewegung der Neuen Rechten in Europa* (Münster: Unrast Verlag,
   2017).
5 Natasha Strobl, *Die Identitären: Handbuch zur Jugendbewegung der Neuen Rech-
   ten* (Münster: Unrast Verlag, 2014).
6 Bruns, Glösel and Strobl, *Die Identitären: Handbuch zur Jugendbewegung der
   Neuen Rechten in Europa*, 'A New Threat: Generation Identity United Kingdom
   and Ireland' (Hope not Hate, 2018). 다음 주소에서 열람이 가능하다. https://
   www.hopenothate.org.uk/2018/04/13/a-new-threat/.
7 국가정책연구소에서 있었던 기욤 페이에의 2015년 연설 전문은 다음 주소에서
   시청이 가능하다. https://www.youtube.com/watch?v=Ss-QNSiN2oY.
8 Max Roser, 'Fertility Rate', Our World in Data, December 2017. 다음 주소에서
   열람이 가능하다. https://ourworldindata.org/fertility-rate.
9 그 밖의 모든 특징에 관해서는 다음을 참고하라. https://patriot-peer.com/de/
   home/.
10 Jacob Davey and Julia Ebner, 'The Fringe Insurgency: Connectivity, Con-
   vergence and Mainstreaming of the Extreme Right', ISD, October 2017.
   다음 주소에서 열람이 가능하다. https://www.isdglobal.org/isd-publica-
   tions/the-fringe-insurgency-connectivity-convergence-and-mainstream-
   ing-of-the-extreme-right/.
11 Matthew Karnitschnig, 'Austria heads for right-leaning coalition', Politico, 15
   October 2017. 다음 주소에서 열람이 가능하다.
   https://www.politico.eu/article/austria-heads-for-right-leaning-coalition-ear-
   ly-projections/.
12 Ronald Beiler, *Dangerous Minds: Nietzsche, Heidegger, and the Return of the Far
   Right* (Philadelphia: University of Pennsylvania Press, 2018), Casey Michel,

'Meet the favorite philosophers of young white supremacists',
ThinkProgress, 22 June 2018. 다음 주소에서 열람이 가능하다. https://think-
progress.org/this-philosophers-of-young-white-supremacists-33605ba538c0/.

13 Sue Prideaux, *I am Dynamite!: A Life of Friedrich Nietzsche* (London: Faber &
Faber, 2018).

14 https://www.youtube.com/watch?v=Lb5zUG9UzFE.

15 Martin Sellner, *Identitär: Geschichte eines Aufbruchs* (Schnellroda: Verlag An-
taios, 2017), p. 117.

16 Mark Townsend, 'Senior member of European far-right group quits over
neo-Nazi link', *Observer*, 11 August 2018. 다음 주소에서 열람이 가능하다.
https://www.theguardian.com/world/2018/aug/11/generation-identity-lead-
er-quits-neo-nazi-links.

17 Joe Mulhall, 'Failed Defend Europe Mission Comes to an End', Hope not
Hate, 17 August 2017. 다음 주소에서 열람이 가능하다. https://www.hope-
nothate.org.uk/2017/08/17/failed-defend-europe-mission-comes-end/.

18 Markus Willinger, *Generation Identity: A Declaration of War Against the '68ers*
(Arktos Media, 2013).

19 'Premier League clubs warned over "far-right" Football Lads Alliance', *The
Times*, 30 March 2018. 다음 주소에서 열람이 가능하다.
https://www.thetimes.co.uk/article/premier-leagueclubs-warned-over-far-
right-football-lads-alliance-0mgq2lppv.

20 Hannibal Bateman, 'Generation Alt-Right', *Radix Journal*, 14 April 2016. 다
음 주소에서 열람이 가능하다. https://www.radixjournal.com/2016/04/2016-4-
14-generation-alt-right/.

21 Ibid.

22 James Poniewozik, 'Andrew Breitbart, 1969–2012', *Time*, 1 March 2012. 다
음 주소에서 열람이 가능하다. http://entertainment.time.com/2012/03/01/an-
drew-breitbart-1969-2012/.

23 '오버턴 윈도'는 조지프 P. 오버턴(Joseph P. Overton)이 만든 개념으로 수용 가능
한 정치적 견해를 의미한다.

24 Whitney Phillips, 'The Oxygen of Amplifcation: Better Practices for Report-
ing on Extremists, Antagonists, and Manipulators Online', Data & Society
Research Foundation, 2018. https://datasociety.net/output/oxygen-of-amplif-
cation/.

25 Lizzie Dearden, 'Generation Identity: Far-right group sending UK recruits to
military-style training camps in Europe', *Independent*, 9 November 2017. 다음

주소에서 열람이 가능하다.
https://www.independent.co.uk/news/uk/home-news/generation-identi-ty-far-right-group-training-campseurope-uk-recruits-military-white-national-ist-a8046641.html.

26 Andrew Gilligan, 'The "hipster fascists" who anti-racism campaigners say are breathing new life into the far right', *Sunday Times*, 20 May 2018. 다음 주소에서 열람이 가능하다. https://www.thetimes.co.uk/article/the-hipster-fascists-breathingnew-life-into-the-british-far-right-6hvtmq63k.

3장

1 MGTOW Wiki, 'Sex Market Value'. 다음 주소에서 열람이 가능하다. http://mg-tow.wikia.com/wiki/Sex_Market_Value.

2 R. F. Baumeister and K. D.Vohs, 'Sexual economics: sex as a female resource for social exchange in heterosexual interactions', *Personality and Social Psychology Review* 8(4), 2004. 다음 주소에서 열람이 가능하다. https://www.ncbi.nlm.nih.gov/pubmed/15582858.

3 MGTOW Wiki, 'Sex Market Value'.

4 'The Republican Lawmaker Who Secretly Created Reddit's Women-Hating Red Pill', *Daily Beast*, 25 April 2017. 다음 주소에서 열람이 가능하다. https://www.thedailybeast.com/the-republican-lawmaker-who-secretly-creat-ed-reddits-women-hating-red-pill.

5 Anti-Defamation League, 'When Women are the Enemy: the Intersection of Misogyny and White Supremacy', July 2018. 다음 주소에서 열람이 가능하다. https://www.adl.org/resources/reports/when-women-are-the-enemy-the-in-tersection-of-misogyny-and-white-supremacy.

6 'Male Supremacy', SPLC, 2018. 다음 주소에서 열람이 가능하다. https://www.splcenter.org/fighting-hate/extremist-files/ideology/male-supremacy.

7 Peter Baker, 'The Woman Who Accidentally Started the Incel Movement', *Elle*, 1 March 2016. 다음 주소에서 열람이 가능하다. https://www.elle.com/culture/news/a34512/woman-who-started-incel-move-ment/.

8 Ben Zimmer, 'How Incel Got Hijacked', Politico, 8 May 2015. 다음 주소에서 열람이 가능하다. https://www.politico.com/magazine/story/2018/05/08/intel-involuntary-celibate-movement-218324.

9 Alex Hern, 'Who are the "incels" and how do they relate to Toronto van at-

tack?', *Guardian*, 25 April 2018. 다음 주소에서 열람이 가능하다. https://www.
theguardian.com/technology/2018/apr/25/what-is-incel-movement-toronto-
van-attack-suspect.

10 Hadley Freeman, 'Elliot Rodger was a misogynist – but is that all he was?',
Guardian, 27 May 2014. 다음 주소에서 열람이 가능하다.
https://www.theguardian.com/commentisfree/2014/may/27/elliot-rodg-
er-was-misogynist-killing-spree.

11 G. Tyson et al., 'A First Look at User Activity on Tinder', Conference: 8th
IEEE/ACM International Conference on Advances in Social Networks Anal-
ysis and Mining (ASONAM), 2016. 다음 주소에서 열람이 가능하다. http://
qmro.qmul.ac.uk/xmlui/handle/123456789/15100.

12 Elizabeth E. Bruch and M. E. J. Newman, 'Aspirational pursuit of mates in
online dating markets', *Science Advances* 4(8), 8 August 2018. 다음 주소에서
열람이 가능하다. http://advances.sciencemag.org/content/4/8/eaap9815.

13 이를테면 다음을 참조하라. https://equalitycanada.com/wp-content/up-
loads/2012/09/Mens-Issues-Awareness-Newsletter1.pdf.

14 'Suicides in the United Kingdom: 2012 Registrations', Office for National
Statistics, 18 February 2014. 다음 주소에서 열람이 가능하다. https://webar-
chive.nationalarchives.gov.uk/20160107060820/http://www.ons.gov.uk/ons/
dcp171778_351100.pdf, 'Suicide statistics', Center for Disease Control and
Prevention, 2015. 다음 주소에서 열람이 가능하다.
https://www.cdc.gov/violenceprevention/pdf/Suicide-DataSheet-a.pdf.

15 Jon Anthony on Masculine Development. 다음 주소에서 열람이 가능하다.
https://www.masculinedevelopment.com/lauren-southern-red-pill-women/.

16 Annie Kelly, 'The House Wives of White Supremacy', *New York Times*, 1 June
2018. 다음 주소에서 열람이 가능하다. https://www.nytimes.com/2018/06/01/
opinion/sunday/tradwives-women-alt-right.html. Annie Kelly의 다른 연구 사
례로는 다음을 참조하라. Annie Kelly, 'The alt-right: reactionary rehabilitation
for white masculinity', *Soundings*, Number 66, Summer 2017, pp. 68-78(11).

17 'Extremists' "Unite the Right" Rally: A Possible Historic Alt-Right Show-
case?', SPLC, 7 August 2017. 다음 주소에서 열람이 가능하다. https://www.spl-
center.org/hatewatch/2017/08/07/extremists-unite-right-rally-possible-his-
toric-alt-right-showcase.

18 유튜브 라이브 영상은 다음 주소에서 시청이 가능하다. https://www.youtube.
com/watch?v=esdZcvjITeA.

19 이를테면 다음을 참조하라. A Domestic Discipline Society: https://adomestic-

disciplinesociety.blogspot.com/2013/04/taken-in-hand-head-of-household-tih-hoh-role-domestic-discipline.html.

20 Cf. Bruch and Newman, 'Aspirational pursuit of mates in online dating markets'.

21 'Tinder: Swiping Self Esteem?', 2016. 다음 주소에서 열람이 가능하다. https://www.apa.org/news/press/releases/2016/08/tinder-self-esteem.aspx.

22 Francesca Friday, 'More Americans are single than ever before', *Observer*, 1 August 2018. 다음 주소에서 열람이 가능하다. https://observer.com/2018/01/more-americans-are-single-than-ever-before-and-theyre-healthier-too/.

23 Bill Chappell, 'U.S. Births Dip to 30-Year Low; Fertility Rate Sinks Further Below Replacement Level', NPR, 17 May 2018. 다음 주소에서 열람이 가능하다. https://www.npr.org/sections/thetwo-way/2018/05/17/611898421/u-s-births-falls-to-30-year-low-sending-fertility-rate-to-a-record-low.

24 'Old at heart? Quiet life of the average 20 something in 2017', Nationwide Building Society, 23 February 2017. 다음 주소에서 열람이 가능하다. https://www.nationwide.co.uk/about/media-centre-and-specialist-areas/media-centre/press-releases/archive/2017/2/23-british-20-something.

25 'Results of UK sex survey published', NHS, November 2013. 다음 주소에서 열람이 가능하다. https://www.nicswell.co.uk/health-news/results-of-uk-sex-survey-published.

26 영국 국민보건서비스의 인지행동치료 개요는 다음을 참조하라. https://www.nhs.uk/conditions/cognitive-behavioural-therapy-cbt/.

4장

1 David Lipson, 'Surabaya bombings: neighbours say family responsible seemed like "ordinary" people', ABC, 14 May 2017. 다음 주소에서 열람이 가능하다. http://www.abc.net.au/news/2018-05-14/indonesia-church-attacks-joko-widodo-orders-investigation/9757512.

2 Ibid.

3 Cameron Sumpter, 'Extremism in Indonesia is a family affair', East Asia Forum, May 2017. 다음 주소에서 열람이 가능하다. https://www.eastasiaforum.org/2018/05/18/extremism-in-indonesia-is-a-family-affair/. 또한 Kirsten Schulze, 'The Surabaya Bombings and the Evolution of the Jihadi Threat in Indonesia', *CTC Sentinel* 11(6), June/July 2018. 다음 주소에서 열람이 가능하다. https://ctc.usma.edu/surabaya-bombings-evolution-jihadi-threat-indonesia/.

4 극단주의 집단으로의 사회화에 관한 더 많은 정보는 이를테면 다음을 참고하라. Diego Muro, 'What Does Radicalisation Look Like? Four Visualisations of Socialisation into Violent Extremism', University of St Andrews and Barcelona Centre of International Studies, 2016.

5 Kumar Ramakrishna, *Islamist Terrorism and Militancy in Indonesia: The Power of the Manichean Mindset* (Singapore: Springer, 2015), Kumar Ramakrishna, 'Radical Pathways: Understanding Radicalisation in Indonesia', *Contemporary Southeast Asia* 32(1), April 2010, pp. 102–4.

6 Beh Lih Yi and Luke Harding, 'ISIS claims responsibility for Jakarta gun and bomb attacks', *Guardian*, 14 January 2016. 다음 주소에서 열람이 가능하다. https://www.theguardian.com/world/2016/jan/14/jakarta-bombings-multiple-casualties-after-indonesian-capital-hit-by-suicide-attacks. 또한 Gayatri Suroyo and Stefanno Reinard, 'Indonesia makes arrests as Islamic State claims Jakarta attacks', Reuters, 26 May 2017. 다음 주소에서 열람이 가능하다. https://www.reuters.com/article/us-indonesia-blast-arrests/indonesia-makes-arrests-as-islamic-state-claims-jakarta-attacks-idUSKBN18M0F3.

7 Euan McKirdy, 'Fleeing ISIS in the Philippines: "I will never go back to Marawi"', CNN, 27 June 2017. 다음 주소에서 열람이 가능하다. https://edition.cnn.com/2017/06/25/asia/isis-siege-marawi/index.html.

8 Francis Chan, 'Batam militants behind foiled Marina Bay plot jailed for terrorism conspiracy', *Straits Times*, 7 June 2017. 다음 주소에서 열람이 가능하다. https://www.straitstimes.com/asia/se-asia/members-of-batam-terror-cell-behind-foiled-mbs-rocket-attack-plot-found-guilty-of. Wahyudi Soeriaatmadja, 'Foiled rocket attack's Batam rocket site was 18km away from MBS', Asia One, 27 September 2016. 다음 주소에서 열람이 가능하다. http://www.asiaone.com/singapore/foiled-rocket-attacks-batam-launch-site-was-18km-mbs.

9 Statista, 'Internet Usage in Indonesia', 2016. 다음 주소에서 열람이 가능하다. https://www.statista.com/topics/2431/internet-usage-in-indonesia/. JakPat, 'Indonesia Social Media Habit Report Q1 2017', May 2017. 다음 주소에서 열람이 가능하다. http://www.emarketer.com/Chart/Social-Networks-Used-by-Smartphone-Users-Indonesia-April-2017-of-respondents/208536.

10 J. M. Berger, 'The Evolution of Terrorist Propaganda: The Paris Attack and Social Media', Brookings, 27 January 2015. 다음 주소에서 열람이 가능하다. https://www.brookings.edu/testimonies/the-evolution-of-terrorist-propaganda-the-paris-attack-and-social-media/.

11 National Consortium for the Study of Terrorism and Responses to Terrorism, 'The Use of Social Media by United States Extremists', Research Brief, 2018. 이 연구의 토대가 된 PIRUS 데이터베이스는 다음 주소에서 열람할 수 있다. http://www.start.umd.edu/data-tools/profles-individual-radicaliza-tion-united-states-pirus.

12 Public Intelligence, 'DHS Terrorist Use of Social Networking Facebook Case Study'. 다음 주소에서 열람이 가능하다. http://publicintelligence.net/ufouoles-dhs-terrorist-use-of-social-networking-facebook-case-study/.

13 서투른 영어로 쓰인 글이기에 가독성을 위해 문법과 철자를 다듬었다.

14 Malcolm Nance and Chris Sampson, *Hacking ISIS: How to Destroy the Cyber Jihad* (New York: Skyhorse Publishing, 2017), pp. 60–78.

15 Jennifer T. Roberts, *Herodotus: A Very Short Introduction* (Oxford: Oxford University Press, 2011), p. 92.

16 Jack Kelly, 'Terror groups hide behind web encryption', *USA Today*, 5 May 2001. 다음 주소에서 열람이 가능하다. https://usatoday30.usatoday.com/life/cyber/tech/2001-02-05-binladen.htm.

17 https://securityaffairs.co/wordpress/42581/intelligence/isis-mobile-app.html; https://www.ibtimes.co.uk/isis-app-islamic-state-launches-android-app-news-recruitment-1514055.

18 Cf. Schulze, 'The Surabaya Bombings and the Evolution of the Jihadi Threat in Indonesia'.

19 Charlie Winter, '1. Big news: the latest issue of #IS's newspaper features an unambiguous call to arms directed at female supporters', Twitter, 5 October 2017.

20 US Department of Justice, 'Wisconsin Woman Charged With Attempting to Provide Material Support to ISIS', 13 June 2018. 다음 주소에서 열람이 가능하다. https://www.justice.gov/opa/pr/wisconsin-woman-charged-attempt-ing-provide-material-support-isis.

21 'US woman charged with IS support had "virtual library" on bomb-making', BBC, 14 June. 다음 주소에서 열람이 가능하다. https://www.bbc.com/news/world-us-canada-44485682.

5장

1 Julia Ebner, 'The far right thrives on global networks. They must be fought online and off', *Guardian*, 1 May 2017. 다음 주소에서 열람이 가능하다. https://www.theguardian.com/commentisfree/2017/may/01/far-right-networks-na-

tionalists-hate-social-media-companies.

2   Raheem Kassam, 'Tommy Robinson vs. Quilliam Show How the Establishment's Grip on Political Narratives is Slipping', Breitbart, 5 May 2017. 다음 주소에서 열람이 가능하다. https://www.breitbart.com/europe/2017/05/07/kassam-tommy-robinson-vs-quilliam-shows-how-the-establishments-grip-on-political-narratives-is-slipping/.

3   Ibid.

4   2011년 인구 조사는 다음 주소에서 열람이 가능하다. https://www.ons.gov.uk/census/2011census.

5   Jamie Grierson, 'Four far-right plots thwarted last year, says counter-terrorism chief Mark Rowley', *Guardian*, 26 February 2018. 다음 주소에서 열람이 가능하다. https://www.theguardian.com/uk-news/2018/feb/26/four-far-right-plots-thwarted-last-year-says-counter-terrorism-chief-mark-rowley.

6   Lizzie Dearden, 'Finsbury Park trial as it happened: Messages sent by Tommy Robinson to terror suspect Darren Osborne revealed in court', *Independent*, 23 January 2018. 다음 주소에서 열람이 가능하다. https://www.independent.co.uk/news/uk/crime/finsbury-park-attack-trial-live-darren-osborne-court-muslims-mosque-van-latest-news-updates-a8173496.html.

7   Lizzie Dearden, 'Tommy Robinson supporters perform Nazi salutes at violent London protest, amid warnings of return to racist street movement', *Independent*, 11 June 2018. 다음 주소에서 열람이 가능하다. https://www.independent.co.uk/news/uk/crime/tommy-robinson-free-protest-nazi-salutes-london-violence-police-arrests-attacks-prison-a8393566.html.

8   Lizzie Dearden, 'Man who taught girlfriend's pet pug dog to perform Nazi salutes fned £800', *Independent*, 23 April 2018. 다음 주소에서 열람이 가능하다. https://www.independent.co.uk/news/uk/crime/count-dankula-nazi-pug-salutes-mark-meechan-fine-sentenced-a8317751.html.

9   Jake Ryan, 'Tommy Robinson to cash in on his notoriety by launching UK media company', *Sun*, 7 January 2019. 다음 주소에서 열람이 가능하다. https://www.thesun.co.uk/news/8113022/tommy-robinson-to-cash-in-on-his-notoriety-by-launching-uk-media-company/.

10 'Tommy Robinson holds Salford protest against BBC Panorama', BBC, 23 February 2019. 다음 주소에서 열람이 가능하다. https://www.bbc.com/news/uk-england-manchester-47335414.

11 'Trump supporter attacks BBC cameraman at El Paso rally', BBC, 12 February 2019. 다음 주소에서 열람이 가능하다. https://www.bbc.com/news/

world-us-canada-47208909.

12 예를 들면 다음을 참조하라. Sophie McBain, 'What Steve Bannon Really Be-lieves In', *New Statesman*, 12 September 2018. 다음 주소에서 열람이 가능하다. https://www.newstatesman.com/world/north-america/2018/09/what-steve-bannon-really-believes.

13 Betsy Woodruff, 'The Secret Heiress Funding the Right-Wing Media', Daily Beast, 13 September 2016. 다음 주소에서 열람이 가능하다. https://www.thedailybeast.com/the-secret-heiress-funding-the-right-wing-media.

14 Paul P. Murphy, Kaya Yurieff and Gianluca Mezzofore, 'Exclusive: YouTube ran ads from hundreds of brands on extremist channels', CNN, 20 April 2018. 다음 주소에서 열람이 가능하다. https://money.cnn.com/2018/04/19/technology/youtube-ads-extreme-content-investigation/index.html.

15 'This is where internet memes come from', *MIT Technology Review*, 11 June 2018. 다음 주소에서 열람이 가능하다. https://www.technologyreview.com/s/611332/this-is-where-internet-memes-come-from/.

16 Henryk M. Broder, 'Der Denunziant von Scholz & Friends', Achse des Guten, 7 December 2016. 다음 주소에서 열람이 가능하다. https://www.achgut.com/artikel/der_denunziant_von_scholz_und_friends.

17 Anya Kamenetz, 'Professors are Targets in Online Culture Wars; Some Fight Back', National Public Radio, 4 April 2018. 다음 주소에서 열람이 가능하다. https://www.npr.org/sections/ed/2018/04/04/590928008/professor-harassment.

18 Joshua Cuevas, 'A New Reality? The Far Right's Use of Cyberharassment Against Academics', American Association of University Professors. https://www.aaup.org/article/new-reality-far-rights-use-cyberharassment-against-academics#.W0GsdS-B0fN.

19 Lizzie Dearden, 'Tommy Robinson case: why EDL founder could be jailed again for contempt of court', *Independent*, 26 September. 다음 주소에서 열람이 가능하다. https://www.independent.co.uk/news/uk/crime/tommy-robinson-prison-jailed-why-contempt-court-grooming-gangs-muslim-protest-a8472566.html.

20 https://www.economist.com/the-economist-explains/2014/03/10/what-doxxing-is-and-why-it-matters.

21 Crash Override, 'Preventing Doxing: A primer on removing your personal information from the most commonly exploited places', 2018. 다음 주소에서 열람이 가능하다. http://www.crashoverridenetwork.com/preventingdoxing.

html.

22 Mat Honan, 'What is Doxing?', *Wired*, 3 June 2014. 다음 주소에서 열람이 가능하다. https://www.wired.com/2014/03/doxing/.

23 Zoe Quinn, 'What happened after Gamergate hacked me', *Time*, 11 September 2017. 다음 주소에서 열람이 가능하다. http://time.com/4927076/zoe-quinn-gamergate-doxxing-crash-override-excerpt/.

24 Bruce Schneier, '2015: The year "doxing" will hit home', BetaBoston, 31 December 2014. 다음 주소에서 열람이 가능하다. http://www.betaboston.com/news/2014/12/31/2015-the-year-doxing-will-hit-home/.

25 Crash Override, 'Preventing Doxing: A primer on removing your personal information from the most commonly exploited places'.

26 https://www.peoplelookup.com/privacy-policy.

27 Becky Gardiner et al., 'The dark side of Guardian comments', *Guardian*, 12 April 2017. 다음 주소에서 열람이 가능하다. https://www.theguardian.com/technology/2016/apr/12/the-dark-side-of-guardian-comments.

28 IFJ Survey, 'Two-thirds of women journalists suffered gender-based online attacks', IFJ, 7 December 2018. 다음 주소에서 열람이 가능하다. https://www.ifj.org/actions/ifj-campaigns/online-trolling-you-are-not-alone.html?tx_wbresources_list%5Bresource%5D=369&cHash=95bc5fa4776eb-18d57a505436c1b360f.

29 Caroline Jack, 'Lexicon of Lies: Terms for Problematic Information', Data and Society Research Institute, 2017.

30 Peter Pomerantsev, *Nothing Is True and Everything Is Possible* (Public Affairs, 2014), John Pollock, 'Russian Disinformation Technology', *MIT Technology Review*, 13 April 2017. 다음 주소에서 열람이 가능하다. https://www.technologyreview.com/s/604084/russian-disinformation-technology/.

31 David Robarge, 'Moles, Defectors, and Deceptions: James Angleton and CIA Counterintelligence', *Journal of Intelligence History* 3(2), Winter 2003, p. 31.

32 나토 디지털포렌식연구소의 부소장 도나라 바로한과의 인터뷰.

33 Jon White, 'Dismiss, Distort, Distract, and Dismay: Continuity and Change in Russian Disinformation', *IES Policy Brief*, Issue 2016/13, May 2016. 다음 주소에서 열람이 가능하다. https://www.ies.be/files/Policy%20Brief_Jon%20White.pdf.

34 Chloe Colliver et al., 'Smearing Sweden: International Influence Campaigns in the 2018 Swedish Election', ISD, October 2018. 다음 주소에서 열람이 가능하다. http://www.lse.ac.uk/iga/assets/documents/arena/2018/Sweden-Re-

port-October-2018.pdf.

35 Paris Martineau, 'How Alt-Right Twitter Tricks the Media into Panicking', Outline, 13 June 2018. 다음 주소에서 열람이 가능하다. https://theoutline.com/post/4918/how-alt-right-twitter-tricks-the-media-into-panicking?zd=6&zi=cs-itrt27.

36 Samantha Bradshaw and Philip N. Howard, 'Challenging Truth and Trust: A Global Inventory of Organized Social Media Manipulation', Working Paper 2018.1, Oxford, UK, Project on Computational Propaganda. 다음 주소에서 열람이 가능하다. comprop.oii.ox.ac.uk.

37 Jennifer Kavanagh and Michael D. Rich, 'Truth Decay: An Initial Exploration of the Diminishing Role of Facts and Analysis in American Public Life', RAND Corporation. 다음 주소에서 열람이 가능하다. https://www.rand.org/pubs/research_reports/RR2314.html.

38 Public Policy Polling, April 2013. 보도자료와 개요는 다음 주소에서 열람이 가능하다. https://www.publicpolicypolling.com/wp-content/uploads/2017/09/PPP_Release_National_ConspiracyTheories_040213.pdf.

39 Kavanagh and Rich, 'Truth Decay: An Initial Exploration of the Diminishing Role of Facts and Analysis in American Public Life'.

40 Fabian Klask, 'Die Stille nach der lauten Nacht', Die Zeit, 29 December 2017. 다음 주소에서 열람이 가능하다. https://www.zeit.de/2018/01/silvesternacht-koeln-sexuelle-belaestigung-schweigen-medien.

41 Reinhold Anton, Die Lügenpresse (Leipzig: Zehrfeld, 1914).

42 Bethan Bell, 'Child sexual exploitation: how the system failed', BBC, 16 March 2018. 다음 주소에서 열람이 가능하다. https://www.bbc.com/news/uk-england-43400336.

43 David Neiwert, Alt-America: The Rise of the Radical Right in the Age of Trump (New York: Verso, 2017).

44 Angela Moon, 'Two-thirds of American adults get news from social media: survey', BBC, 8 September 2017. 다음 주소에서 열람이 가능하다. https://www.reuters.com/article/us-usa-internet-socialmedia/two-thirds-of-american-adults-get-news-from-social-media-survey-idUSKCN1BJ2A8.

45 이 용어는 데이터 및 사회 조사 연구소의 조앤 도노반이 만들었다. 예를 들면 다음을 참조하라. Craig Timberg and Drew Harwell, 'We studied thousands of anonymous posts about the Parkland attack – and found a conspiracy in the making', Washington Post, 27 February 2018. 다음 주소에서 열람이 가능하다. https://www.washingtonpost.com/business/economy/we-studied-thousands-

of-anonymous-posts-about-the-parkland-attack---and-found-a-conspiracy-in-the-making/2018/02/27/04a856be-1b20-11e8-b2d9-08e748f892c0_story.html.

46   Ullrich Fichtner, 'Der SPIEGEL reveals internal fraud', *Spiegel*, 20 December 2018. 다음 주소에서 열람이 가능하다. http://www.spiegel.de/international/zeitgeist/claas-relotius-reporter-forgery-scandal-a-1244755.html.

47   'Claas Relotius und der Spiegel haben uns alle belogen', 19 December 2018. 다음 주소에서 열람이 가능하다. https://www.youtube.com/watch?v=bpZEo-AYDv2c.

48   'Rechtsextremisten greifen Medienhäuser und Parteien an', *TAZ*, 14 January 2019. 다음 주소에서 열람이 가능하다. https://www.tagesspiegel.de/berlin/polizei-justiz/bundesweite-aktion-der-identitaeren-rechtsextremisten-greif-en-medienhaeuser-und-parteien-an/23862586.html.

49   Chloe Colliver et al., 'The Battle for Bavaria: An Analysis of Online Information and Influence Campaigns in the 2018 Bavarian State Election', ISD, February 2019.

50   Colliver et al., 'Smearing Sweden: International Influence Campaigns in the 2018 Sweden Election'.

51   Yascha Mounk, *The People vs. Democracy: Why Our Freedom is in Danger and How We Save It* (Cambridge, Mass.: Harvard University Press, 2018).

52   T. Woodson, 'EDL's Tommy Robinson at a Luton BNP Meeting?', Three Counties Unity blog, 1 November 2010. 다음 주소에서 열람이 가능하다. http://threecountiesunity.blogspot.com/2010/11/edls-tommyrobinson-at-luton-bnp.html.

53   트위터 통계는 다음 주소에서 열람이 가능하다. https://www.internetlivestats.com/twitter-statistics/.

6장

1   현재 '대안 우파 정보 유출' 트위터 계정은 미국의 계정이며 유럽을 중심으로 한 기존 '대안 우파 정보 유출' 계정과는 아무런 관련이 없다.

2   Raphael Ottoni et al., 'Analyzing Right-wing YouTube Channels: Hate, Violence and Discrimination', in *Proceedings of the 10th ACM Conference on Web Science* (New York: ACM, 2018). 다음 주소에서 열람이 가능하다. https://arxiv.org/pdf/1804.04096.pdf.

3   Ben Gilbert, 'YouTube now has over 1.8 billion users every month, within

spitting distance of Facebook's 2 billion', *Business Insider*, 4 May 2018. 다음 주소에서 열람이 가능하다. http://uk.businessinsider.com/youtube-user-statistics-2018-5.

4   Jonas Kaiser, The Harvard Berkman Klein Center for Internet & Society. 다음 주소에서 열람이 가능하다. http://cyber.harvard.edu/events/2018/luncheon/01/Kaiser, https://www.youtube.com/watch?v=bhiA6pg4ohs.

5   Zeynep Tufekci, 'YouTube, the Great Radicalizer', *New York Times*, 10 March 2018. 다음 주소에서 열람이 가능하다. https://www.nytimes.com/2018/03/10/opinion/sunday/youtube-politics-radical.html.

6   Ibid.

7   Angela Nagle, *Kill All Normies: Online Culture Wars from 4chan and Tumblr to Trump and the Alt-Right* (London: Zero Books, 2017).

8   Darren L. Linvill and Patrick L. Warren, 'Troll Factories: The Internet Research Agency and State-Sponsored Agenda Building', July 2018. 다음 주소에서 열람이 가능하다. http://pwarren.people.clemson.edu/Linvill_Warren_TrollFactory.pdf.

9   Gabriele Thoß and Franz-Helmut Richter, *Ayatollah Khomeini: Zur Biographie und Hagiographie eines islamischen Revolutionsführers* (Münster: Wurf Verlag, 1991), pp. 156–7.

10 Cf. Ervand Abrahamian, *Khomeinism: Essays on the Islamic Republic* (Berkeley: University of California Press, 1993), p. 2.

11 'The Oxymoron of "Illiberal Democracy"', Brookings, 2004, online: http://www.brookings.edu/research/opinions/2004/08/14islamicworld-abdulhamid, 2015년 1월 30일에 마지막으로 접속.

12 Caroline Jack, 'Lexicon of Lies: Terms for Problematic Information', Data & Society Research Institute, 2017. 다음 주소에서 열람이 가능하다. https://datasociety.net/pubs/oh/DataAndSociety_LexiconofLies.pdf.

13 Jacob Davey and Julia Ebner, 'The Fringe Insurgency: Connectivity, Convergence and Mainstreaming of the Extreme Right', ISD, October 2017. 다음 주소에서 열람이 가능하다. https://www.isdglobal.org/wp-content/uploads/2017/10/The-Fringe-Insurgency-221017.pdf.

14 Sheila Johnston, 'The Wave: the experiment that turned a school into a police state', *Telegraph*, 5 September 2018. 다음 주소에서 열람이 가능하다. https://www.telegraph.co.uk/culture/film/3559727/The-Wave-the-experiment-that-turned-a-school-into-a-police-state.html.

15 Michael Sailer et al., 'How gamifcation motivates: An experimental study

of the effects of specifc game design elements on psychological need satis-faction', *Computers in Human Behavior*, 69, April 2017, pp. 371–80. 다음 주소에서 열람이 가능하다. https://www.sciencedirect.com/science/article/pii/S074756321630855X.

16 Jarret Brachman and Alix Levine, 'The World of Holy Warcraft: How Al Qaida is using online game theory to recruit the masses', *Foreign Policy*, 13 April 2011. 다음 주소에서 열람이 가능하다. https://foreignpolicy.com/2011/04/13/the-world-of-holy-warcraft/.

17 Linda Schlegel, 'Playing jihad: The gamifcation of radicalization', *Defense Post*, 5 July 2018. 다음 주소에서 열람이 가능하다. https://thedefensepost.com/2018/07/05/gamification-of-radicalization-opinion/.

18 https://www.moddb.com/mods/stormer-doom/videos.

19 https://yuki.la/pol/114837006.

20 Julia Ebner and Jacob Davey, 'Mainstreaming Mussolini: How the Extreme Right Attempted to "Make Italy Great Again" in the 2018 Italian Election', ISD, 2018. 다음 주소에서 열람이 가능하다. https://www.isdglobal.org/wp-content/uploads/2018/03/Mainstreaming-Mussolini-Report-28.03.18.pdf.

21 Ahmed Al-Rawi, 'Video games, terrorism, and ISIS's Jihad 3.0', *Terrorism and Political Violence* 30(4), 2018, pp. 740–60. 다음 주소에서 열람이 가능하다. https://www.tandfonline.com/doi/pdf/10.1080/09546553.2016.1207633.

22 Davey and Ebner, 'The Fringe Insurgency: Connectivity, Convergence and Mainstreaming of the Extreme Right'.

23 'Konstruktive Kritik', 2018년 3월 17일에 Nerkur Xenus가 업로드한 영상, https://www.youtube.com/watch?reload=9&v=nP5xZQaYgas&feature=youtu.be.

24 매뉴얼은 다음 주소에서 열람 가능하다. https://www.hogesatzbau.de/wp-content/uploads/2018/01/HANDBUCH-FÜR-MEDIENGUERILLAS.pdf.

25 '빨간 약' 매뉴얼 원본은 다음 주소에서 열람 가능하다. http://d-gen.de/2017/10/art-of-redpilling/; 모든 콘텐츠는 Hogesatzbau에 의해 저장되어 다음 주소에서 열람 가능하다. https://www.hogesatzbau.de/wp-content/uploads/2018/01/HANDBUCH-FÜR-MEDIENGUERILLAS.pdf.

26 Nagle, *Kill All Normies: Online Culture Wars from 4chan and Tumblr to Trump and the Alt-Right*.

27 Jeff Giesea, 'It's time to embrace memetic warfare', *Defense Strategic Communications Journal*, NATO Stratcom COE, 2017. 다음 주소에서 열람이 가능하다. https://www.stratcomcoe.org/jeff-giesea-its-time-embrace-memetic-warfare.

28　Benite Heiskanen, 'Meme-ing Electorial Participation', *European Journal of American Studies* 12 (2), Summer 2017. 다음 주소에서 열람이 가능하다. https://journals.openedition.org/ejas/12158.

29　Jack Phillips, '"Great Meme War" Could Hit the Media', *Epoch Times*, 11 November 2016. 다음 주소에서 열람이 가능하다. https://www.theepoch-times.com/4chan-reddits-the_donald-may-take-great-meme-war-to-the-me-dia_2184823.html.

30　Joseph Bernstein, 'This Man Helped to Build the Trump Meme Army – Now He Wants to Reform It', BuzzFeed, 18 January 2017. 다음 주소에서 열람이 가능하다. https://www.buzzfeednews.com/article/josephbernstein/this-man-helped-build-the-trump-meme-army-and-now-he-wants-t.

31　Savvas Zannettou et al., 'On the Origins of Memes by Means of Fringe Web Communities', IMC '18, Proceedings of the Internet Measurement Conference 2018, pp. 188–202. 다음 주소에서 열람이 가능하다. https://dl.acm.org/citation.cfm?id=3278550.

32　Matthew Costello and James Hawdon, 'Who Are the Online Extremists Among Us? Sociodemographic Characteristics, Social Networking, and Online Experiences of Those Who Produce Online Hate Materials', *Violence and Gender* 5(1), 2018, pp. 55–60.

33　Nelli Ferenczi, 'Are sex differences in antisocial and prosocial Facebook use explained by narcissism and relational self-construal?', *Computers in Human Behavior* 77, December 2017, pp. 25–31. 다음 주소에서 열람이 가능하다. https://www.sciencedirect.com/science/article/pii/S0747563217305010.

34　'Online Harassment', Pew Research Center, 2014. 다음 주소에서 열람이 가능하다. http://www.pewinternet.org/2014/10/22/online-harassment/.

35　'Toxic Twitter: A Toxic Place for Women', Amnesty International and Element AI, 2018. 다음 주소에서 열람이 가능하다. https://www.amnesty.org/en/latest/research/2018/03/online-violence-against-women-chapter-1/.

36　25번을 참고하라.

37　Harriet Agerholm, 'Lily Allen gives up Twitter account after she is taunted over stillbirth of her son', *Independent*, 26 February 2017. 다음 주소에서 열람이 가능하다. https://www.independent.co.uk/news/people/lily-allen-still-birth-twitter-trolls-abuse-online-bullying-a7600416.html.

38　ISD 연구가 포함된 ITV 다큐멘터리는 다음 주소에서 열람이 가능하다. https://www.itv.com/news/2019-03-04/itv-investigation-reveals-extent-of-online-abuse-and-death-threats-aimed-at-mps-in-exposure-brexit-online-uncovered/.

39 'Online Harassment', Pew Research Center.

40 Philip Kreißel, Julia Ebner, Alex Urban and Jakob Guhl, 'Hass auf Knopf-druck: Rechtsextreme Trollfabriken und das Ökosystem koordinierter Hass-kampagnen im Netz', ISD/#ichbinhier, July 2018.

41 '대안우파 정보 유출' 계정을 최초로 만든 사람과의 인터뷰.

42 Alt-Right Open Intelligence Initiative, 'Mapping the AltRight: The US Alter-native Right across the Atlantic', July 2017. 다음 주소에서 열람이 가능하다. https://wiki.digitalmethods.net/Dmi/AltRightOpenIntelligenceInitiative.

43 Ebner and Davey, 'Mainstreaming Mussolini: How the Extreme Right At-tempted to "Make Italy Great Again" in the 2018 Italian Election'.

44 Kreißel, Ebner, Urban and Guhl, 'Hass auf Knopfdruck: Rechtsextreme Troll-fabriken und das Ökosystem koordinierter Hasskampagnen im Netz'.

45 'When is the "OK" gesture not OK?', BBC, 16 May 2019. 다음 주소에서 열람이 가능하다. https://www.bbc.co.uk/news/world-europe-48293817.

46 Julia Alexander, 'The NPC meme went viral when the media gave it oxy-gen', Verge, 23 October 2018. 다음 주소에서 열람이 가능하다. https://www.theverge.com/2018/10/23/17991274/npc-meme-4chan-press-coverage-viral.

47 Whitney Phillips, 'Oxygen of Amplifcation: Better Practices for Reporting on Extremists, Antagonists, and Manipulators Online', Data & Society Research Institute, 2018. 다음 주소에서 열람이 가능하다. https://datasociety.net/li-brary/oxygen-of-amplification/

48 Ibid.

7장

1 퀴버풀은 모든 형태의 피임에 반대하는 기독교 근본주의 운동이다.

2 이 앱은 리처드 스펜서의 플랫폼 AltRight.com에서 홍보되었으며 그 내용은 다음 주소에서 확인할 수 있다. https://altright.com/2017/02/16/patriot-peer-con-necting-the-silent-majority/.

3 포챈 '정치' 게시판의 이 게시물은 다음 주소에서 확인할 수 있다. https://ar-chive.4plebs.org/pol/thread/112316443/.

4 Martin Sellner, 'Patriot Peer - Connnecting the Silent Majority', AltRight, 2017. 다음 주소에서 열람이 가능하다. https://altright.com/2017/02/16/patri-ot-peer-connecting-the-silent-majority/.

5 Gab, 'Announcing the Free Spech Tech Alliance', Medium, 11 August 2017.

다음 주소에서 열람이 가능하다. https://medium.com/@getongab/announcing-the-alt-tech-alliance-18bebe89c60a.

6   Ibid.

7   Ibid.

8   'Zuckerberg: Facebook "certainly doesn't feel like a monopoly to me"', *Washington Post*, 10 April 2018. 다음 주소에서 열람이 가능하다. https://www.youtube.com/watch?v=zcFAvuWUL1I.

9   Tony Romm, 'Congress wants to drag Google and Twitter into Facebook's privacy crisis', *Washington Post*, 26 March 2018. 다음 주소에서 열람이 가능하다. https://www.washingtonpost.com/news/the-switch/wp/2018/03/26/facebooks-stock-falls-as-the-federal-trade-commission-confirms-its-investigating-the-company/?utm_term=.cd081f9c55b0.

10   Billy Bambrough, 'Bitcoin donations to neo-Nazis are climbing ahead of this weekend's Unite the Right rally', *Forbes*, 6 August 2018. 다음 주소에서 열람이 가능하다. https://www.forbes.com/sites/billybambrough/2018/08/06/bitcoin-donations-to-neo-nazis-are-climbing-ahead-of-this-weekends-unite-the-right-rally/#3e1fb0c769ac.

11   Nikita Malik, 'Terror in the Dark: How Terrorists Use Encryption, the Dark Net and Cryptocurrencies', Henry Jackson Society, April 2018. 다음 주소에서 열람이 가능하다. https://henryjacksonsociety.org/publications/terror-in-the-dark-how-terrorists-use-encryption-the-darknet-and-cryptocurrencies/. David Carlisle, 'Cryptocurrencies and Terrorist Financing: A Risk, But Hold the Panic', RUSI, March 2017. 다음 주소에서 열람이 가능하다. https://rusi.org/commentary/cryptocurrencies-and-terrorist-financing-risk-hold-panic.

12   Ibid.

8장

1   원래는 약 10여 명의 큐어넌 지지자들과 대화를 나누었으나 가독성을 위해 인물의 수를 줄였다.

2   이러한 전형적인 음모론에 관한 더 많은 정보는 다음을 참고하라. C. Stempel, T. Hargrove and G.H. Stempel III, 'Media use, social structure, and belief in 9/11 conspiracy theories', *Journalism & Mass Communication Quarterly* 84(2), 2007, pp. 353–72. M. J. Wood, K. M. Douglas and R. M. Sutton, 'Dead and alive: beliefs in contradictory conspiracy theories', *Social Psychological and*

Personality Science 3, 2012, pp.767-73. J. W. McHoskey, 'Case closed? On the John F. Kennedy assassination: biased assimilation of evidence and attitude polarization', *Basic and Applied Social Psychology* 17, 1995, pp. 395-409.

3   J. T. Jost, A. Ledgerwood and C. D. Hardin, 'Shared reality, system justifca-tion, and the relational basis of ideological beliefs', *Social & Personality Psy-chology Compass* 2, 2008, pp. 171-86, Karen M. Douglas et al., 'The Psychol-ogy of Conspiracy Theories', *Current Directions in Psychological Science* 26(6), 2017, pp. 538-42.

4   Jan-Willem van Prooijen and Karen M. Douglas, 'Conspiracy theories as part of history: The role of societal crisis situations', *Memory Studies* 10(3), 2017, pp. 323-33. 다음 주소에서 열람이 가능하다. https://www.ncbi.nlm.nih.gov/pmc/articles/PMC5646574/.

5   Michael J. G. Gray-Fow, 'Why the Christians? Nero and the Great Fire', *La-tomus* 57(3), 1998, pp. 595-616. 다음 주소에서 열람이 가능하다. http://www.jstor.org/stable/41538370.

6   'Brexit and Trump voters more likely to believe in conspiracy theories, sur-vey study shows', YouGov-Cambridge Centre, 23 November 2018. 다음 주소에서 열람이 가능하다. https://www.cam.ac.uk/research/news/brexit-and-trump-voters-more-likely-to-believe-in-conspiracy-theories-survey-study-shows.

7   'Brain fills gaps to produce a likely picture', *Science Daily*, 27 June 2014. 다음 주소에서 열람이 가능하다. https://www.sciencedaily.com/releas-es/2014/06/140627094551.htm.

8   D. R. Ballinger, 'Conspiratoria - the Internet and the Logic of Conspiracy Theory', University of Waikato, 2011. 다음 주소에서 열람이 가능하다. https://hdl.handle.net/10289/5786.

9   최초의 게시물은 다음 주소에서 확인할 수 있다. https://i0.kym-cdn.com/pho-tos/images/newsfeed/001/322/344/860.jpg.

10   Jerry S. Piven (ed.), *Terror and Apocalypse: Psychological Undercurrents of History Volume II* (Bloomington, Indiana: Universe, 2002).

11   Norman Cohn, *The Pursuit of the Millennium: Revolutionary Millenarians and Mystical Anarchists of the Middle Ages* (London: Pimlico, 1993).

12   메리엄웹스터 사전이 설명한 'apocalypse'의 어원은 https://www.merriam-web-ster.com/dictionary/apocalypse를 참고하라.

13   Michael Barkun, 'Failed Prophecies Won't Stop Trump's True Believers', For-eign Policy, 8 November 2018. 다음 주소에서 열람이 가능하다. https://foreign-policy.com/2018/11/08/failed-prophecies-wont-stop-trumps-true-believers/.

14 Leon Festinger, Henry Riecken and Stanley Schacter, *When Prophecy Fails* (New York: Harper & Row, 1956), Lorne L. Dawson, 'The Failure of Prophecy and the Future of IS', ICCT Policy Brief, September 2017. 다음 주소에서 열람이 가능하다. https://icct.nl/wp-content/uploads/2017/09/ICCT-Dawson-The-Failure-of-Prophecy-and-The-Future-of-ISIS-Sept-2017.pdf.

15 Hayley Peterson, 'Amazon and Costco are selling emergency kits that can feed a family for a year – and it reveals a disturbing new normal in America', *Business Insider*, 9 March 2018. 다음 주소에서 열람이 가능하다. https://www.businessinsider.com/costco-amazon-emergency-kits-2018-3. Kylie Mohr, 'Apocalypse Chow: We Tried Televangelist Jim Bakker's "Survival Food"', NPR, 3 December 2015. 다음 주소에서 열람이 가능하다. https://www.npr.org/sections/thesalt/2015/12/03/456677535/apocalypse-chow-we-tried-televangelist-jim-bakkers-survival-food.

16 예를 들면 https://www.emergencyfoodstorage.co.uk/products/brexit-box를 참조하라.

17 'Terrorism suspect makes reference to extremist conspiracies', SPLC, 20 July 2018. 다음 주소에서 열람이 가능하다. https://www.splcenter.org/hatewatch/2018/07/20/terrorism-suspect-makes-reference-extremist-conspiracies.

18 Mark Fisher, John W. Cox and Peter Herman, 'From rumor to hashtag to gunfre in D.C.', *Washington Post*, 6 December 2016. 다음 주소에서 열람이 가능하다. https://www.washingtonpost.com/local/pizzagate-from-rumor-to-hashtag-to-gunfire-in-dc/2016/12/06/4c7def50-bbd4-11e6-94ac-3d324840106c_story.html?utm_term=.30b166abe2bf.

19 Blake Montgomery, 'A Man Allegedly Killed His Brother with a 4-Foot Sword Because He Thought He Was A Lizard Person', BuzzFeed, 10 January 2019. 다음 주소에서 열람이 가능하다. https://www.buzzfeednews.com/article/blakemontgomery/man-brother-murder-charge-sword.

20 'The Book of Q: The biggest drop ever', 20 November 2017. 다음 주소에서 열람이 가능하다. https://drive.google.com/file/d/1G6guY_q-PzZfdJM4ItzmQIF-9gfPrOQxk/view.

21 예를 들면 다음을 참고하라. https://www.buzzfeednews.com/article/ryanhatesthis/its-looking-extremely-likely-that-qanon-is-probably-a, https://twitter.com/wikileaks/status/1001139404805738498.

22 Ryan Broderick, 'People Think This Whole QAnon Conspiracy Theory is A Prank on Trump Supporters', Buzzfeed, 8 August 2018. 다음 주소에서 열람이

가능하다. https://web.archive.org/web/20180806121403/.

23 어나니머스의 트윗은 https://twitter.com/YourAnonNews/status/10254
54095228985349를 참고하라.

24 Stewart Home, *Mind Invaders: A Reader in Psychic Warfare, Cultural Sabotage and Semiotic Terrorism* (London: Serpent's Tail, 1997).

25 Will Sommer, 'Why a Red "X" is the New Symbol of Conservative Twitter', Daily Beast, 8 October 2018. 다음 주소에서 열람이 가능하다. https://www.thedailybeast.com/why-a-red-x-is-the-new-symbol-of-conservative-twitter, https://emojipedia.org/cross-mark/.

26 Michael J. Wood, Karen Douglas and Robbie M. Sutton, 'Dead and alive: Belief in contradictory conspiracy theories', *Social Psychology and Personality Science 3*, 2012, pp. 767–73.

27 S. Moscovici, 'The conspiracy mentality', in C. F. Graumann and S. Moscovici (eds), *Changing Conceptions of Conspiracy* (New York: Springer, 1987), pp. 151–69.

28 David Dunning, 'Chapter Five: The Dunning–Kruger Effect: On Being Ignorant of One's Own Ignorance', *Advances in Experimental Social Psychology 44*, 2011, pp. 247–96. 다음 주소에서 열람이 가능하다. https://www.sciencedirect.com/science/article/pii/B9780123855220000056.

29 https://twitter.com/danieleganser/status/824953776280854528?lang=en.

30 https://8ch.net/qresearch//res/4279775.html#4280231.

31 https://www.qanon.pub.

32 Kyle Feldscher, 'QAnon-believing "conspiracy analyst" meets Trump in the White House', CNN, 25 August 2018. 다음 주소에서 열람이 가능하다. https://edition.cnn.com/2018/08/25/politics/donald-trump-qanon-white-house/index.html.

33 Will Sommer, 'What is QAnon? The Craziest Theory of the Trump Era Explained', Daily Beast, 7 June 2018. 다음 주소에서 열람이 가능하다. https://www.thedailybeast.com/what-is-qanon-the-craziest-theory-of-the-trump-era-explained.

34 Fruzsina Eordogh, 'What is QAnon, the Conspiracy Theory Attracting Alex Jones, Roseanne Barr and ⋯ a Guy from "Vanderpump Rules"', *Elle*, 7 August 2018. 다음 주소에서 열람이 가능하다. https://www.elle.com/culture/career-politics/a22665744/qanon-conspiracy-theory-explainer/.

35 Emma Grey Ellis, 'Win or Lose, the Alex Jones Lawsuit Will Help Redefne Free Speech', *Wired*, 16 August 2018. 다음 주소에서 열람이 가능하

다. https://www.wired.com/story/alex-jones-lawsuit-will-help-redefine-free-speech?mbid=nl_080618_daily_list1_p4&CNDID=50329017.

36 ISD 연구가 포함된 ITV 다큐멘터리는 다음 주소에서 열람이 가능하다. https://www.itv.com/news/2019-03-04/itv-investigation-reveals-extent-of-online-abuse-and-death-threats-aimed-at-mps-in-exposure-brexit-online-uncovered/.

37 Joel Rogers de Waal, 'Brexit and Trump voters more likely to believe in conspiracy theories, survey study shows', International YouGov–Cambridge Centre, 14 December 2018. 다음 주소에서 열람이 가능하다. https://yougov.co.uk/topics/international/articles-reports/2018/12/14/brexit-and-trump-voters-are-more-likely-believe-co.

38 Michael Butter, *Nichts ist, wie es scheint* (Berlin: Suhrkamp, 2018).

39 Richard Hofstadter, 'The Paranoid Style in American Politics', *Harper's Magazine*, November 1964. 다음 주소에서 열람이 가능하다. https://harpers.org/archive/1964/11/the-paranoid-style-in-american-politics/.

40 Butter, *Nichts ist, wie es scheint*.

41 Andrew F. Wilson, '#whitegenocide, the Alt-right and Conspiracy Theory: How Secrecy and Suspicion Contributed to the Mainstreaming of Hate', *Secrecy and Society* 1(2), 2018. 다음 주소에서 열람이 가능하다. https://core.ac.uk/download/pdf/153389078.pdf.

9장

1 Andrew Anglin, 'PSA: When the Alt-Right Hits the Street, You Wanna Be Ready', Daily Stormer, 9 August 2017. 다음 주소에서 열람이 가능하다. https://dailystormer.name/psa-when-the-internet-becomes-real-life-and-the-alt-right-hits-the-street-you-wanna-be-ready/.

2 Ibid.

3 Cynthia Miller Idris, *The Extreme Gone Mainstream: Commercialization and Far Right Youth Culture in Germany* (Princeton, NJ: Princeton University Press, 2018).

4 Bernhard Forchtner and Christoffer Kolvraa, 'Extreme right images of radical authenticity: Multimodal aesthetics of history, nature, and gender roles in social media', *European Journal of Cultural and Political Sociology* 4(3), 2017. 다음 주소에서 열람이 가능하다. https://www.tandfonline.com/doi/abs/10.1080/23254823.2017.1322910?src=recsys&journalCode=recp20.

5 Miller Idris, *The Extreme Gone Mainstream: Commercialization and Far Right*

Youth Culture in Germany.

6   Artur Beifuss and Francesco Trivini Bellini, *Branding Terror: The Logotypes and Iconography of Insurgent Groups and Terrorist Organizations* (London; New York: Merrell Publishers, 2013).

7   Patrick Hanlon, *Primalbranding: Create Zealots for Your Brand, Your Company, and Your Future* (New York: Free Press, 2011).

8   Jacob Davey and Julia Ebner, 'The Fringe Insurgency: Connectivity, Convergence and Mainstreaming of the Extreme Right', ISD, October 2017. 다음 주소에서 열람이 가능하다. https://www.isdglobal.org/wp-content/uploads/2017/10/The-Fringe-Insurgency-221017.pdf.

9   Hunter Wallace, 'Why we should #UniteTheRight', *Occidental Dissent*, 4 August 2017. 다음 주소에서 열람이 가능하다. http://www.occidentaldissent.com/2017/08/04/why-we-should-unitetheright/.

10   Lee Rogers, 'Join Daily Stormer Staff at the "Unite the Right" Rally in Charlottesville, Virginia', Daily Stormer, 30 July 2017.

11   Cf. Davey and Ebner, 'The Fringe Insurgency: Connectivity, Convergence and Mainstreaming of the Extreme Right'.

12   Ibid.

13   Mark Bray, *Antifa: The Anti-Fascist Handbook* (New York: Melville House, 2017).

14   Cf. Davey and Ebner, 'The Fringe Insurgency: Connectivity, Convergence and Mainstreaming of the Extreme Right'.

15   Harvey Whitehouse et al., 'The evolution of extreme cooperation via shared dysphoric experiences', *Scientific Reports* 7: 44292. DOI: 10.1038/srep44292.

16   Harvey Whitehouse, 'Dying for the group: Towards a general theory of extreme self-sacrifce', *Behavioral and Brain Sciences* 7, 2018, pp. 1–64. DOI: 10.1017/S0140525X18000249.

17   'Charlottesville Unite the Right Updates from TRS and Cantwell', Daily Stormer, 9 August 2017. 다음 주소에서 열람이 가능하다. https://www.daily-stormer.com/charlottesville-unite-the-right-updates-from-trs-and-cantwell/.

18   Paul P. Murphy, 'White nationalists use tiki torches to light up Charlottesville march', CNN, 14 August 2017. 다음 주소에서 열람이 가능하다. http://money.cnn.com/2017/08/14/news/companies/tiki-torches-charlottesville/index.html.

19   Davey and Ebner, 'The Fringe Insurgency: Connectivity, Convergence and Mainstreaming of the Extreme Right'.

20 'Charlottesville: Who was Heather Heyer', BBC, 14 August 2017. 다음 주소에서 열람이 가능하다. https://www.bbc.co.uk/news/world-us-canada-40924922.

21 Christine Hauser, 'DeAndre Harris, Beaten by White Supremacists in Charlottesville, Is Found Not Guilty of Assault', *New York Times*, 14 August 2017. 다음 주소에서 열람이 가능하다. https://www.nytimes.com/2018/03/16/us/deandre-harris-charlottesville.html.

22 https://boards.4chan.org/pol/thread/137112233.

23 'Political Event Calendar', Right Wing United, 2019. 다음 주소에서 열람이 가능하다. https://rightwingunited.wordpress.com/political-event-calendar/.

24 'Guide to Attending Rallies', Right Wing United, 2019. 다음 주소에서 열람이 가능하다. https://rightwingunited.wordpress.com/guide-to-attending-rallies/.

25 Joseph Cox, 'Leaked Documents Show Facebook's Post-Charlottesville Reckoning with American Nazis', Motherboard, 25 May 2018. 다음 주소에서 열람이 가능하다. https://motherboard.vice.com/en_us/article/mbkbbq/facebook-charlottesville-leaked-documents-american-nazis.

26 Kelly Weil, 'The Far-Right is Trying to Co-Opt the Yellow Vests', Daily Beast, 8 January 2019. 다음 주소에서 열람이 가능하다. https://www.thedailybeast.com/the-far-right-is-trying-to-co-opt-the-yellow-vests.

27 Alexander Hurst, 'The Ugly, Illiberal, Anti-Semitic Heart of the Yellow Vest Movement', *New Republic*, 7 January 2019. 다음 주소에서 열람이 가능하다. https://newrepublic.com/article/152853/ugly-illiberal-anti-semitic-heart-yellow-vest-movement.

28 2018년 12월 5일 BFMTV와 Elabe가 실시한 설문조사는 다음 주소에서 열람이 가능하다. https://elabe.fr/wp-content/uploads/2018/12/rapport_20181205_elabe_bfmtv_les-francais-les-gilets-jaunes-et-les-mesures-annoncees-par-edouard-philippe.pdf.

29 Lizzie Dearden, 'Yellow vest protests: who is the "far-right element" harassing MPs outside parliament?', *Independent*, 8 January 2019. 다음 주소에서 열람이 가능하다. https://www.independent.co.uk/news/uk/politics/yellow-vest-protests-parliament-protest-anna-soubry-brexit-nazi-james-goddard-who-met-police-owen-a8716621.html.

30 Philip Kuhn, 'Die unheimliche Mobilisierung der Neonazis in Chemnitz', *Die Welt*, 28 August 2018. 다음 주소에서 열람이 가능하다. https://www.welt.de/politik/deutschland/article181342196/Rechtsextreme-Ausschreitungen-Die-unheimliche-Mobilisierung-der-Neonazis-in-Chemnitz.html.

31 David Crossland, 'Germany: Migrant beaten with iron chain as far-right vi-

olence spreads', *The Times*, 30 August 2018. 다음 주소에서 열람이 가능하다. https://www.thetimes.co.uk/article/germany-migrant-beaten-with-iron-chain-as-farright-violence-spreads-fkj6870tt.

32 Klaus Ott, Annette Ramelsberger, Nicolas Richter and Antonie Rietzschel, 'Revolution von rechts', *Süddeutsche Zeitung*, 1 October 2018. 다음 주소에서 열람이 가능하다. https://www.sueddeutsche.de/politik/revolution-chemnitz-1.4152545.

33 Simone Rafael and Miro Dittrich, 'Online Mobilisierung für Chemnitz: Bewegtbild-Hetze sorgt für Reichweite', Belltower, 1 September 2018. 다음 주소에서 열람이 가능하다. https://www.belltower.news/online-mobilisierung-fuer-chemnitz-bewegtbild-hetze-sorgt-fuer-reichweite-49176/.

34 Ibid.

10장

1 Samira Alshater, 'Die Rückkehr von "Blood & Honour" und dem bewaffneten Arm Combat 18', Belltower, 10 April 2018. 다음 주소에서 열람이 가능하다. https://www.belltower.news/die-rueckkehr-von-blood-honour-und-dem-bewaffneten-arm-combat-18-47464/.

2 Patrick Gensing, 'Rassistische Mordserie, staatliches Versagen', *ARD Tagesschau*, 27 August 2013. 다음 주소에서 열람이 가능하다. https://www.tagesschau.de/inland/rechtsextrememordserie104.html.

3 https://www.facebook.com/Terrorsph%C3%A4ra-150707598416109/와 https://www.youtube.com/watch?v=iAGIOepeq8k를 참고하라.

4 'Nazi Hipster Patrick Schröder', Belltower, 16 April 2014. 다음 주소에서 열람이 가능하다. http://www.belltower.news/artikel/nazi-hipster-patrick-schr%C3%B6der-macht-ansgar-aryan-fsn-tv-und-live-h8-9391.

5 Roman Lehberger, 'Nazi-Mode: Die Hintermänner der rechten Mode-Labels', Spiegel TV, 8 July 2018. 다음 주소에서 열람이 가능하다. https://www.youtube.com/watch?v=GhJn2KJLaOk.

6 Karsten Schmehl and Marcus Engert, 'An diesem AfD-Stand war ein Mann mit "HKN KRZ" Shirt und die AfD So: Haben wir nicht gemerkt', BuzzFeed, 27 August 2017. 다음 주소에서 열람이 가능하다. https://www.buzzfeed.com/de/karstenschmehl/der-interessierte-buerger-mit-hakenkreuz-tshirt.

7 Andreas Dieste and Roman Lehberger, 'Stil-Berater Patrick Schröder: Der nette Nazi', Spiegel TV. 다음 주소에서 열람이 가능하다. https://www.youtube.

com/watch?v=q3RNpktC1_U.

8   Lehberger, 'Nazi-Mode: Die Hintermänner der rechten Mode-Labels'.

9   슈뢰더의 트위터 계정은 다음 주소에서 확인 가능하다. https://twitter.com/pat-ricks_fsn?lang=en.

10   'Nazi Hipster Patrick Schröder', Belltower, 16 April 2014. 다음 주소에서 열람이 가능하다. https://www.belltower.news/nazi-hipster-patrick-schroed-er-37300/.

11   Dieste and Lehberger, 'Stil-Berater Patrick Schröder: Der nette Nazi'.

12   캄프데어니벨룽겐의 웹사이트는 다음 주소에서 확인 가능하다. http://www.kampf-der-nibelungen.com/.

13   Simon Parkin, 'The rise of Russia's neo-Nazi football hooligans', *Guardian*, 24 April 2018. 다음 주소에서 열람이 가능하다. https://www.theguardian.com/news/2018/apr/24/russia-neo-nazi-football-hooligans-world-cup.

14   Robert Claus, *Hooligans: Eine Welt zwischen Fußball, Gewalt und Politik* (Berlin: Die Werkstatt, 2017), Christoph Ruf, 'Wie rechte Hooligans den Kampfsport erobern', *Spiegel*, 9 October 2017. 다음 주소에서 열람이 가능하다. http://www.spiegel.de/sport/sonst/kampf-der-nibelungen-wie-hooligans-den-kampf-sport-erobern-a-1170558.html.

15   예를 들면 다음을 참고하라. https://www.youtube.com/watch?v=Z46Ipq-jQs8M.

16   Tim Hume, 'A Russian Neo-Nazi Football Hooligan is Trying to Build an MMA Empire Across Europe', *Vice*, 26 July 2018. 다음 주소에서 열람이 가능하다. https://news.vice.com/en_us/article/435mjw/a-russian-neo-nazi-football-hooligan-is-trying-to-build-an-mma-empire-across-europe.

11장

1   젠킨스는 자바스크립트로 쓰인 오픈소스 서버로 소프트웨어 개발 자동화에 사용된다.

2   Ms Smith, 'Hackers exploit Jenkins servers, make 3$ million by mining Monero', CSO Online, 20 February 2018. 다음 주소에서 열람이 가능하다. https://www.csoonline.com/article/3256314/security/hackers-exploit-jenkins-servers-make-3-million-by-mining-monero.html.

3   Malcolm Nance and Chris Sampson, *Hacking ISIS: How to Destroy the Cyber Jihad* (New York: Skyhorse Publishing, 2017), pp. 23-6.

4   Ibid.

5   Jessica Mazzola, 'Pro-ISIS group hacks N.J. school website, posts recruitment video', NJ, 7 November 2017. 다음 주소에서 열람이 가능하다. http://www. nj.com/essex/index.ssf/2017/11/hack_posts_isis_recruitment_video_on_nj_ school_web.html.

6   'Prince Albert Police Service website hacked, pro-ISIS message left', CBC News, 8 November 2017. 다음 주소에서 열람이 가능하다. http://www. cbc.ca/news/canada/saskatchewan/prince-albert-police-website-hacked-isis-1.4392568.

7   Dawn Chmielewski, 'Cyber Security Expert Mikko Hyppönen Worries About Extremists with Computers', Recode, 20 October 2015. 다음 주소에서 열람이 가능하다. https://www.recode.net/2015/10/20/11619776/cybersecurity-expert-mikko-hyppnen-worries-about-extremists-with.

8   Nance and Sampson, Hacking ISIS: How to Destroy the Cyber Jihad, p. 31.

9   Yonah Jeremy Bob, 'Exclusive: Islamic Cyber Terrorists Trying to Target Infrastructure', Jerusalem Post, 9 July 2018. 다음 주소에서 열람이 가능하다. https://www.jpost.com/Arab-Israeli-Conflict/Exclusive-Islamic-cyber-terrorists-trying-to-target-infrastructure-562052.

10 J. R. Raphael, 'Hacker Claims Credit for Amazon Gay-Themed Book "Glitch"', PC World, 13 April 2009. 다음 주소에서 열람이 가능하다. https://www. pcworld.com/article/163024/hacker_claims_credit_for_amazons_gay_ themed_book_glitch.html.

11 Karen McVeigh, 'US hacker Andrew Auernheimer given three years jail term for AT&T breach', Guardian, 18 March 2013. 다음 주소에서 열람이 가능하다. https://www.theguardian.com/technology/2013/mar/18/us-hacker-andrew-auernheimer-at-t.

12 Kim Zetter, 'AT&T Hacker "Weev" Sentenced to 3.5 Years in Prison', Wired, 3 August 2013. 다음 주소에서 열람이 가능하다. https://www.wired. com/2013/03/att-hacker-gets-3-years/.

13 레딧에 기록되어 있다. http://www.reddit.com/r/IAmA/comments/1ahkgc/i_ am_weev_i_may_be_going_to_prison_under_the/c8xgqq9.

14 Weev, 'What I Learned from My Time in Prison', Daily Stormer, October 2014.

15 위브의 블로그, https://weev.livejournal.com.

16 Ibid.

17 Ibid.

18 위브의 헤트리온 페이지 주소, https://hatreon.net/weev/.

19 이 글은 포챈 아카이브에서 확인할 수 있다. https://archive.4plebs.org/pol/thread/157481867/.

20 Rachel Gutmann, 'Who is Weev, and Why Did He Derail a Journalist's Career?', *Atlantic*, 14 February 2018. 다음 주소에서 열람이 가능하다. https://www.theatlantic.com/technology/archive/2018/02/who-is-weev/553295/. 관련 소송 자료는 다음 주소에서 열람할 수 있다. https://www.splcenter.org/sites/default/files/whitefish_complaint_final.pdf.

21 Dylan Matthews, 'Who is Saul Alinsky, and why does the right hate him so much?', Vox, 6 October 2014. 다음 주소에서 열람이 가능하다. https://www.vox.com/2014/10/6/6829675/saul-alinsky-explain-obama-hillary-clinton-rodham-organizing.

22 시언어는 기계 독립적인 다목적 프로그래밍 언어로 윈도 운영체제와 오라클 데이터베이스를 비롯한 여러 유명 애플리케이션 작성에 사용되었다.

23 x86 어셈블러는 시간에 민감한 애플리케이션과 상세한 소프트웨어 시스템에 사용되는 프로그래밍 언어다.

24 Jon Erickson, *Hacking: The Art of Exploitation* (San Francisco, CA: No Starch Press, 2008).

25 제로데이는 소프트웨어 판매사가 모르거나 관리하지 못하는 소프트웨어의 취약점을 공격하는 사이버 공격의 한 형태다.

26 전문 추적가는 개인의 위치를 파악하고 추적하는 것을 전문으로 하는 사람이다.

27 깃풀은 원격 저장소의 자료를 다운로드 및 변경할 때 사용하는 명령어다.

28 Bridget Johnson, 'Cyber Caliphate Vows to Kill Anonymous Hackers Who Have Been Taking Down ISIS', PJ Media, 15 August 2018. 다음 주소에서 열람이 가능하다. https://pjmedia.com/homeland-security/cyber-caliphate-vows-to-kill-anonymous-hackers-who-have-been-taking-down-isis/.

29 테코피디아의 정의를 참조하라. https://www.techopedia.com/definition/26361/hacking.

30 'Guardians of the New World', 6 February. 다음 주소에서 열람이 가능하다. https://www.youtube.com/watch?v=jUFEeuWqFPE.

31 Oliver Holmes, 'Israel: Hamas created fake dating app to hack soldiers' phones', *Guardian*, 3 July 2018. 다음 주소에서 열람이 가능하다. https://www.theguardian.com/world/2018/jul/03/israel-hamas-created-fake-dating-apps-to-hack-soldiers-phones.

32 'Russia "was behind German parliament hack"', BBC, 13 May 2016. 다음 주소에서 열람이 가능하다. https://www.bbc.com/news/technology-36284447.

33 Raphael Satter, 'Inside Story: How Russians Hacked the Democrats' Emails',

Associated Press, 4 November 2017. 다음 주소에서 열람이 가능하다. https://www.apnews.com/dea73efc01594839957c3c9a6c962b8a.

34 Megha Mohan, 'Macron Leaks: anatomy of a hack', BBC Trending, 9 May 2017. 다음 주소에서 열람이 가능하다. https://www.bbc.co.uk/news/blogs-trending-39845105.

35 'NHS "could have prevented" Wannacry ransomware attack', BBC, 27 October 2017. 다음 주소에서 열람이 가능하다. https://www.bbc.co.uk/news/technology-41753022.

36 Chris Ratcliffe, 'Hacker who stopped WannaCry charged with writing banking malware', *Wired*, 3 August 2017. 다음 주소에서 열람이 가능하다. https://www.wired.com/story/wannacry-malwaretech-arrest.

37 Greg Otto, 'Marcus Hutchins pleads guilty to two counts related to Kronos banking malware', Cyber-scoop, 19 April 2010. 다음 주소에서 열람이 가능하다. https://www.cyberscoop.com/marcus-hutchins-malwaretech-guilty-plea-kronos/.

38 Valeria C. Moreno et al., 'Analysis of physical and cyber security-related events in the chemical and process industry', *Process Safety and Environmental Protection* 116, May 2018, pp. 621–31. 다음 주소에서 열람이 가능하다. https://www.sciencedirect.com/science/article/pii/S095758201830079X.

39 Alix Langone, '11-Year-Old Hacked into a U.S. Voting System Replica in 10 Minutes This Weekend', *Time*, 14 August 2018. 다음 주소에서 열람이 가능하다. http://time.com/5366171/11-year-old-hacked-into-us-voting-system-10-minutes/.

40 Stefan Nicola, 'Hackers Dump Data on Merkel, Politicians in Giant German Leak', Bloomberg, 4 January 2019. 다음 주소에서 열람이 가능하다. https://www.bloomberg.com/news/articles/2019-01-04/hackers-release-personal-data-of-hundreds-of-german-politicians.

41 'German politicians targeted in mass data attack', BBC, 4 January, 2019. 다음 주소에서 열람이 가능하다. https://www.bbc.co.uk/news/world-europe-46757009.

42 Patrick Beuth et al., 'Merkel and the Fancy Bear', *Die Zeit*, 12 May 2015. 다음 주소에서 열람이 가능하다. https://www.zeit.de/digital/2017-05/cyberattack-bundestag-angela-merkel-fancy-bear-hacker-russia.

12장

1   Jason Wilson, 'Christchurch shooter's links to Austrian far-right "more ex-
    tensive than thought"', *Guardian*, 16 May 2019. 다음 주소에서 열람이 가능하
    다. https://www.theguardian.com/world/2019/may/16/christchurch-shooters-
    links-to-austrian-far-right-more-extensive-than-thought.

2   J. M. Berger, *Extremism* (Cambridge, Mass.: MIT Press, 2018).

3   Home Office, 'Individuals referred to and supported through the Prevent
    programme, April 2017 to March 2018', 13 December 2018. 다음 주소에서 열
    람이 가능하다. https://assets.publishing.service.gov.uk/government/uploads/
    system/uploads/attachment_data/file/763254/individuals-referred-support-
    ed-prevent-programme-apr2017-mar2018-hosb3118.pdf.

4   Bundesministerium des Innern, für Bau und Heimat, 'Verfassungsschutz-
    bericht 2018', June 2019. 다음 주소에서 열람이 가능하다. https://www.verfas-
    sungsschutz.de/de/oeffentlichkeitsarbeit/publikationen/verfassungsschutz-
    berichte/vsbericht-2018.

5   Anti-Defamation League, 'Murder and Extremism in the United States
    in 2018', 2019. 다음 주소에서 열람이 가능하다. https://www.adl.org/mur-
    der-and-extremism-2018.

6   Ty McCormick, 'Gamifcation: A Short History', Foreign Policy, 24 June 2013.
    다음 주소에서 열람이 가능하다. https://foreignpolicy.com/2013/06/24/gamifi-
    cation-a-short-history/.

7   페이스북 뉴스룸의 공식 발표는 다음 주소에서 열람이 가능하다. https://twitter.
    com/fbnewsroom/status/1107117981358682112.

8   이 항목은 다음 주소에서 열람이 가능하다. https://encyclopediadramatica.rs/
    Brenton_Tarrant.

9   Weiyi Cai and Simone Landon, 'Attacks by White Extremists Are Growing.
    So Are Their Connections', *New York Times*, 3 April 2019. 다음 주소에서 열
    람이 가능하다. https://www.nytimes.com/interactive/2019/04/03/world/
    white-extremist-terrorism-christchurch.html.

10 Robert Evans, 'Ignore the Poway Synagogue Shooter's Manifesto: Pay Atten-
    tion to 8chan's /pol/ Board', Bellingcat, 28 April 2019. 다음 주소에서 열람이
    가능하다. https://www.bellingcat.com/news/americas/2019/04/28/ignore-
    the-poway-synagogue-shooters-manifesto-pay-attention-to-8chans-pol-board/.

11 Andrew Marantz, 'The Poway Synagogue Shooting Follows an Unsettling
    New Script', *New Yorker*, 29 April 2019. 다음 주소에서 열람이 가능하다.

https://www.newyorker.com/news/news-desk/the-poway-synagogue-shooting-follows-an-unsettling-new-script.

12 에잇챈에 아카이브된 게시물은 다음 주소에서 열람이 가능하다. https://web.
archive.org/web/20190803162950/https:/8ch.net/pol/res/13561044.html.

13 Steve Almasy, Dave Alsup and Madeline Holcombe, 'Dozens of people have
been arrested over threats to commit mass attacks since the El Paso and
Dayton shootings', CCN, 20 August 2019. 다음 주소에서 열람이 가능하다.
https://edition.cnn.com/2019/08/21/us/mass-shooting-threats-tuesday/index.
html?no-st=1566483067.

14 'Gab and 8chan: Home to Terrorist Plots Hiding in Plain Sight', ADL, n.d. 다
음 주소에서 열람이 가능하다. https://www.adl.org/resources/reports/gab-and-
8chan-home-to-terrorist-plots-hiding-in-plain-sight#_ftn1.

15 M. Bilewicz et al., 'Harmful Ideas: The Structure and Consequences of An-
ti-Semitic Beliefs in Poland', *Political Psychology* 34(6), 2013, pp. 821–39.

16 Joel Finkelstein et al., 'A Quantitative Approach to Understanding Anti-Sem-
itism', Cornell University, 5 September 2018. 다음 주소에서 열람이 가능하다.
https://arxiv.org/abs/1809.01644.

17 Evans, 'Ignore the Poway Synagogue Shooter's Manifesto: Pay Attention to
8chan's /pol/ Board'.

18 J. M. Berger, 'The Alt-Right Twitter Census: Defining and Describing the
Audience for Alt-Right Twitter Content on Twitter', VOX-Pol Network of Ex-
cellence, 2018. 다음 주소에서 열람이 가능하다. https://www.voxpol.eu/down-
load/vox-pol_publication/AltRightTwitterCensus.pdf.

19 Jacob Davey and Julia Ebner, '"The Great Replacement": The Violent Con-
sequences of Mainstreamed Extremism', ISD, June 2019. 다음 주소에서 열
람이 가능하다. https://www.isdglobal.org/wp-content/uploads/2019/07/
The-Great-Replacement-The-Violent-Consequences-of-Mainstreamed-Extrem-
ism-by-ISD.pdf.

20 Ibid.

21 'Europe's Far-Right Parties Hunt Down the Youth Vote', Associated Press, 16
May 2019. 다음 주소에서 열람이 가능하다. https://www.apnews.com/7f177b-
0cf15b4e87a53fe4382d6884ca.

22 Ibid.

23 'Wann hört das endlich auf, Herr Strache?', *Kronen Zeitung*, 28 April 2019. 다
음 주소에서 열람이 가능하다. https://www.krone.at/1911848.

24 저자가 번역하기 전의 플라망어 원본 게시물은 다음 주소에서 열람이 가능하다.

https://www.facebook.com/KiesDries/posts/2102641296693640?comment_id=2102646506693119&comment_tracking=%7B%22tn%22%3A%22R%22%7D, https://twitter.com/DVanLangenhove/status/1118153920508039170.

25 Laurens Cerulus, 'Inside the far right's Flemish victory', Politico, 27 May 2019. 다음 주소에서 열람이 가능하다. https://www.politico.eu/article/inside-the-far-rights-flemish-victory/. 판 랭겐호브는 모든 혐의를 부인하며 이 조사가 사실을 왜곡했다고 주장했다.

26 'Européennes: pourquoi Renaud Camus retire sa liste', *Le Parisien*, 22 May 2019. 다음 주소에서 열람이 가능하다. http://www.leparisien.fr/elections/europeennes/europeennes-renaud-camus-annonce-le-retrait-de-sa-liste-la-ligne-claire-22-05-2019-8077329.php.

27 Alex Ward, 'The New Zealand shooter called immigrants "invaders". Hours later, so did Trump', Vox, 15 March 2019. 다음 주소에서 열람이 가능하다. https://www.vox.com/2019/3/15/18267745/new-zealand-mosque-attack-invade-trump.

28 Davey and Ebner, '"The Great Replacement": The Violent Consequences of Mainstreamed Extremism'.

29 AfD Berlin, 8 April 2019. 다음 주소에서 열람이 가능하다. https://www.facebook.com/afdberlin/photos/a.153594904822650/1149164865265644/?type=3&theater.

13장

1 Abu Musab Al-Suri, 'The Call for a Global Islamic Resistance', 2004 (English translation). 다음 주소에서 열람이 가능하다. https://archive.org/stream/TheCallForAGlobalIslamicResistance-EnglishTranslationOfSomeKeyPartsAbu-MusabAsSuri/TheCallForAGlobalIslamicResistanceSomeKeyParts_djvu.txt.

2 Alex Hern, 'New AI fake text generator may be too dangerous to release, say creators', *Guardian*, 14 February 2019. 다음 주소에서 열람이 가능하다. https://www.theguardian.com/technology/2019/feb/14/elon-musk-backed-ai-writes-convincing-news-fiction.

3 Paige Leskin, 'The AI tech behind scare real celebrity "deepfakes" is being used to create completely fctitious faces, cats, and Airbnb listings', *Business Insider*, 21 February 2019. 다음 주소에서 열람이 가능하다. https://www.businessinsider.de/deepfake-tech-create-fictitious-faces-cats-airbnb-listings-2019-2?r=US&IR=T.

4   Lizzie Plaugic, 'Watch a man manipulate George Bush's face in real time', Verge, 21 March 2016. 다음 주소에서 열람이 가능하다. https://www.theverge.com/2016/3/21/11275462/facial-transfer-donald-trump-george-bush-video.

5   Hern, 'New AI fake text generator may be too dangerous to release, say creators'.

6   Friedrich Nietzsche, *Beyond Good and Evil: Prelude to a Philosophy of the Future* (Mineola; New York: Dover Publications, unabridged edn, 1997).

7   Amy Chua, *Political Tribes: Group Instinct and the Fate of Nations* (London: Bloomsbury, 2018).

8   Ibid., p. 164.

9   David Goodhart, *The Road to Somewhere: The Populist Revolt and the Future of Politics* (London: Hurst, 2017).

10 Hamza Shaban, 'Google for the first time outspent every other company to influence Washington in 2017', *Washington Post*, 23 January 2018. 다음 주소에서 열람이 가능하다. https://www.washingtonpost.com/news/the-switch/wp/2018/01/23/google-outspent-every-other-company-on-federal-lobbying-in-2017/?noredirect=on&utm_term=.9ef88d34f4d2.

11 'Bundestag nimmt umstrittenes Facebook-Gesetz an', *Handelsblatt*, 30 June 2017. 다음 주소에서 열람이 가능하다. http://www.handelsblatt.com/politik/deutschland/hassim-netz-bundestag-nimmt-umstrittenes-facebook-gesetz-an/20002292.html.

12 Article 19, 'Germany: Act to Improve Enforcement of the Law on Social Networks undermines free expression', 1 September 2017. 다음 주소에서 열람이 가능하다. https://www.article19.org/resources/germany-act-to-improve-enforcement-of-the-law-on-social-networks-undermines-free-expression/.

13 테러 대비 세계 인터넷 포럼(Global Internet Forum to Counter Terrorism, GIFCT)에 관한 더 많은 정보는 다음 주소에서 열람이 가능하다. https://gifct.org/about/.

14 Michael Scheppe, 'NetzDG – das umstrittene Gesetz', *Handelsblatt*, 1 April 2018. 다음 주소에서 열람이 가능하다. https://www.handelsblatt.com/politik/deutschland/fragen-und-antworten-netzdg-das-umstrittene-gesetz/20812704.html.

15 'Regulating social media: we need a new model that protects free expression', Article 19, 25 April 2018. 다음 주소에서 열람이 가능하다. https://www.article19.org/resources/regulating-social-media-need-new-model-protects-free-expression/.

16 James B. Comey, 'Going Dark: Are Technology, Privacy, and Public Safety on a Collusion Course?', Federal Bureau of Investigation, 16 October 2014. 다음 주소에서 열람이 가능하다. https://www.fbi.gov/news/speeches/going-dark-are-technology-privacy-and-public-safety-on-a-collision-course.

15장

1 '테러에 맞서는 기술' 계획에 관한 더 많은 정보는 다음 주소를 참고하라. https://www.techagainstterrorism.org.
2 헤이트에이드에 관한 더 많은 정보는 다음을 참고하라. https://fearlessdemocracy.org/hate-aid/.
3 Jacob Davey, Jonathan Birdwell and Rebecca Skellett, 'Counter Conversations: A Model for Direct Engagement with Individuals Showing Signs of Radicalisation Online', ISD, 2018. 다음 주소에서 열람이 가능하다. https://www.isdglobal.org/wp-content/uploads/2018/03/Counter-Conversations_FINAL.pdf.
4 도나라 바로한과의 인터뷰 및 다음 사이트 자료. https://www.thedailybeast.com/the-baltic-elves-taking-on-pro-russian-trolls.
5 Adam Boult, 'Hackers flood ISIS social media accounts with gay porn', Telegraph, 25 April 2017. 다음 주소에서 열람이 가능하다.
   https://www.telegraph.co.uk/news/2017/04/25/hackers-flood-isis-social-media-accounts-gay-porn/.
6 Simon Parkin, 'Operation Troll "ISIS": Inside Anonymous' War to Take Down Daesh', Wired, 6 October 2016. 다음 주소에서 열람이 가능하다. https://www.wired.co.uk/article/anonymous-war-to-undermine-daesh.
7 Joshua Stewart, 'Isis has been trolled with mountains of porn – and it's been far more effective than imams telling young Muslims off', Independent, 8 June 2016. 다음 주소에서 열람이 가능하다. https://www.independent.co.uk/voices/isis-has-been-trolled-with-mountains-of-porn-and-its-been-far-more-effective-than-imams-telling-a7070881.html.
8 혐오의 도서관(Hate Library)에 관한 더 많은 정보는 다음을 참조하라. https://www.nickthurston.info/Hate-Library.
9 #ichbinhier에 관한 더 많은 정보는 다음을 참조하라. https://www.ichbinhier.eu/.

한낮의 어둠
극단주의는 어떻게 사람들을 사로잡는가

© 율리아 에브너, 2021

초판 1쇄 발행 2021년 10월 29일
초판 3쇄 발행 2023년 2월 10일

지은이   율리아 에브너
옮긴이   김하현
펴낸이   이상훈
편집인   김수영
본부장   정진항
인문사회팀   최진우 김경훈
마케팅   김한성 조재성 박신영 김효진 김애린 오민정
사업지원   정혜진 엄세영

펴낸곳   (주)한겨레엔 www.hanibook.co.kr
등록   2006년 1월 4일 제313-2006-00003호
주소   서울시 마포구 창전로 70(신수동) 화수목빌딩 5층
전화   02-6383-1602~3 팩스 02-6383-1610
대표메일   book@hanien.co.kr

ISBN   979-11-6040-674-0 03330